渡辺錠太郎伝

二・二六事件で暗殺された「学者将軍」の非戦思想

岩井秀一郎

小学館

渡辺錠太郎伝

——二・二六事件で暗殺された「学者将軍」の非戦思想

岩井秀一郎

目次

【編集部注】渡辺姓の漢字表記について。錠太郎自身の戸籍や揮毫などでは「邉」の漢字が使われているが、娘の和子が多くの著作を「辺」で発表しており、読みやすさも考慮して、本書では「辺」を採用した。しかし、史料・書籍からの引用では、それぞれの原文どおりに「邉」や「邊」を使用している箇所もある。

本文中では基本的に敬称を略しています。

本書に掲載した引用文や史料は、読みやすさを考慮して、一部の旧漢字・旧かな遣いは現行のものに、カタカナ文をひらがな文に、また一部の漢字をひらがなに改めました。難読字にはルビを振り、句読点についても、一部加除しています。また、明らかな誤字・脱字・誤植は訂正しています。引用者による注釈は［　］で表し、原著にある（　）や「　」と区別できるようにしました。

引用文の版元・出版年は巻末にまとめて掲載しています。

さらに、引用文中には一部、差別的な表記・表現が含まれていますが、発表された当時の社会状況や歴史的背景を踏まえた上で、文章を正確かつ客観的に伝えることを意図して、改変せずにそのまま残しました。差別を容認・助長する意図はありません。

本書に掲載した引用文や写真・画像の中には、著作権者や撮影者が不明のものが含まれています。お心当たりのある方は、大変お手数ですが、編集部までご連絡ください。

本書は書き下ろしです。

二・二六事件関連地図

（参考文献／高橋正衛著『二･二六事件』中公新書、
筒井清忠著『二･二六事件とその時代』筑摩書房）

反乱軍の襲撃状況（●襲撃目標　時刻／兵員／被害状況）

❶首相官邸　午前5時10分頃／歩兵第一連隊ら約300名／岡田啓介総理大臣即死と報じられたが、のちに別人と判明。巡査部長ら5人が死亡

❷斎藤内府私邸　午前5時5分頃／歩兵第三連隊ら約150名／斎藤実内府（内大臣）が即死

❸高橋蔵相私邸　午前5時5分頃／近衛歩兵第三連隊ら約100名／高橋是清大蔵大臣が即死。巡査1人が負傷

❹鈴木侍従長官邸　午前5時10分頃／歩兵第三連隊ら約150名／鈴木貫太郎侍従長が重傷。巡査2人が負傷

❺渡辺教育総監私邸　午前6時頃／歩兵第三連隊ら約30名／渡辺錠太郎陸軍教育総監が即死

❻牧野元内府滞在先　午前5時40分頃／所沢飛行学校大尉ら8名／牧野伸顕元内府が滞在していた旅館が焼失。巡査1人が即死。看護婦らが負傷

軽機関銃によって破壊された玄関。この奥の客間兼居間に錠太郎と和子がいた。第七章の章扉にある射撃優勝記念額が垣間見える（毎日新聞社）

錠太郎が殺害された客間兼居間（下写真は後年、解体される前に撮影されたもの）。左写真は襲撃により損傷した応接室側の壁（杉並区立郷土博物館）

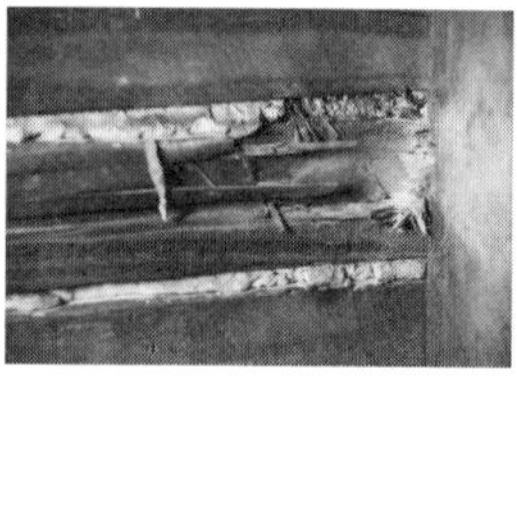

襲撃直後の渡辺教育総監私邸

二・二六事件当日に撮影された杉並区上荻窪の渡辺邸。軽機関銃などで武装した約30人の襲撃部隊は赤坂からトラックで乗り付け、この正門を乗り越えて侵入した（共同通信社）

陸軍中央部人事 ——「皇道派」支配からの転換

▒は皇道派　★は陸軍三長官　カッコ内の数字は陸士卒業期

		昭和7(1932)年8月末時点	昭和10(1935)年8月末時点
陸軍省	★陸軍大臣	荒木貞夫(9)	林銑十郎(8)
	陸軍次官	柳川平助(12)	橋本虎之助(14)
	軍務局長	山岡重厚(15)	永田鉄山(16) → 同年8月12日暗殺※
	軍事課長	山下奉文(18)	橋本群(20)
	人事局長	松浦淳六郎(15)	後宮淳(17)
	整備局長	林桂(13)	山岡重厚(15)
参謀本部	★参謀総長	閑院宮載仁親王	閑院宮載仁親王
	参謀次長	真崎甚三郎(9)	杉山元(12)
	総務部長	梅津美治郎(15)	山田乙三(14)
	第一(作戦)部長	古荘幹郎(14)	鈴木重康(17)
	作戦課長	鈴木率道(22)	石原莞爾(21)
	第二(情報)部長	永田鉄山(16)	岡村寧次(16)
	第三(補給)部長	小畑敏四郎(16)	山田乙三(14／兼務)
	★教育総監	林銑十郎(8)	渡辺錠太郎(8) → 翌年二・二六事件で暗殺
	憲兵司令官	秦真次(12)	田代皖一郎(15)

※後任は今井清(15)

渡辺錠太郎の主な赴任地

1874(明治7)年	愛知・小牧	(出生)
1894(明治27)年	愛知・名古屋	歩兵第19連隊補充大隊
1895(明治28)年	東京・市ヶ谷	陸軍士官学校
1897(明治30)年	福井・鯖江	歩兵第36連隊付
1900(明治33)年	東京・青山	陸軍大学校
1904(明治37)年	清国・旅順	日露戦争に参戦
1905(明治38)年	東京・三宅坂	山県有朋元帥付副官など
1907(明治40)年	ドイツ・ベルリン	留学(約3年間)
1910(明治43)年	東京・三宅坂	山県有朋元帥付副官など
1918(大正7)年	オランダ・ハーグ	オランダ公使館付武官
1919(大正8)年	ドイツ・ベルリン	陸軍委員(約1年間)
1920(大正9)年	静岡・静岡	歩兵第29旅団長
1921(大正10)年	中華民国・大連	第29旅団が満洲派遣
1922(大正11)年	東京・三宅坂	参謀本部第4部長など
1926(大正15)年	北海道・旭川	第7師団長
1929(昭和4)年	東京・三宅坂	航空本部長
1930(昭和5)年	台湾・台北	台湾軍司令官
1931(昭和6)年	東京・三宅坂	軍事参議官など

本書に登場する主な陸軍関係者の陸士卒業期

旧3	上原勇作
旧8	山梨半造
旧9	橘周太　福田雅太郎
1	宇垣一成　鈴木荘六
3	武藤信義
5	金谷範三　菱刈隆
6	南次郎
8	林銑十郎　**渡辺錠太郎**
9	阿部信行　荒木貞夫　本庄繁　真崎甚三郎　松井石根
10	川島義之
11	寺内寿一
12	小磯国昭　斎藤瀏　杉山元　二宮治重　秦真次
13	建川美次
14	橋本虎之助
15	今井清　梅津美治郎　多田駿　松浦淳六郎　山岡重厚
16	板垣征四郎　岡村寧次　小畑敏四郎　永田鉄山
17	東條英機
18	阿南惟幾　山下奉文　山脇正隆
21	石原莞爾
22	相沢三郎　鈴木貞一　鈴木率道
23	橋本欣五郎
24	土橋勇逸
25	武藤章
29	有末精三　額田坦
31	大谷敬二郎　片倉衷
34	西浦進
36	辻政信
37	村中孝次
38	安藤輝三　磯部浅一
41	中橋基明
42	加登川幸太郎
44	坂井直
46	高橋太郎　中島莞爾　安田優
47	池田俊彦
61	安田善三郎

プロローグ——父と娘「永遠の九年間」

残された写真

そのモノクロ写真には、軍装の初老男性と、白い洋服に身を包んだ少女が、仲良く並んで収まっている。二人がいるのは静かなお屋敷の庭か、どこかの公園だろうか。屈託なく笑う二人の表情が印象的だ。

男性は、右手を帽子のひさしにやり、左手に持ったサーベルを杖のように突いている。歴史好きな人なら、そのいでたちから大日本帝国陸軍の幹部将校だとわかるかもしれない。

もう一方の少女は、年の頃十歳前後に見える。おかっぱ頭が時代を感じさせるが、服装そのものは、さほど古さを感じさせない。女の子は、少し体を男性のほうに傾けるようにして立っており、二人がごく近しい間柄であることが察せられる。

陸軍将校とその孫、といった印象を受けるのではないだろうか。

事情を明かせば、右側に立っている少女の名は、渡辺和子《わたなべかずこ》——のちにカトリック教会の修道女《シスター》となり、ノートルダム清心学園（岡山市）の理事長を務めることになる女性である。その著書『置かれた場所で咲きなさい』は、累計二百三十万部を超える大ベストセラーとなり、平成期を代表する生き方指南の書として、今もなお多くの日本人に読み継がれている。和子は、二〇一六（平成二十八）年十二月三十日に膵臓《すいぞう》がんで八十九年の生涯を閉じたが、没後も、遺稿や講演をもとにした書籍が何冊も編まれている。

　そして、その左側に立つ男性の名は、渡辺錠太郎《じょうたろう》――和子の人生にとても大きな影響をおよぼしたこの人物は、祖父ではなく実の父である。和子は、錠太郎が五十三歳の時に生まれた四人目の子供で、自邸の裏庭でこの写真が撮影された当時、錠太郎は六十一歳、和子は八歳だった。

　仲睦まじい父と娘の肖像だが、この写真が撮影された半年後、二人を悲劇が襲う。陸軍教育総監という要職にあった錠太郎は、昭和十一（一九三六）年二月二十六日未明、東京・杉並区上荻窪《かみおぎくぼ》にあった自邸で約三十名の将兵に襲撃され、命を落とした。世に言う「二・二六事件」である。

　そして、その銃撃戦の現場に居合わせたのが、末娘の和子だった。

ノートルダム清心学園理事長を務めた渡辺和子。著書『置かれた場所で咲きなさい』（幻冬舎）は累計230万部を超えるベストセラーとなった（時事通信社）

命を二度救ってくれた人

『置かれた場所で咲きなさい』には、父・錠太郎についての記述も出てくる。

　父が一九三六年二月二十六日に六十二歳で亡くなった時に、私は九歳でした。その後、母［すず］

は一九七〇年に八十七歳で天寿を全《まっと》うし、姉〔政子《まさこ》〕と二人の兄〔誠一《せいいち》・恭二《きょうじ》〕も、それぞれ天国へ旅立ちまして、末っ子の私だけが残されています。事件当日は、父と床を並べて寝《い》んでおりました。七十年以上経った今も、雪が縁側の高さまで積もった朝のこと、トラックで乗りつけて来た兵士たちの怒号、銃声、その中で死んでいった父の最期の情景は私の目と耳にやきついています。

和子が七十年以上経っても忘れられないというその光景こそ、昭和史を大きく動かした二・二六事件の一部だった。父・錠太郎は、娘の目と鼻の先で撃たれ、死んだ。こうして渡辺錠太郎という軍人の名は、この歴史的事件の犠牲者として刻まれることになった。

父について和子自身が書いた文章はほかにもあるが、中でも印象深いのは、錠太郎の伝記に序文として寄せられたものである。渡辺錠太郎については、戦後これまで二冊の伝記が刊行されている。

『郷土の偉人　渡邉錠太郎』岩倉渡邉大将顕彰会（代表者・宮田正一）著　愛北信用金庫編・発行　一九七七（昭和五十二）年刊（増補版は一九九八〔平成十〕年刊。代表者・松吉猛　第二部執筆者・石井英昭）

『渡邉錠太郎　―軍の本務は非戦平和の護持にあり―』岩村貴文著　岩倉渡邉大将顕彰会発行　二〇一〇（平成二十二）年刊

これらは、いずれも錠太郎の出身地である愛知県岩倉市や小牧市の歴史家・研究者らが中心となって、文字通り「郷土の偉人」である渡辺錠太郎を顕彰すべく、自費出版で執筆・編纂されたものだ。一般の書店などでは入手困難なこの両方の伝記に、和子が書いた序文が掲載されている。

まず、前者の『郷土の偉人』増補版の序には、こんな印象的な言葉が綴られている。

大げさに言って、父は私の命を二度救ってくれた人です。一度は私が生まれた時、二度目は、自分の死に際してでした。すでに、姉一人、兄二人をもうけていた母は、「錠太郎の赴任先である」旭川で私をやどした時、「師団長に孫が生まれたためしはあっても、子どもの例はない」と言われて、私を産みたがらなかった由《よし》です。その母に向かって、「男が子どもを産むのならおかしいが、女が産むのに恥ずかしいものがあるものか。産んでおけ」と、父一流の論理で母を説得した結果、私は産んでもらうことができました。そんなこともあってか、私を人一倍、可愛がってくれました。

二度目、それは、昭和十一年二月二十六日の早朝、すでに銃撃の始まっている中で、父は、かたわらに寝ていた私を、壁に立てかけてあった座卓の陰に隠して、命を助けてくれたのです。九年前に「産んでおけ」と言って、この世に送り出した愛娘の目の前一メートルのところで、四十三発の弾丸を受けながら、その娘ただ一人に看取られて父は死にました。

戦後刊行された2冊の評伝『郷土の偉人　渡邉錠太郎』（左）と『渡邉錠太郎　軍の本務は非戦平和の護持にあり』

手が届くほどの距離で父が銃撃戦の末に斃《たお》れるのを見た和子の心境は、いかばかりであっただろうか。

二冊目の伝記『渡邉錠太郎』の序文では、さらに踏み込んで和子自身が享けた生の意味を書いている。

もし、そうだとすれば［＝父の「産んでおけ」という言葉のおかげで自分がこの世に生まれたのだとすれば］、三十余名の「敵」に囲まれた父が、ただ一人で死んでゆかないために、私は生んでもらったのかも知れないと思うことがあります。

「おれが邪魔なんだよ」

父・錠太郎に可愛がってもらった和子の記憶の断片は、どれも色褪せることなく、たしかなぬくもりをもって綴られている。それらの描写は、二・二六事件や日中戦争、大東亜戦争へと突き進んでいった、我々の想像する暗くて陰鬱な当時の時代状況とはうまく結びつかないような印象すら覚える。

九歳までしか共に過ごしていない私に、父の思い出は僅《わず》かしかありません。ただ、遅がけに生まれた私を、「この娘とは長くいっしょにいられないから」と言って、可愛がってくれ、それは兄二人がひがむほどでした。

軍務を終えて帰宅する父を玄関に出迎え、飛びつくのも、私の特権でした。そんな私に、軍服のポケットにしのばせてきたボンボンをそっと父は渡してくれました。和服に着替えてからは、私を膝の上にのせ、小学校で習っていた論語を一緒に読み、やさしい言葉で意味を教えてくれる父でした。読書をなによりも大切にしていた父にとっても、嬉しいひと時ではなかったかと思います。（岩村『渡邉錠太郎』「序」）

軍務の暇をさいては、二階の書斎で読書に余念のなかった父を驚かそうと、階段をつま先立ちで上がってゆくと、父は知っていたであろうに、大仰にびっくりしたふうをしては幼い私を喜ばせてくれた。そうして戸だなの中から鳩落雁という干菓子を出してくれるのであった。（渡辺和子『スミレのように踏まれて香る』）

孫ほども歳の離れた娘を、目の中に入れても痛くないほど可愛がっていたであろう父親の深い愛情が伝わってくる。しかし、それが単なる溺愛とか贔屓目といった類いのものではないことは、岩村『渡邉錠太郎』の序文に綴られている次のようなエピソードからも察せられる。

寡黙な人でした。ある日のこと食卓で、ふだんは黙っている父が、私たち子どもに、「お母さまだって、おいしいものが嫌いじゃないんだよ」と言った、その一言が忘れられません。おいしいものを、母がそっと子どもたちの方に押しやり、それをさも当たり前のように食べている私たちへの、父の注意であり、それはまた、日夜、子どもたちのために尽くしている母へのいたわりとねぎらいの言葉だったのだと思います。

さらに和子は、同じ序文の中で、日々高まりつつあった陸軍内の昂揚ぶりを嘆いていた錠太郎の焦燥をこう記している。

外国駐在武官として度々《たびたび》外国で生活した父は、語学も堪能だったと思われます。第一次大戦後、ドイツ、オランダ等にも駐在して、身をもって経験したこと、それは「勝っても負けても戦争は国を疲弊させるだけ、したがって、軍隊は強くてもいいが、戦争だけはしてはいけない」ということでした。「おれが邪魔なんだよ」と、母に洩《も》らしていたという父は、戦争にひた走ろうとする人々にとってのブレーキであり、その人たちの手によって、いつかは葬られることも覚悟していたと思われます。その証拠に、二月二十六日の早朝、銃声を聞いた時、父はいち早く枕許の押し入れからピストルを取り出して、応戦の構えを取りました。

「戦争だけはしてはいけない」「(戦争にひた走ろうとする人々にとっては)おれが邪魔なんだよ」「いつかは葬られることも覚悟していた」——それらは、あくまでも妻や娘が錠太郎について語った後年の述懐にすぎない。しかし、ここには生前の錠太郎の想いが、いわば〝家族の記憶〟として残されているとも言えるのではないだろうか。

月給の大部分は丸善の支払いに

渡辺錠太郎という人物を評する際にしばしば言及されるのが、その膨大な読書量だ。もともと幼少期から、本の虫であったことは周囲の人々によく知られていたという。二・二六事件で亡くなった直後に地元で発行された小冊子には、錠太郎の読書遍歴が記されている。

当時の読物は主として古今の偉人伝、稗史《はいし》小説へも目を曝《さら》した、此等《これら》は大方親戚や近所隣からの借読である、楠《くすのき》軍記、真田三代記、相馬大作、鎮西《ちんぜい》八郎、毛谷村六助《けやむらろくすけ》、三国妖婦伝、慶安太平記、柳荒美談《りゅうこう》、此等の物は耽読《たんどく》の主要なものであった。(津田應助『渡邊前教育總監の郷土小牧の生立』)

このころ読んでいたのはいずれも偉人譚や軍記物といった、いかにも当時の少年が好みそうなものだ。ただ、生家の和田家はそれほど家計に余裕があるわけではなかったので、これらの多くは借りて読んだという。それでも、次々と本を読めたのには、訳があった。

鋌太郎がこれほどまでに読書に熱中できた理由としてこんな話がある。岩倉の親戚に伊藤関太郎という人がおり、そこの子息（伊藤貫悦、神官、岩倉南小学校校長）とは同い年（明治七年生）であったので比較的仲が良かった。その伊藤家にはたくさんの本があり、鋌太郎はその本の多さにおどろき関太郎に頼んで本を借りて読むことができたことが挙げられる。またこれはもう少し後の話だが、鋌太郎が養子先の岩倉にいた頃、「輝源」という本屋があり、貸本屋も兼ねていた。のちにその老主人が「うちから一番多く本を借り出して行かれたのは渡邉さんで、いつも一晩か二晩〈傍点筆者〉、日数がかかればそれだけ代金がかさむわけだが、どうしてそんなに早く読めるのか、と思える程、早く読んで取り替えに来られた」と言っていたという。何故こんなに早く読めたのかと言うと、鋌太郎の読書法は今の速読のような感じであったらしい。つまり右上から左下まで一直線に見て、それで一頁《ページ》終わりという具合である。（岩村『渡邉鋌太郎』）

鋌太郎にしてみれば、お金がないからやむなく友人から本を借り、貸本屋で節約するために早く読んでいたのだろうが、それが自然と「速読」となり、驚異的な読書量を支える力になったのかもしれない。

その読書量は長じてからも減ることがなかった。渡辺が亡くなる直前まで交流のあった朝日新聞記者の高宮《たかみや》太平《たへい》は、著書『軍国太平記』の中で、渡辺のことをこう評している。

読書と戦術の研究に日夜没頭し、月給の大部分は丸善の支払に充てていた

明治二（一八六九）年に西洋の文化・文物を日本に受け入れることを目的に創業された丸善は、当時、洋書の輸入販売を中心とした事業を展開していた。錠太郎は、俸給の多くを注ぎ込んで、いち早く海外の書物を取り寄せ、それを学んでいたものと思われる。

実際、すず夫人のこんな言葉も残っている。

「昔のやりくりで一番困ったのは、丸善（書店）へ毎月俸給の半分近くを持って行かれたことです。」とは、故すず子夫人の談話であるが、これも渡辺家家計の、ある時期における特色であったと見なければならぬ。（顕彰会『郷土の偉人』）

錠太郎の読書家ぶりは生前から相当有名だったようで、錠太郎が教育総監となった際に書かれた紹介記事にも読書家としての一面が触れられている。

全く大将［錠太郎］の新刊書漁《あさ》りは有名なもので薄給の尉官時代などは、台所の支払いよりも本屋への支払いが多く、月末毎《ごと》に奥さんはその遣《や》り繰《く》りに頗《すこぶ》る悩まされたものだそうな。そうして、大将の図書購入費で開けられた大穴は、いつもいつも奥さんがその実家から幾らか宛《ずつ》持ち運んで塞いでいたということである。

ところで、この大将の新刊書漁りは、唯《た》だ漁るだけ、買い込むだけというのではなく、軍事専門書

は勿論《もちろん》のこと、経済書でも、科学書でも、文学書でも、片ッぱしから読破して、どれを開いてみても赤鉛筆でサイドラインや、読後所感の書き入れてないものはなく、その一頁《ページ》々々に、必ず大将の手垢が染まされたのである。（谷田世男「新教育総監　渡邊錠太郎大将出世物語」）

前述した和子の文章でも、自宅で熱心に本を読んでいた父の姿がたびたび綴られている。こうした性格から、錠太郎は軍の内部で「学者将軍」「文学博士」などと呼ばれるようになる。時にはそれを批判的なニュアンスで言われることもあったという。

生きていたら歴史は変わった

先に紹介した高宮は、別の雑誌記事で錠太郎をこう評している。

皇道派から目の仇《かたき》にされて、遂に白昼相沢《あいざわ》某という狂人の毒刃に倒れた永田鉄山《ながたてつざん》、二・二六事件で機関銃弾で身体を蜂の巣のようにやられながら拳銃弾を撃ち尽くすまで応戦して殪《たお》れた渡邊錠太郎、この二人がもし生存していたなら、太平洋戦争の様相もかなり異《こと》なったものになっていたであろう。否《いな》おそらく戦争に突入しないで済んだのではないかと思う。（高宮太平「暗殺された二将軍　渡邊錠太郎と永田鐵山」文藝春秋　臨時増刊　一九五〇年）

永田鉄山は、二・二六事件の前年に、同じく陸軍将校に暗殺された軍務局長である。この時期に相次いで命を落とした永田と渡辺が生き延びていたら、その後の日本は戦争を回避できたのではないかと述べている。

渡辺錠太郎への評価は、彼と親しい同時代人だけによるものではない。昭和史に関する数多くのノンフィクションを書いている保阪正康《ほさかまさやす》も、渡辺を高く評価する一人だ。

もしこの人物が生きていたら、その後の歴史は変わったであろう、という言い方はしばしばくり返される言だ。クレオパトラの鼻がもうすこし短かったら、世界史は変わったであろうという現実味の薄い言い方と同じなのである。

ただ例外的なケースはある。明らかにこの人物が生きていたら歴史は変わったに違いないというケースがある。たとえば、織田信長がもう十五年長生きしたら、日本史は変わったのではないか。秀吉の政権ができなかったのではないか、とも思われるのだ。昭和の陸軍に関していえば、私は大将渡辺錠太郎がもし二・二六事件で殺されていなければ、昭和史はもうすこし変わったものになっていたのではないかと考えているのである。（保阪正康『陸軍良識派の研究』）

保阪は、のべ四千人を超える元軍人・兵士にインタビューし、東條英機《とうじょうひでき》や蔣介石《しょうかいせき》といった歴史的人物の評伝を数多く残している。その保阪が「良識派」軍人の一人に挙げ、「生きていたら歴史は変わったに違いない」と言及する人物が、渡辺錠太郎だったのである。

過去、渡辺錠太郎については、前述した地元・岩倉や小牧の研究者らが著わした伝記のほか、多くの歴史書や雑誌で紹介されてきた。もちろん二・二六事件についても、事件直後から多数の解説書が出されており、渡辺錠太郎の名前も犠牲者の一人として必ずと言っていいほど記されている。

だが今日、渡辺の名前がそれ以上に詳しく紹介されることはほとんどない。志半ばで命を絶たれたこの軍人の人と形《なり》、思想や功績に関しては、今ではほとんど忘れ去られており、かろうじて同郷の篤志家たちと娘・和子の著作などによって記憶されているにすぎない。

教育総監というトップクラスの軍事エリートでありながら、「非戦平和」を唱えていた陸軍大将。その一方で、軍の一部から「邪魔」な存在と見なされ、二・二六事件で標的とされた悲劇の人。月給の多くを本の支払いにあて、「学者将軍」の異名をとっていた無類の読書家。そして、平成のベストセラーを著わした渡辺和子の父にして、その生き方の指針となった人——。

渡辺錠太郎とは、いったい何者か。

彼が残したものは、現代の我々に何を教えてくれるのだろうか。

序章　二月二十六日未明——東京・荻窪

二・二六事件当時、渡辺邸南面。襲撃部隊が侵入した縁側部分の雨戸が開かれているのが確認できる。手前が裏庭にあたる（渡辺家蔵）

雪の降る朝

昭和十一（一九三六）年二月二十六日（水曜日）午前六時、杉並区上荻窪三百十二番地の陸軍教育総監渡辺錠太郎私邸――。夜明け前、雪に覆われた閑静な住宅街を抜けて、帝国陸軍の下士官兵約三十名を乗せた一台の軍用貨物自動車（トラック）が、二階建ての渡辺邸前に停車した。武装した兵士たちが次々に車を降りて、北側の正門から襲撃を開始する。

当時小学三年生だった和子は、一階の十畳間で父母と川の字になって寝ていたという。

午前六時頃でしたか、兵士たちを乗せたトラックが来るまでは、いつもと変わらぬ静かな朝でした。雪が縁側の高さまで降り積もっていました。私は兵士たちの叫び声で目を覚ましました。父は先に起きていたと思います。隣にいる私を揺り動かして、「和子はお母さまの所へ行きなさい」と言いました。これが私の聞いた父の最期の言葉です。

母は既に五時頃には起きて、お手伝いさんたちと台所にいたようです。（渡辺和子「二・二六事件　憲兵は父を守らなかった」文藝春秋　平成二十四年九月号）

兵士を率いてきたのは、第一師団歩兵第三連隊第一中隊の高橋太郎《たかはしたろう》少尉（陸士四十六期）と、砲工学校生徒隊の安田優《やすだゆたか》少尉（同前）の二人。襲撃のために用意された武器は、「軽機関銃四挺、小銃約十挺、拳銃若干」（東京陸軍軍法会議判決理由より）。彼らはすでに時の内大臣斎藤実《さいとうまこと》（海軍大将、元首相）の四谷の私邸を襲撃しており、同大臣を殺害した後の第二次襲撃目標とされたのが、渡辺教育総監だった。

高橋少尉の公判調書にはこうある。

同〔＝渡辺〕総監邸付近に到着すると、すぐに自動車より下りて、同邸付近の三叉路《さんさろ》付近に軽機二台を配置したる上、安田少尉と共に部隊を率いて同邸表門より邸内に侵入し、玄関に到りたるところ、扉が固くて開きませんので、破壊のために軽機関銃を発射せしめましたが、弾丸が貫通するのみでほとんど効果がないので、小銃の銃床をもって打壊し内部に侵入しましたが、今度は中扉が開かないので身をもって押し開けようとしたる途端、屋内より突然拳銃をもって狙撃せられ、不意に射たれたので安田少尉、木部〔正義〕伍長、吉田一等兵がいずれも足部等に負傷しましたが、すぐ我方も軽機小銃拳銃をもって応戦しました。（池田俊彦編『二・二六事件裁判記録』高橋太郎「蹶起将校公判調書」）

この三叉路は、渡辺邸の南側が見通せる場所にある。四挺あった軽機関銃のうちの二挺（二分隊）を先に下ろし、三叉路付近に配置したのは、周囲を警備しつつ裏手からの反撃や逃走などに備えたものだろう。襲撃に参加した歩兵伍長（梶間増治）に対する訊問調書にも、「付近三叉路には軽機一分隊が警戒配備につき」とある。渡辺邸の敷地面積は約三二〇坪（約一〇五八㎡）もあり、南北に長い土地だったため、この場所に軽機一分隊を配置して、残りの兵士たちが正門から突入したものと思われる。

ちなみに、安田少尉の証言（訊問調書）には、当初は殺す意図はなく「軍の協力一致」のために渡辺を陸相官邸に迎えるのが真意だったとあるが、これだけの銃火器と人員を準備していたことを踏まえれば、おそらく最初から殺害を想定していたと考えられる（それについては第七章で検証する）。

長女・政子の証言

このときの襲撃をすぐ近くから〝目撃〟していた人物の記録が残っている。有馬《ありま》頼義《よりちか》『二・二六暗殺の目撃者』（読売新聞社／昭和四十五年刊）に載せられた、渡辺の長女政子《まさこ》の証言だ。政子は事件当時三十一歳で、すでに医学者の久保盛徳《くぼもりとみ》と結婚し、渡辺邸から二軒ほど離れた近所に住んでいた。

朝方、六時ごろでございましたでしょうか。私はもう起きておりましたが、突然、けたたましい銃声がきこえたのでございますよ。一体、なんだろうと私の家でも大さわぎになったのですが、私の夫は〝兵隊が演習でもはじめたのだろう〟といっておりました。そのうち、父の家の女中から電話があり、おびえた声で〝奥さま、たいへんでございます〟といってきたのです。〔渡辺邸内にある〕電話室にも銃砲のタマがうちこまれているようで、受話器をとおして、その音がきこえてくるのでございます。女中の電話は〝たいへんでございます〟というだけで、すぐきれてしまいましたが、私の家にまできこえてくる銃声や、またそのころ、憲兵が父の家に二名、泊まりこんでいたことなどから、なにかある、なにかあったと、私どもは、充分、察することができました。

この証言を聞き取った有馬頼義は、直木賞受賞作『終身未決囚』やヒット映画『兵隊やくざ』の原作などで知られる作家である。競馬レースにも名を残す伯爵有馬頼寧《ありまよりやす》の息子で、実姉は同じく反乱軍に殺害された斎藤実の養子の妻だった。そのため、頼義は事件当日も偶然姉の家にいて、隣にあった斎藤実邸を反乱軍が襲撃する様子を垣間見た「目撃者」となった。著書『二・二六暗殺の目撃者』は、そうした自身の体験談に加えて、同じく犠牲となった大蔵大臣高橋是清《たかはしこれきよ》（元首相）や渡辺錠太郎の遺族に事件の詳細を取材してまとめたものである。事件から三十年余の月日が流れていたが、その記憶の多くは、なお鮮明に保持されているように思える。

政子の証言は続く（引用文中に〔註〕となっているのは、著者有馬による註釈）。

長女政子と次女和子の証言を収録した
有馬頼義著『二・二六暗殺の目撃者』

昨早曉 一部青年將校等
各所に重臣を襲撃
内府、首相、教育總監は即死
藏相と侍從長は重傷

△首相官邸（岡田首相即死）△齋藤内大臣私邸（内大臣即死）△渡邊教育總監私邸（教育總監即死）△牧野前内大臣宿舍湯河原伊藤屋旅館（牧野伯爵不明）△鈴木侍從長官邸（侍從長重傷）△高橋大藏大臣私邸（大藏大臣負傷）△東京朝日新聞社

人心に動搖なし

首相代理に後藤内相

臨時内閣總辭職
昨夜辭表を捧呈

内務大臣 後藤文夫

帝都に戒嚴

勅令

警視廳は司令官指揮

艦隊警備に就

日滿露國境紛

原因をなす

二・二六事件を報じる東京朝日新聞
(昭和11年2月27日付)

そこで、私はすぐさま、着物にきかえ、父の家にかけつけねばと考えましたが、ちょうど、着物に着かえたときでございました。再び、父の家の女中から電話があり〝ご主人さまがお亡くなりになりました〟といってまいりました。電話を受けたのは私でございますが、父の死を知った私の夫は、やにわにピストルを持って、外へとび出そうとするのでございます。しかし、そんなことをしても、あの銃声の音から判断して、多勢に無勢でございます。夫を引きとめ、夫も思いなおし、私どもの女中に、窓から外のようすをうかがわせました。そして、兵隊たちが引きあげて行くのを見きわめてから、父の家にかけつけたのでございます。その間、

斎藤実内府（海軍大将、元首相）
(国立国会図書館)

高橋是清蔵相（元首相）
(国立国会図書館)

ものの五分、長くて十分〔註・記録では三十分となっている〕ぐらいのものでございました。父の家にかけつけてみると、タマの跡と煙りがもうもうと狭い家の中に立ちこめておりました。母は〝なぜ、もっと早くきてくれなかったか〟とそればかりいっておりました。父の家には、その朝、父と母が三女《ママ》の和子（当時数え十歳）を中にはさんで階下の十畳の部屋に寝ておりました。その他、長男の誠一（当時数え十六歳）と次男の恭二（当時数え十三歳）は二《ママ》階の子供部屋に、泊まりこんでいた二人の憲兵も二階の部屋におりました。その他、女中が二名いたのでございます。

当時の荻窪付近には、ほかにも政府要人の邸宅があった。有馬自身の家も渡辺邸から一キロも離れていなかったらしいが、後述するように陸相を務めた林銑十郎《はやしせんじゅうろう》の自宅もあった。当時は今ほど住宅もなかったので、広く近隣にも銃声は届いたのではないだろうか。

実際、青梅《おうめ》街道の四面道《しめんどう》交差点を挟んだ反対側に住んでいた作家の井伏鱒二《いぶせますじ》は、著書『荻窪風土記』の中で、二・二六事件当日のことを振り返って、こう書いている。

軍の教育総監渡辺錠太郎大将の邸宅を襲撃した。謂《い》わゆる二・二六事件が起こった。〔中略〕
渡辺大将の家は荻窪の私のうちの近くにあるが、大将が襲撃されるなど思ってもみたことがない。
〔中略〕
すると玄関の土間に朝刊を入れる音がした。私がそれを取りに起きて再び横になると、花火を揚げるような音がした。いつも駅前マーケットで安売する日は、朝早く花火を揚げる連続音が聞えていた。
「今日は早くからマーケットを明けるんだな」
私は独りでそう言って、新聞を顔の上に拡げたきり寝てしまった。

さらに井伏は、その日の午後に銭湯に行って、近所の人々が渡辺が襲撃された事件について語り合う様を書き記している。そのほかにもこのときの銃声を聞いたという証言はいくつもあり、かなり広範囲に銃声が鳴り響いていたことがわかる。

ちなみに、先に引いた文章の中で、襲撃にかかった時間を政子が「ものの五分、長くて十分」と証言したのに対して、有馬が註釈として「記録では三十分となっている」と書いている。たしかに部隊の到着から引き揚げまで三十分程度かかったという記録はあるが、梶間伍長の訊問調書では「午前六時頃」に渡辺邸に到着し、襲撃が終わったのは「午前六時十分頃」とあり、渡辺邸内での襲撃時間は十分程度だった可能性が高い。また、有馬はここで和子のことを「三女」と書いているが、正しくは「次女」である。子供部屋も「二階」とあるが、実際は一階だった。

惨すぎる最期

施錠の厳重な玄関からの侵入に手こずった反乱軍は、裏庭に回って突破口を探し出した。そこで立ちはだかったのは、すず夫人だった。

母は早起きの人で、毎朝、五時にはもう起きていた人ですから、女中たちといっしょにお勝手のところにいたと申しておりました。三十名の将兵たちは、父の家の正門をとびこえて邸内に入りこみ、玄関のところに機関銃をそなえ、まず玄関のカギを破るため、そこへタマをうちこんだのでございます。そのカギは、機関銃のタマにうちくだかれてしまいましたが、父は戸じまりにうるさかった人で、正面玄関の扉と、そのつぎの扉にもカギがかけてあったのでございます。兵隊たちがそのカギをも機関銃でうち破ろうとしたところ、二階にいた憲兵が、これに応戦し、少しうち合っております。一説に正門を開いて邸内に将兵を招じたのは、二名の泊りこみ憲兵の仕業《しわざ》といわれておりますが、これはあやまりでございます。正門は低い門で、これを乗りこえるくらいあの兵隊たちには簡単なことですもの。しかし、何重にかにかけられた扉のカギにはもどかしさを感じたのでしょうか、将兵たちは玄関から入るのをあきらめ、庭の右側に回りこみ、すでに雨戸のあいていた勝手口のところへやってきたのでございます。そこには母がおりましたが、母は両手をひろげ、兵たちが父の寝室へ行くことをさえぎったのでございます。ところが、そのさえぎりもきかず、縁側づたいに父の寝室のほうへ回り、そこに機関銃を据えて、うったのでした。

双方の熾烈な攻防が伝わってくる証言だが、政子の次女、つまり錠太郎の孫にあたる小林依子《こばやしよりこ》によれば、反乱軍の兵士たちが「勝手口（内玄関）」から入ったとするのは違和感があるらしい。勝手口は裏庭からさらに回りこんだ東側にあり、そこへ行く前に南に面した縁側から上がった可能性が高いという（渡辺邸の間取り図を参照）。

「私は当時すぐ近所に住んでおりましたので、始終、祖父母の家に遊びに行っていました。今でも覚えているのは、祖母（すず夫人）が毎朝五時頃に起きて、そっと寝間の東側のお茶の間の雨戸を一枚だけ開けていたことです。家の西側から南側の庭に入り込んだ反乱軍の兵士たちが、その雨戸が開いている茶の間の縁側の前を素通りして、東側の狭い勝手口（内玄関）に回って、そこから、家の中に乱入したというのは、不自然だと思います。実際、私も母（政子）などから『反乱軍の兵士たちは、皆、南側の茶の間の縁側から土足で上がり込んできた』と聞いていました。南の縁側から上がって、錠太郎が寝ている部屋の隣

渡辺錠太郎邸 1階平面図

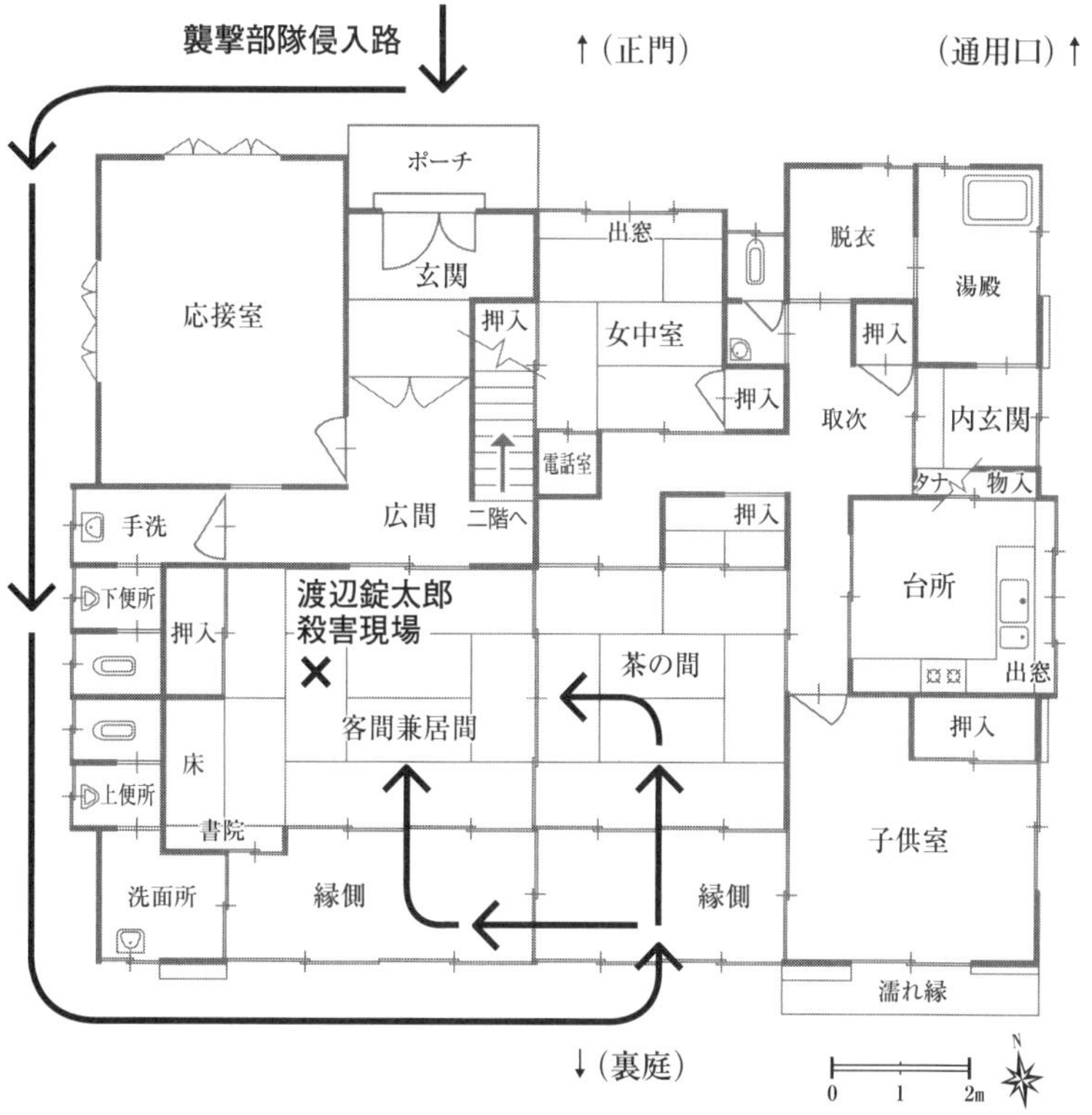

参考資料：『「二・二六事件の現場　渡邉錠太郎と柳井平八」展示図録』(杉並区立郷土博物館編集・発行)

襲撃された際に和子が身を隠した籃胎（らんたい）漆器の座卓。弾痕（修理痕／拡大写真）が残っている（杉並区立郷土博物館）

の茶の間に入り込む方が、自然だろうと思います」（依子）
安田少尉の公判調書などにも、勝手口という言葉はなく「裏の方に廻った兵の後から追って同家居間の縁側から下士官兵と共に上って屋内に侵入しました」とある。
そして、縁側から入ってきた反乱軍の兵士たちに正対した渡辺は、壮絶な最期を迎える。再び、長女政子の証言。

父の体に当ったタマの数は四十三発。肉片が天じょうにまでとびちり、それはむごい仕打ちでございました。右フクラハギの肉は、機関銃のタマでとばされてなくなり、顔から肩にかけてはとどめのカタナ傷が二つ。後頭部にはやはりとどめのピストルの一発がうちこまれ、穴があいておりました。

軍法会議判決書には、「総監二十数か所の銃創および切創を負わしめて即死」とある。また、前述した井伏鱒二は、渡辺の被害について、その後に近所で伝え聞いた話を記録している。

渡辺さんは朝の四時頃になると、階下の部屋から二階に上る習慣があった。襲撃に来た兵隊はその時間まで計り、庭に入って機関銃を据えて発砲した。渡辺さんは軍人だから「打つなら打て」と言って、自分もピストルを抜いて応戦した。
騒ぎが終り反乱兵が引揚げると、四面道の戸村外科医が応急手当をしに渡辺さんのうちへ呼ばれて行った。蜂の巣のようになっていて、手がつけられるものではなかったという。［中略］
二・二六事件があって以来、私は兵隊が怖くなった。おそらく一般の人もそうであったに違いない。

（井伏『荻窪風土記』）

ここに書かれてある「戸村（隆敏）外科医」による変死者検案書の記録も残っている。それによれば、渡辺の負傷は次のようなものだったという。「盲管銃創」とは、銃弾が貫通せずに体内にとどまっている傷のことを指す。

下顎《かがく》部盲管銃創
後頭部盲管銃創
後頭部切創
左胸部盲管銃創
項部盲管銃創
右肩胛《けんこう》部盲管銃創
背部盲管銃創
右下腿《かたい》爆発創
右足関節部貫通銃創
右胸部皮下貫通銃創
左上腹部盲管銃創
右上膊《じょうはく》部切創

まさしく「蜂の巣のようになって」撃たれた状態だった。最終的に戸村医師は、「後頭部の盲管銃創を致命傷」と判断している。

この時の邸内の被害状況も記録に残っている。

同邸玄関表扉付近土間には破壊されたる木片、ガラス片、壁土の埃《ほこり》等散乱甚《はなは》だしく、同扉にも数個の弾痕あり、ガラス張り箇所は甚だしく破損す、内扉も一部を除きガラスはほとんど破損し、もしくは弾痕を認められ、廊下上またガラス破片、土埃散乱し歩行し得ざる程度なり、奥十畳座敷寝室には、被害者渡辺錠太郎が、西側床の間の前に南枕にして仰臥《ぎょうが》しおり、付近に幅一尺長さ一尺五寸の血痕ならびに血塊あり、同室押入襖《ふすま》前に幅七寸、長さ一尺の血痕一部血塊となりあり、同所角柱脇に、長さ二寸あまりの骨片三箇あり、周壁を検ずるに、東方襖に二箇、南方障子および上部欄間に十三箇、北方襖および壁上に三十箇の弾痕認められ、西方押し入れ襖の下部破れ、周囲に血痕甚だしく、骨片押し入れ内に散乱す、なお襖上には血痕飛散付着し、十四箇の弾痕あり、その他応接室に十八箇、女中部屋に四箇の弾痕あり、二階に三十二箇、便所に十八箇の弾痕を認められ、前記十畳の間に接する茶の間および廊下に各数滴の血痕あり、同廊下上にはガラス破片甚だしく散乱し、ガラス戸には弾痕破損あり、破片庭先に散乱しておる。(「判決検証調書」『新訂　二・二六事件　判決と証拠』)

渡辺の私邸は、事件の三年半前の昭和七(一九三二)年夏に新築されたばかりだった。一家団欒《だんらん》の象徴となるはずだったその新居に、反乱軍は消すことのできない傷跡を残していった。

渡辺教育総監邸

渡辺が新たに教育総監に就任する人事を伝える東京朝日新聞昭和十年七月十七日付夕刊(発行は十六

第一萬七千六百八十九號

家庭でも〝教育總監〟

渡辺の教育総監就任を報じる東京朝日新聞（昭和10年7月17日付夕刊）。柳井平八設計の新居は「バンガロー風」と評された（杉並区立郷土博物館）

日）二面には、渡辺家の家庭内の様子が紹介されている。二・二六事件のわずか半年ほど前のことである。記事には、渡辺が縁側に置いた椅子に座り、膝に和子を乗せている写真が付されている。左手には和装のすず夫人。見出しは「家庭でも〝教育総監〟」と題されている（当日、渡辺は山陰に出張中だったため、写真は事前に撮影されたものか、提供されたものと思われる）。

杉並の富士見ヶ丘と呼ばれる高台の一角にバンガロー風の家――これが教育総監渡邊錠太郎大将邸だ、十六日朝十時訪れると

「左様でございますか、一向にお役所向きのことは……まだ御沙汰がございませんで……」

留守を守るすず子夫人（五三）の顔が一瞬喜びに綻《ほころ》びた、静かな落ちついた笑いだ、長女政子さん（三二）は既に他家に嫁し大将邸は長男誠一君（一五）が武蔵高等学校尋常科三年、次男恭二君（一二）二女和子さん（九）の一家五人の団欒である、すず子夫人は眼を細くして

主人はこれといって趣味はございませんが、ただとても子煩悩でしてよく子供の数学や英語等の面倒を見てやってくれます

とまた静かな包むような微笑だ、この家は「雨漏りのしない」「要慎《ようしん》〔用心〕のよい」というのをモットーに大将が自分で設計した自慢の「渡邊式」建築だそうで写真のように愛と喜びが朗《ほが》らかに溢れていた

何ということもない日常の風景ではあるが、渡辺にも仕事を離れれば家族との団欒の時間があった。激化する派閥抗争の中で、それは一時の癒しをもたらしただろう。

ただ、この記事にある「自分で設計した自慢の」渡辺邸というのはちょっと違うらしい。正確に言えば、渡辺邸を設計したのは陸軍技師の柳井平八《やないへいはち》で、おそらく渡辺のアイデアが取り入れられた、ということだろう。柳井は、現在箱根の高級温泉旅館として知られる「強羅花壇《ごうらかだん》」の洋館（かつての閑院宮載仁親王《かんいんのみやことひとしんのう》別邸）や、三島由紀夫《みしまゆきお》が決起を呼びかけた陸軍士官学校（現・市ヶ谷記念館／81ページ写真参照）などの建築設計者としても知られる。

同屋敷は昭和七年三月に完成したもので、それまで渡辺は四面道にある借家に住んでいた。しかし、この家はあまりに広すぎ、また電気代を含めると給料（月五五〇円）の半分以上である三〇〇円が家賃として消えてしまうので、近くに新しく邸宅を建てることにしたのである。渡辺は大量に本を買う上に、家賃が高額ではやりくりも大変だったろう。

現在、渡辺邸は残っておらず、残念ながら当時の面影をしのぶことはできない。ただし、弾痕のある座卓や建造物の写真・模型など事件当時の様子を伝える貴重な資料は、杉並区によって保存されている。

過去一度だけ、杉並区立郷土博物館で渡辺邸と柳井の建築作品を紹介する特別展が行なわれたことがある（二〇〇九年二－五月）。同展の図録によると、邸は〈総体としては和風だが、玄関脇に洋風の応接間、廊下の南側に居間等を配するいわゆる中廊下式住宅と呼ばれる和洋折衷住宅〉だったという（『二・二六事

件の現場　渡邉錠太郎と柳井平八』展示図録）。周辺も当時の様子とはかなり違っているのだろうが、ここで渡辺が生活を営み、そして戦って斃《たお》れたことは間違いない。

唯一の「戦死」

先の政子の証言に「泊りこみ憲兵の仕業」とする見方があることが紹介されているが、当時の憲兵には渡辺と敵対する派閥の影響力が強く、渡辺につけられた憲兵に対しても「監視ではないか」と疑いの目を向ける人もあった（第七章を参照）。その憲兵も、渡辺とともに応戦している。

それでも父は、軍人でございました。銃声の音と共に、横に寝かせていた妹の和子をランタイという竹であんだ机を部屋のすみに立て、その中にかくし、寝ていたフトンを楯がわりに使おうとしたのでしょうか。それをまるくくるみ、そのカゲに自分は〝伏せ〟の姿勢をとり、将兵たちの乱入してくるのを待ったのでございます。このとき、父は応戦してピストルをうったようでございます。大事なものを入れるカバンの中からピストルが出されていたし、三十名の将兵を父の家まで案内した安田少尉が右足をきずつけられているのでございます。しかし、他の家族の者の話では、それは父がドイツ留学時代（大尉のとき）ピストルの射撃コンクールで一等をとった名手であったので、そこから生まれた伝説だと申すものもおりますし、いまでははっきりいたしません。安田少尉のキズは事実でございますが、それは応戦した憲兵のタマが当ったのかもしれませんしね。

それより、机のカゲにかくれた和子は、さぞかし、こわかっただろうと思います。まだオカッパの少女でございましたが、そのオカッパ頭を押さえて、伏せていたそうでございます。そのとき、机をブチ抜いてとおって行ったタマが一発ございまして、その穴のあいた机は、いまも父の家にございますが、妹の話では、オカッパ頭をかすめて行くのがわかったそうでございます。もし、もう少しそれておれば、妹も死んでいるところでございました。

これは次に紹介する和子の証言ではっきりとわかるが、確かに渡辺は襲撃グループに応戦し、拳銃の弾を撃ち尽くしていた。この日、二・二六事件で襲撃目標とされた人物の中で、応戦した警察官などを除いて、唯一「戦死」したのが渡辺だった。

これほどの被害をもたらした反乱軍側の武器の一つ、軽機関銃には、さらに因縁があった。

なにしろ、狭い家でございますから、家中壁といわず天じょうといわずタマの跡だらけで、本当にむごいことをしていくと思ったものでございました。それに皮肉なことにはあの軽機関銃の採用は、父がその必要性をはげしく説き、それが入れられて日本の軍隊でも使うことになったものでございますよ。父は第一次世界大戦をオランダで見て、戦後ドイツの日本大使館にいたのですが、武器の発達をつぶさに見て、帰国後、その採用かたを具申したのでございます。ところが、当時の風潮は軍縮時代でございましてね。これをいったため、父は参謀本部におれなくなり、静岡の連隊から満洲へとばされたものでした。自分が採用かたをいった軽機関銃に自分がやられる。それも機関銃というのは、外で使うべき武器なのに、それをあの将兵たちは十メートルもはなれていない部屋の中で使い父をうったのです。

政子が述べるように、渡辺は第一次世界大戦後のドイツへと赴き、戦争の傷跡をつぶさに視察していた。この経験は渡辺の思想形成に大きな影響を与え、戦争についての思索を深めるきっかけになる。

もう一つ、この襲撃で渡辺夫妻にとって心を痛めることがあった。

それと三十名の将兵の中に歩兵三連隊の兵がまじっていましたが、ここは父がいた部隊で、そのエリ章を見たときは、さぞかし父も無念であったろうと思います。母はエリ章を見たとき、わが目を疑い、支那《シナ》の兵隊がきたのかと錯覚さえ起したそうでございます。

将兵たちが引きあげて行った庭の雪の上にも血の跡が残されており、それを見たときは私は一体、このさき、日本はどうなるかとそんなことばかり思っていました。母も明治の女といいますか、軍人の妻ですもの。とり乱したりはいたしませんでしたねえ。ただ、ボウ然の一語でございました。

午前中に検死がすまされ、父の遺体はホウ帯巻きにされましたが、二月二十八日に密葬、三月二十六日に葬儀をいたしました。それにしましても、機関銃で四十三発もうったうえ、とどめの刀きずまで残し……。数日たって〝兵に告ぐ〟という告が出たとき、やっと、私たちの不安はいくらか静まったのでございました。

軍人という職業柄、いつ死んでも不思議ではないし、戦争が現在よりずっと身近にあった時代であるから、家族もある程度のことは覚悟できていただろう。しかし、戦争ではなく、クーデターによって父親が殺害され、その凄惨な現場を目撃しようとは、さすがに軍人の娘であっても思いもよらなかったのではないだろうか。

しかし、政子以上に父の死を肌で感じた人がいる。それが、ほかならぬ次女の和子で、彼女は文字通り父が殺害されるのを目の前で見たのだった。

赤く染まった雪の記憶

有馬は、取材当時（昭和四十五年）岡山のノートルダム清心女子大学の学長だった和子にも聞き取りを行なっている（文中の〔筆者註〕や傍点は有馬による）。

「六時十分前ごろでございました。外で大きな音がして〔時間的に門を打ち破ったときのもの＝筆者註〕左に寝ていた父はしばらく様子をみておりましたが、押し入れの中からピストルをとり出して、和子に『お母さんのところへ行きなさい』と申しました」

和子の語る渡辺の動作は、この緊急時にあっていかにも落ち着いているように見える。部屋を出た和子は台所の母の元へと行くが、ここも和子を相手にしている余裕はなかった。有馬による解説を引く。

さて、台所へ行って和子は母に会っているが、夫人は女中から「兵隊さん〔この場合は、下士官、兵の兵ではなく、ひろく軍人という意味であった＝筆者註〕が門をあけろとさわいでいますが」と云われ「あけてはいけません」と答えたことを、和子は記憶している。しかし和子は誰にもかまわれないので、しばらく廊下をうろうろしていたあとで、父錠太郎の寝室へ戻ったのである。その時既に錠太郎は、前記のように応射の準備をしていたが、和子が戻ってくると、困ったような顔をしたそうである。渡辺錠太郎が、困ったような顔をした、というのは、よくわかるのである。

逃がしたはずの娘が戻ってきてしまい、さぞかし渡辺も困っただろう。自分はともかく、幼い娘だけでも助けたかったのは、当然である。そして、政子の証言にあるように籃胎《らんたい》漆器のテーブルの陰に和子を隠し、戦いは始まった。

再び、和子の証言。

「彼等《かれら》は機関銃〔軽機である＝筆者註〕を据えて父に向って射ち出したのです。父は横ばいになりながら、ピストルで防戦したと記憶しております。彼等はまず、父の脚をねらったように思います。父が動けないようにするためでしょう。私には、しかしまだ、何が、何のために起ったのか、よくわかりませんでした。それで、自分の身をかがめて、時々顔を出して見ていました。ふっと気がつくと、機関銃の音がやんでいました。彼等はそれから父に斬りつけたのです。みんながいなくなったあとに、父、渡辺錠太郎が、片手にピストルを持ったまま、畳の上によこたわっていました」

「お父様が、お父様が、と叫びながら、私は部屋の中を歩きまわっていました。私は泣いていたと思います。天井まで、父の肉が飛んでいたのや、雪が深かったのや、雪の中に点々と赤い血が落ちていたのを憶えています」

単に目の前で父が殺害されるのを目撃しただけではない。肉片が天井まで飛び散るほど銃弾を撃ち込まれ、軍刀で止めを刺されるのを目撃したのである。その衝撃は想像もつかない。

「弾丸が、私のそばを通って行ったのでしょうが、その記憶は今の私にはございません。私は無言でおりました。それは日頃父に『女の子でも、お前はお父さんの子だ』と云《い》われて厳しく育てられたせいだと思います。それに正直云って、五分か十分の出来事でしたから、私には、その時間に何が起きたのか、一切信じられなかったと云った方が本当でしょう。しばらくたって、岡田首相の生存が確認されたのをきいて、私は学校（成蹊小学校＝筆者の母校）の行き帰りに、ふっと、父がその辺から現われるのではないかと何度も思ったものでございます」

反乱軍は、渡辺のほかにも前述した内大臣斎藤実と大蔵大臣高橋是清を殺害、侍従長鈴木貫太郎《すずきかんたろう》（海軍大将）を襲撃して重傷を負わせた。首相の岡田啓介《おかだけいすけ》（海軍大将）も襲撃されたが、これは間一髪で逃れ、代わりに秘書と護衛の警官が殺害された。また湯河原の旅館にいた元内大臣牧野伸顕《まきののぶあき》（大久保利通の次男で、吉田茂の岳父）は襲撃されるも危うく難を逃れ、ここでも警察官が殺害されている。

狙われた六人の中で、岡田、斎藤、鈴木の三人は海軍大将で、陸軍大将は渡辺錠太郎のみだった。襲ったのは陸軍の一部であるから、彼らは自分たちの所属する組織の上層部の人間を殺害したことになる。

また、高橋是清と斎藤実は首相経験者、岡田は現役首相、そして鈴木貫太郎は後年大東亜（太平洋）戦争期間中最後の首相としてポツダム宣言を受諾することになる人物である。それに対して渡辺は、首相経験も大臣経験もない純粋な陸軍軍人だった。渡辺だけは自分の部下たちから標的にされたという点が、他の被害者と大きく違う。

それぞれの二・二六

その後の事件の経過はよく知られている。東京には戒厳令が布かれ、当初決起部隊は丁重な扱いを受けた。政府では襲撃された岡田首相が殺害されたと思われ、対応は後手に回った。また昭和天皇を補佐する本庄繁《ほんじょうしげる》侍従武官長（陸軍大将）は、反乱部隊に同情的だった。

しかし、天皇は違った。本庄の〈彼ら行動部隊の将校の行為は、陛下の軍隊を、勝手に動かせしものにして、統帥権《とうすい》を犯すの甚《はなは》だしきものにして、もとより、許すべからざるものなるも、その精神に至りては、君国を思うに出でたるものにして、必ずしも咎《とが》むべきにあらず〉との弁護を一蹴した（本庄繁『本庄日記』）。

朕《ちん》が股肱《ここう》の老臣を殺戮《さつりく》す、この如き凶暴の将校等《ら》、その精神においても何の恕《ゆる》すべきものありや

昭和天皇が反乱部隊を断じて赦さず、犠牲となった渡辺らを慮《おもんぱか》る姿勢を見せたことは、事件によって突然の不幸に見舞われた遺族にとって大きな心の支えとなった。和子はこう回想している。

事件後も母は涙を流すことはありませんでした。ただ事件を知った昭和天皇が「朕《チン》自ラ近衛師団ヲ率《ヒキ》ヒ、此《コ》レガ鎮定ニ当タラン」、つまり自ら近衛兵を率いて鎮静にあたるとまで言ってくださったことに母は大変感謝して、「陛下のお蔭でお父様の面目が立った。天皇陛下の御恩を忘れてはいけない」とつねづね言っておりました。（渡辺和子「憲兵は父を守らなかった」）

こうした天皇の姿勢もあり、ついに戒厳部隊は討伐に方針を決め、反乱部隊に投降の呼びかけを開始した。中には抵抗の姿勢を見せる者もあったが、二十九日に安藤輝三《あんどうてるぞう》大尉率いる部隊が投降し、事件は収束した。発生から四日が経っていた。こうして、千五百人近い兵士を動かした日本最大のクーデター未遂事件は、なんとか同じ日本人同士の内乱に発展することなく、解決をみたのだった。

事件から約三か月後、和子が小学校で書いた作文が残っている。

御父様の思出（五月三十日）

今はもう此《こ》の世にいらっしゃらないお父様ですけれど、前はいつも私をおひざの上に乗せて、可愛がって下さったお父様です。私はまだ一度だって、お父様に叱られたことはありませんでした。私が病気の時は、いつも、まくらもとで本を読んで下さったのです。その外《ほか》、夏になれば「暑くはないか」、冬は冬で「寒くはないか」と、しじゅうやさしくおっしゃって下さったお父様です。まだ内で藤村さんの家に居た頃は、毎朝お父様と二人で散歩に行きました。そうして美しい花を取って来たり、本屋で本を買って下さったりしました。いつか電話室でお父様に飛びついて、目金《めがね》をこわしてしまいましたが、それでもお父様はお叱りになりませんでした。お父様はそれほどまでも私を可愛がって下さったのです。私もお父様のためなら何でも致しました。

一番うれしかったことは、お父様がいつも宴会の時のお帰りには、何かきっとおみやげを下さる事でした。

今年のお正月には私がお父様や外のお客様たちに、おしゃくをしました。お父様はその時お客様に『これが一番末で、中々おりこうなんですよ』なんておっしゃって、お笑いになるので、いやになったこともありましたが、今思えば有りがたく思います。私は毎日お父様の御霊前で、そのことを申し上げて居ます。

事件後、関係者の運命は様々だった。一度は命を失いかけながら宰相として再び表舞台に立ち、戦争の幕を降ろした鈴木貫太郎。人違いで難を逃れた岡田啓介は、東條英機《とうじょうひでき》内閣を退陣させるべく知恵を絞り、裏で活躍した。いずれも、何らかの形で歴史に関わり、戦後まで生き抜いている。この中に渡辺がいたら、どんな活躍を見せただろうか。鈴木や岡田の活躍を考えれば、「渡辺が生きていれば歴史が変わっていた」と推測する人がいるのもうなずける。「生きてさえいてくれれば……」という思いはもちろん、残された家族も何度も繰り返し抱いたことだろう。だが、錠太郎を突如失ったことで、渡辺家の歴史も暗転する。

錠太郎は、遅くできた娘である和子にとても優しかった。「この娘とは長く一緒にいられないから」というのが理由だった（和子『置かれた場所で咲きなさい』）。現代より平均寿命がぐっと短かった当時、五十過ぎで生まれた娘と長くいられないというのは、ごく自然な考えだったろう。その言葉通り、父子が一緒にいられたのは十年に満たない期間だった。しかし、その別れが、娘の目の前で若き軍人に殺害されるという形になるとは、思いもしなかったに違いない。

それでも、いや、それだからこそと言うべきか、和子の長い生涯の最期まで父の面影はかけがえのない思い出として残った。

父と過ごした九年、その短い間に、私は一生涯分の愛情を受けました。この父の子として生まれたことに、いつも感謝しております。（前掲書）

和子はその後、修道女となって「シスター・セント・ジョン」というもう一つの名を授かり、一生涯を神に捧げることになる。彼女はまた、悲劇に正対した被害者であり、歴史的な瞬間の目撃者であり、多くの人々に指針を与える導師ともなった。時代が時代だけに、「キリスト教」という宗教を選ぶにも葛藤があった。

最愛の父の死は、和子にとってこれ以上ない悲しみだっただろう。目の前で殺害された父の姿が、和子の人生を大きく変えただろうことは想像に難くない。しかしそれは同時に、彼女に別な道を指し示し、思わぬ出会いをもたらすことになる。事件がなければ、あり得ない出会いであった。

すべては、あの日、昭和十一年二月二十六日の雪の朝に始まる。渡辺錠太郎という一人の軍人の人生が終わり、娘にとっての新しい人生の始まった、あの日――。国家への責任に忠実に生きた軍人の死は、娘の人生を変えてゆく。

渡辺錠太郎と和子の明治、大正、昭和、平成へと続く運命的な絆は、さらに令和へとつながる。この日本近代史を跨ぐ物語を、一人の男の人生から辿っていきたい。

第一章　「自学力行」の人

渡辺錠太郎の半身像。愛知県小牧市の生家に近い「西林寺」にある

二つの菩提寺

愛知県小牧市――。織田信長が築城し、小牧・長久手の戦いでは徳川家康の陣城となった小牧山城を仰ぎ見る市街の一角に、西林寺《さいりんじ》という浄土宗の小さな寺がある。ここに、渡辺錠太郎の銅像が建っている。

寺の小さな山門をくぐり、右手へ進むと、本堂の手前に銅製の半身像が見える。背後の松に抱かれるように建つその像は、こちらを少し見下ろす位置にあり、顔に刻まれた皺や前方を見据える目、きつく引き結ばれた唇などが、まるで今にも動き出しそうな雰囲気をまとっている。

台座正面には「渡邊大将」と彫られており、側面に碑文が刻まれている。末尾に、「昭和十四（一九三九）年二月　陸軍大将　松井石根《まついいわね》　撰　並《ならびに》　書」とあることから、二・二六事件で亡くなってから三年後に、同郷の軍人・松井石根（陸士九期）が献じた碑であることがわかる。以下、全文を引用する（旧漢字は現行のものに、カタカナはひらがなに改め、適宜ルビ、改行、一字空きを施している）。

故陸軍大将従二位勲一等功五級　渡邊錠太郎君は
明治七年　小牧和田武右衛門氏の長男に生れ
後　外戚岩倉渡邊家の懇請に因《よ》り　其《そ》の家を嗣《つ》ぐ
君幼にして智能優れ　修学僅《わずか》に　三年にして学園を退き
奮《ふるっ》て家業を助け　傍ら刻苦独学軍人たらんと欲す
明治二十七年　歩兵科士官候補生に登第し
累進して昭和六年　陸軍大将に任ぜらる
君　資性温良剛直明敏　陸軍大学校を首位にして卒業し

大尉として日露戦役に従い　次で駐欧勤務　数次に及ぶ
後年　陸軍大学校長　第七師団長　航空本部長
台湾軍司令官　軍事参議官　教育総監の要職に歴任
皇軍の進運に尽瘁《じんすい》し　文武兼備の良将として　偉勲赫々《かくかく》たり
而《しこう》して教育総監在任中　突如事変に際会し
昭和十一年二月二十六日　其の凶刃に斃《たお》る
痛惜奚《なん》ぞ之《これ》に勝《た》えん
乃《すなわ》ち　小牧郷党《きょうとう》の発起と有志の協賛に拠《よ》り
此《この》銅像を建設し　以《もっ》て不朽に其の風貌《ふうぼう》を伝《つた》う
昭和十四年二月
陸軍大将　松井石根撰並書

松井石根といえば、昭和十二（一九三七）年に起きた南京事件の責任を問われ、戦後の極東国際軍事裁判（東京裁判）でいわゆるA級戦犯の一人として裁かれて、昭和二十三年に絞首刑にされた人物として知られている。ただし、松井自身はむしろ南京攻略戦を制しようとしていたとも伝えられ、陸軍屈指の中国通として、渡辺と同じく陸軍大将にまで昇りつめた同郷のエリート軍人だった。

この銅像の製作の経緯については、岩村貴文著『渡邉錠太郎』が詳しい。銅像は当初、西林寺ではなく小牧山に建てられたという。

銅像製作者は愛知県岡崎市の鈴木基弘という二六歳の青年であった。昭和一三年（一九三八年）一一月には原型が完成し、翌一四年（一九三九年）五月一〇日除幕式の運びとなった。場所は小牧山の東側。行幸橋を渡り、道を曲がった所に東向に建てられた。除幕式当日、すゞ夫人、次女和子氏が列席した。約二五〇名の参加者を前に、午前一〇時式が開始された。平手建設委員長の開式の辞のあと和子氏の手で除幕された。小牧町長の式辞、製作者への感謝状の授与、来賓祝辞、祝電披露のあとすゞ夫人の挨拶があり正午に閉会した。

この銅像、戦争中も供出を免《まぬ》がれ運良く残った。終戦直後、銅像は和田家菩提寺の西林寺に移された。移されたというよりはアメリカ軍による没収を恐れ、夜中慌てて住職以下何人かで運んだという。

こうして、からくも戦中・戦後の危機を乗り越えた渡辺の銅像は現在、静かな境内でサーベルを左手に持ち、悠然とたたずんでいる。西林寺は、渡辺の生家である和田家の菩提寺であり、錠太郎の名が刻まれた同家の墓石も残っている。

渡辺錠太郎の墓は、この西林寺から西へ五キロほど離れた岩倉市の真宗大谷派・正起寺《しょうきじ》にも建立されている（墓所はもう一つ、東京・多磨霊園にもあるが、これについては終章で詳述する）。岩倉は母方である渡辺家の実家があり、そこに養子に出された錠太郎は以後、陸軍士官学校に入るまでこの地で過ごした。

名鉄犬山線岩倉駅から十分ほど歩いた住宅地の中にある正起寺の山門をくぐると、正面が本堂で、そのすぐ左側に「陸軍大将渡邉錠太郎墓所」がある。二・二六事件から半年後の「昭和十一丙子《ひのえね》年九月」に渡辺家が建てたこの墓には、正面に錠太郎の法名「温真院殿釋巖泉大居士」が刻まれている。

こちらも、西林寺の碑文と同じく陸軍大将松井石根が謹書したと記されている。この墓所内に「遺徳顕彰碑」「略年譜」が建てられているが、それらは平成二十二（二〇一〇）年六月に岩倉渡邉大将顕彰会が建立したものである。ちなみに、これまで何度も紹介している岩村貴文著『渡邉錠太郎』は、この遺徳顕彰碑を建立する際、顕彰会が除幕式参加者への記念品として発行・配布されている。
一方、顕彰会による伝記『郷土の偉人　渡邉錠太郎』も、関係者の証言や資料を用いながら、公私両面にわたる渡辺錠太郎の姿を描き出している。渡辺を直接知る人々の証言が多く寄せられているのは、郷土ならではの強みだろう。同書を読むと、渡辺がいかに地元で愛されているかがよくわかる。

愛北岩倉の生んだ「郷土の偉人」として、その没後四十余年に及ぶも、今に「渡辺さん」「渡辺大将」と慕われ、只ならぬ尊敬と親近感をもって、多くの人びとから、偲ばれつゞけている人に、陸軍大将渡辺錠太郎がある。（顕彰会『郷土の偉人』）

岩倉市「正起寺」にある錠太郎の墓所。近年建てられた遺徳顕彰碑もある

渡辺は、地元の人々に英雄として尊敬されていた。敗戦という大きな挫折を経てもなお、人々が銅像を守ろうとしていることからも、その敬愛の度がよくわかる。小牧で生まれて岩倉で育った渡辺は、両方の住民から死後も愛され続けている。ではその幼少期、渡辺はどのように過ごしたのだろうか。

父母と幼き日々

渡辺錠太郎は、明治七（一八七四）年四月十六日、愛知県東春日井郡小牧村（当時）できざみ煙草製造を営む和田武右衛門《わだぶえもん》と、きのの長男として生まれた。

兄弟としては、上に長女ぶん、下に次女きん、次男照次郎《てるじろう》、三女はるの、三男庫吉《くらきち》がいる。

錠太郎の父である武右衛門という人は、時代もあるのだろうが、相当な頑固者だったらしい。渡辺没後に甥（姉ぶんの息子）の江﨑鈌八郎《えさきくはちろう》が記した「叔父の話」には、こんな逸話が紹介されている。

晩年迄《まで》「四ツ足は食わぬ」と牛肉馬肉など食わぬどころか、家へも入れさせなかったと云《い》う一徹もの、「盲目京まで上ると云うことだ。口さえあれば何処《どこ》迄でも行けるものだ」と人々の危ぶむのを他に、その頃としては相当の金額である二十円程《ほど》を持たせて、名古屋伏見町のやま松煙草屋へ使いに出した。国府煙草を蜜柑箱程の木箱に入れて風呂敷で背負って、后荷《あとに》は飛脚に頼んで帰るのであった。最初歩くにしても今より難儀であったと思われるが、往復八里余の道を無事用を足して帰ってきた。最初が案じることもなく行ってきたので、子供は他意なく用を足して来るから早くてい丶、とその后時々《ご》少年は使いにやられたのであった。

これが、錠太郎が小学生、十歳ぐらいの時の話である。武右衛門は頑《かたく》なに肉食を嫌い、子供にも決して甘くなかった、というよりかなり厳しかったようだ。「人々の危ぶむ」ほどだったとあるから、当時でも錠太郎の「使い」の仕事は、きつ過ぎると思われたのだろう。実際、往復八里といえば相当な距離だ。一里が約四キロ弱なので、実に三十キロ以上の道のりである。しかも、帰りは木箱に荷物を入れている。この仕事で、少年錠太郎はかなり心身を鍛えられたのではないだろうか。

母親のきのは、同じく愛知県丹羽郡の岩倉村（当時）の渡辺庄次郎の家に次女として生まれた。渡辺家は「七、八段程の自作農」で、「片手間に油類の小売をやっていた」（顕彰会『郷土の偉人』）という。

また渡辺家は正起寺の檀家で、きのは特に信仰に熱心だったという。幼い錠太郎が重い病を患った時には、御嶽教《おんたけきょう》の修行者を頼ったらしい。

二歳の時天然痘《てんねんとう》に罹《かか》り痘症は臍《へそ》まで這入《はい》ったとのこと、医師二人は匕《さじ》を投げて仕舞《しま》った。東町《ひがしまち》に住む御岳行者《おんたけぎょうじゃ》の水野新平と云《い》うのがあって、「よし引き受けた」と、連日のキトウ［祈禱］によってやっと回復することができた。（『叔父の話』）

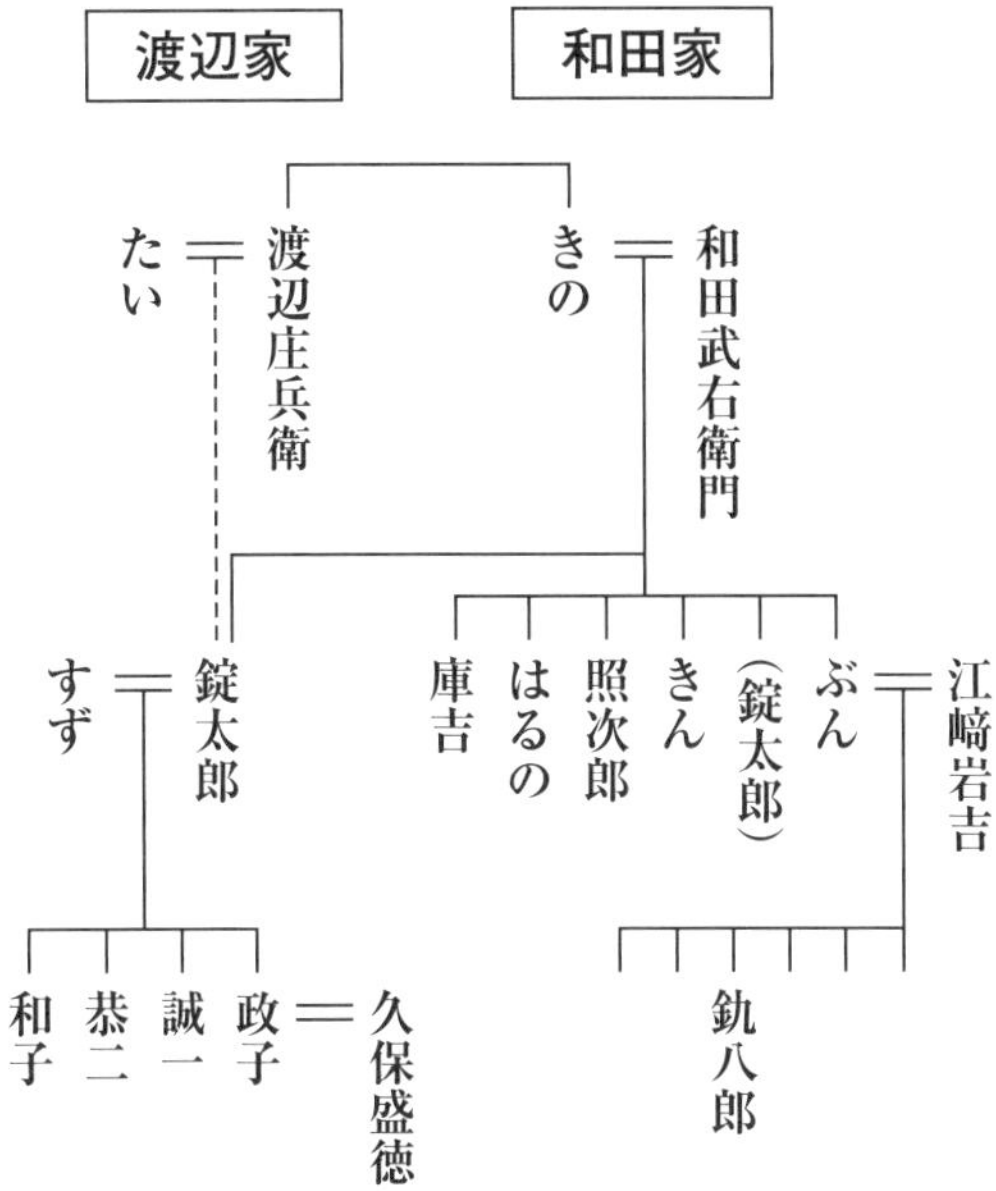

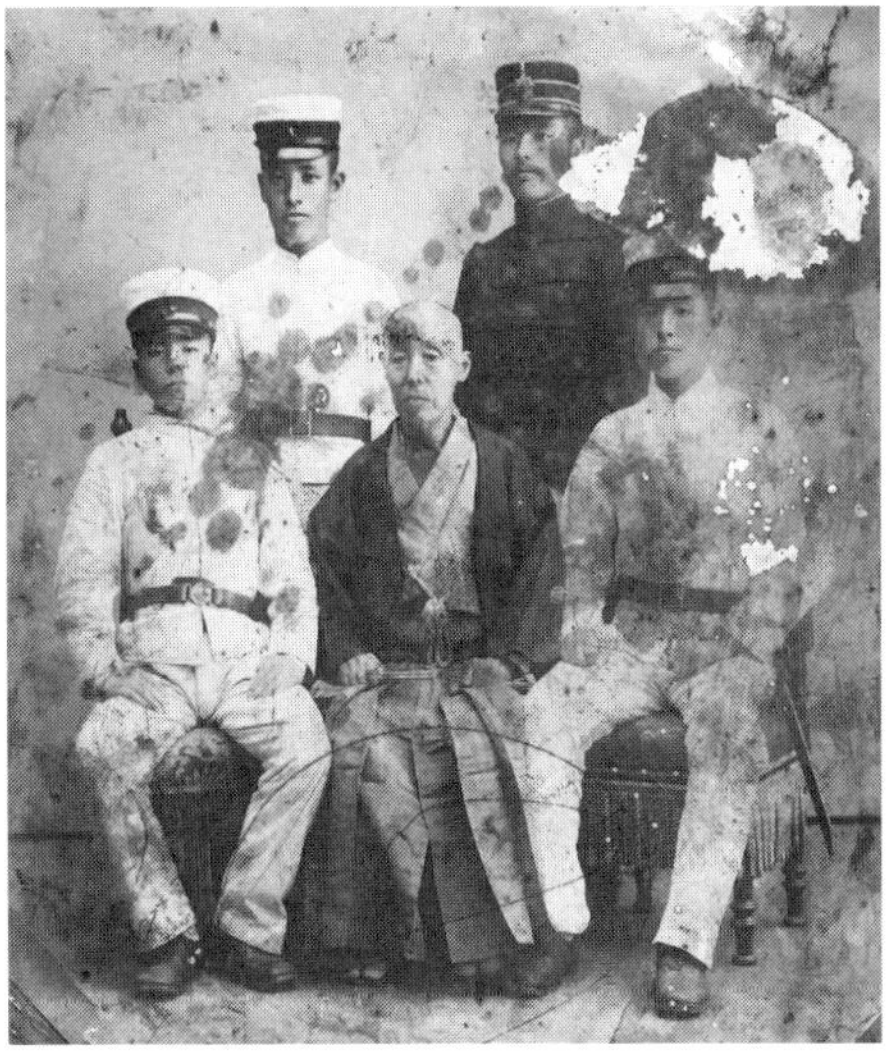
実父・和田武右衛門（前列中央）とともに写る錠太郎（後列右側）。前列右側が弟・照次郎、左側が同・庫吉（江崎家蔵）

母きのは錠太郎の教育にも大きな功があり、のちに陸軍内で「文学博士」と呼ばれるほどの勉強家となった錠太郎の素地を作っている。

葉煙草の砂を払い煙草製造を手伝い乍《なが》ら、祖母［＝きの］は三歳になった叔父［＝錠太郎］を守りしながら百人一首を読んで聞かせた。記憶のいゝ叔父はしばらくの間にこれを暗《そら》んじて転《まわ》らぬ舌で百首の歌を云《い》うのが可愛いゝとて近所の人達の寵児となり、尚《なお》隣家吉富旅館の客に連れられて行き半日遊んで来ることもあった。それを四歳には残らず忘れてしまったが、五歳には再び頭に入れて今度は下句を云えば上句を、作者を直《ただ》ちに云う様になった。看板の文字を記憶して来てはこれを母にたずねて覚えたと云うことである。（『叔父の話』）

仕事の傍ら子守をし、さらには百人一首を読みながら、きのは子供を育てていった。これらのエピソードを引用した顕彰会『郷土の偉人』は〈だんだん偉くなると、人にはいろいろの言い伝えが生じて来るものであるが、錠太郎にもやはりそれがある〉と述べている。こんな話もある。

又此頃《またこのころ》より将軍［＝錠太郎］は菅原道真の話を聞いて甚《はなはだ》しくその人柄に憧憬《あこが》れた、父母から道真のような偉い人になるようにとの教訓があったものでもあろう、此《この》点は往時藩祖徳川義直卿が其《その》生母相応院お亀の方から道真の話を聞いて甚《いた》く其《そ》の人格を推奨せられて遂《つい》に彼の人格を大成された話と好一対の話である、将軍は天満天神の篤信者と為《な》った、そして天満宮の文字を始めて覚え、柱と云《い》わず壁と云わず手当たり次第に稽古した、かくて此頃より盛んに文字を習い励む気分が出来、一見して文字は何んでも模倣せねば止まぬ、天神信仰と落書とは当時将軍の日課であった、紅葉のような手を合わせて天満天神を仰ぐいぢらしさ、愛しさ、両親は遂に祠《ほこら》を購《あがな》い与えた、将軍は其祠に天神様を祀り其喜びは亦異常である、頓《ぬかず》いて菅公像の木版をねだって、之《これ》を紙に刷り付け、嬉戯《きぎ》の童輩《どうはい》へ頒《わか》ち与えたのであった（津田『郷土小牧の生立』）

菅原道真は言うまでもなく「学問の神様」で、現在も受験シーズンになると学生や各種試験を控えた人々が各地の天満宮へと足を運ぶ。錠太郎もまた、学問と縁の深い「天神様」を敬してやまなかった。

和田家から渡辺家へ

こうして錠太郎は厳父と賢母のもとで育てられ、明治十四（一八八一）年、現在の小牧小学校の前身である、戒蔵院内の小学校（小牧学校）へと通い始めた。この学校で錠太郎は岩腰《いわこし》寿《としなが》という校長と出会う。

当時の校長は岩腰寿という漢学者、其頃《そのころ》小学校で用いた教科書は連語図［短文練習］、小学読本、修身児訓［道徳］、筆算題叢《だいそう》［算数］、補氏生理書［生理・衛生学］、大統歌［歴代天皇の事績］、通語等で、今より察すれば随分《ずいぶん》難読難解の書物揃い、将軍の幼い頭脳は斯《か》く多くの難書を以《もっ》て鍛え上げられた。
（津田『郷土小牧の生立』）

この岩腰が校長になった時は三〇代前半であった。そして小牧小学校の歴代の校長の中で最も任期が長かった［中略］。

岩腰寿は漢学者であり、錠太郎は後年自宅の居間に岩腰寿の書を掲げていたという。岩腰を尊敬していたと思われる。錠太郎と岩腰との関係は小学校卒業後も士官学校の受験の頃まで続く。（岩村『渡邉錠太郎』）

岩腰が校長に就任したのが錠太郎が入学した翌年（明治十五年）であるから、その少年期は当然幕末ということになる。江戸時代の武士的教養を身につけた人物だったのではないだろうか。渡辺の人格形成にも大いに影響したことだろう。渡辺は、物に対する執着心も薄かったようだ。

又《また》将軍は決して美服を喜ばず粗衣《そい》に安んじ乍《なが》ら寸暇《すんか》を利用して読書に励む精神の出来たのも此頃《このころ》、田舎では縁日や氏神の祭礼には村の子供は競って新しい衣服や絹糸交じりの衣裳を着て外出するのが唯一の歓楽、されど将軍は決して之を喜ばなかった、時には母に世話を焼かせたこともあった、当時村の少年が遊戯は大抵川殺生《かわせっしょう》と水泳ぎ、時には其《その》誘いも受ける、将軍はいつも交わって行かぬ、或《ある》時《とき》母の里方岩倉村の秋葉権現《ごんげん》のお開帳に招かれ将軍は姉さんと共に其地に行った。母親は今日はと下《おろ》し立ての晴衣《はれぎ》に将軍を喜ばせようものと心尽くして遣《よこ》した、秋葉の開帳は参詣人の人山《ひとやま》、出店縁日商人露店を連ねて境内《けいだい》立錐《りっすい》の余地も無い、珍しい太鼓の響き鉦《かね》の音、将軍は人垣に遮《さえぎ》られて見得ぬ口惜しさ、そこで木に登って四方の賑《にぎわ》いを一瞥《いちべつ》した、そして見廻す途端に枝に懸かって晴衣を破った、姉さんはアッと叫んだ、見る人は惜しいことだと顔を皺《しわ》めた、当の将軍は惜しいとも、悪いことをしたとも思わぬ、平気で木から下り頓《やが》て家へ帰った、晴衣には執着更《さら》にありませぬと母への申訳《もうしわけ》、将軍の志は夙《つと》に此《この》辺りには用が無かった。（津田『郷土小牧の生立』）

せっかく母がこの日ばかりはと繕ってくれた晴れ着だが、破れても何の執着も持たなかった錠太郎である。世俗的な欲の薄さは、のちに陸軍の重鎮となった渡辺の立場にも現われてくる。そして、渡辺の関心が向かうのは、もっぱら読書であった。プロローグでも書いたように、錠太郎は親戚の家にあったたくさんの蔵書を借りて読み、貸本屋の本も「一晩か二晩」で取り替えるほどの速読で読破したという。

しかも、渡辺はただ本を読むだけでは終わらなかった。


夏の夕涼み小牧の街並に床台を連ねて、団扇《うちわ》使って四方山《よもやま》話、将軍は独り同輩を集めて軍談を説いた、垣間《かいま》聞きの大人連もあった、講談師に勝る将軍の話上手、将軍の雄弁は其頃《そのころ》から漸次《ぜんじ》有名、近隣から近隣への大人は十歳の少年が説く軍記軍談を傾聴し、時には夜の更けるのも有頂天、此《この》当時講釈を聞いた老人は今でも生き延びている。（津田『郷土小牧の生立』）

さて、先に述べたように、渡辺の母は岩倉村の渡辺庄次郎の次女であるが、実家の渡辺家の方は兄の庄兵衛《しょうべえ》が継いでいた。ところがこの庄兵衛には、生憎《あいにく》子供がいなかった。このままでは、渡辺家は絶えてしまう。そこで、妹の嫁ぎ先である和田家へ赴き、養子をくれ、と懇願する。

『郷土小牧の生立』によれば〈渡邉氏には一子がない、伯父なる庄兵衛氏は特に将軍を愛着した、氏神の祭礼だ、縁日だ、紋日だというては将軍を引き寄せた、心中早くより将軍を請うて養子に貰い受けようと〉していたとある。庄兵衛は最初から錠太郎少年に目をつけており、事あるごとに誘いをかけていたということだろう。

そして、事は庄兵衛の目論見通りに進み、錠太郎少年は渡辺家へ入ることとなった。『渡邉錠太郎』の著者岩村貴文は、この養子縁組についてこう述べている。

錠太郎は全く見知らぬ土地でもなく、またすぐ近くで、何かあったらすぐ小牧に帰れるという安心感から、そんなに深くも考えなかったろうと思われる。実際、この後、小牧へは週に二、三回は、武右衛門の手伝いのために往来していた。

錠太郎の墓や銅像が隣接する小牧と岩倉に分散しているのは、このような事情からだった。

独学の人

幼い頃から勉強熱心で、非凡な才能をのぞかせていた錠太郎だったが、小学校は途中から通えなくなってしまう。決して裕福とは言えなかった「家庭の事情」によるものだった。

この頃、錠太郎は家庭の事情のため小学校を中退せざるを得なくなった。錠太郎を通わせるだけの余裕がなかったからであった。錠太郎の小学校での就学期間は僅かに三年、当時は小学校はまだ義務教育ではなかった。（岩村『渡邉錠太郎』）

岩倉の渡辺家に移った後、錠太郎は小学校に再入学を許される。しかし、錠太郎にとって養家での暮らしは、心地良いものではなかったらしい。実は、庄兵衛の妻たいは養子を自分の身内から迎えたいと思っており、和田家から跡継ぎを迎えることをこころよく思っていなかったという。

養父は竈《かまど》の下の灰までも錠太郎のものだと全身の愛を傾けて居たが、養母にはそれが気に入らない。自身の生家から養子を取りたいとの思いが去りかねた為《ため》、叔父の試練時代はこの養母の心から起こったとも云《い》うべきか。（江崎『叔父の話』）

岩村の伝記も、次のような解説をしている。

親戚という関係から、たいは錠太郎に冷たく当たるということはなかったが、今までと違って、あまり歓迎されていないことは一四歳の錠太郎にも分かった。（岩村『渡邉錠太郎』）

養母は露骨に嫌うことはなかったようだが、それでも多感な少年はその「温度差」に気がついたのだろう。そして、とうとう〝事件〟が起こる。

錠太郎が学校を卒業してしばらくした頃のこと、小牧では武右衛門が、人手足らずの状態で困っていた。そこで武右衛門は岩倉の渡邉家に赴き、庄兵衛に、錠太郎を少しの間、返してもらう様《よう》頼みに行った。ところが庄兵衛も、せっかく農作業を手伝ってくれる錠太郎を返す訳にいかなかったので、話は平行線のまま物分かれという形になったが、武右衛門が帰った後、なぜか錠太郎も、養父母に内緒で小牧の実家へ帰ってしまった。（前掲書）

せっかく頼み込んで来てもらった養子に帰られてしまうとは、庄兵衛の面目を丸々つぶすような話だが、錠太郎が渡辺家を継ぐのをやめたわけではないので、やはり渡辺錠太郎はそのまま渡辺錠太郎であった。津田應助『郷土小牧の生立』には〈而《しか》して小牧の生家へは数日の間両三日は訪れながら両親を省《せい》した〉とあるので、時折帰って手伝うようになったということかもしれない。しかも、同書によれば、それはちょうど小学校の卒業時期にかかっていたらしい。

其《その》後如何《いか》なる事情のありしものか、将軍は小牧の生家に帰って了《しま》った、かかる間に将軍は十五歳の年を迎えた、小学校も卒業の時期だ、併《しか》し将軍は境遇の爾《しか》く小牧岩倉に跨《また》がる関係上、小学教育学校教育は恐《おそら》く不十分の中に経過したものと見られている、将軍の経歴を語る第一歩たる小学時代は斯《か》くの如き不運極まる状況であった。（津田『郷土小牧の生立』）

結局、小学校での教育は十分に受けられなかった錠太郎であるが、家業をよく手伝う傍ら、独学自修で学問に精を出すようになる。

渡辺家へ入って以来の将軍は只管《ひたすら》養家に一身を捧げ、農業の道にいそしんだ、四六時中肥桶《こえおけ》を荷《にな》い養父と共に野良に出た、併《しか》し将軍の懐中に蔵《きす》められたは幾篇かの書物、其《そ》れは将軍の主眼は数学に傾けられ、代数幾何の解説書であった、二三時労働すれば半時の休み、畦畔《けいはん》に腰打ち掛けて養父は煙草一服、将軍は一心不乱の書見、前夜解けなかった方程式や幾何の解説重ね重ね思案せられた、時には思わず膝を打つことさえあった。（前掲書）

顕彰会の評伝では、そんな錠太郎の姿勢を「二宮金次郎」になぞらえている。

二宮金次郎といえば、長い間小学教育での「お手本」になっていたもの。金次郎と聞けば誰しも、直《ただ》ちに「勤労」と「勉学」のイメージをもつが、わが渡辺が又《また》それだった。［中略］

かれは昼はいっぱし一人前の田畑仕事に骨を折り、夜は夜で又おそくまで勉学にいそしんだ。油屋だからまさか自用の油をまで節する必要はなかったであろうが、さしずめ金次郎であったら、伯父の万兵衛に叱り飛ばされたであろうほど、毎夜々々夜更《よふかし》をした。そればかりではない、昼間の百姓仕事ででも、畔《あぜ》に腰をおろして一休みする際、かくし持った書物をこっそり取り出して読んだ。（顕彰会『郷土の偉人』）

江戸後期の農政家として知られる二宮金次郎（尊徳）は、早くに父母を失い、伯父の家に預けられたが、夜に本を読むために灯りを使うのを、灯油の無駄遣いだと伯父からしばしば叱られたと伝えられている。その逸話を踏まえた文章だが、たしかに二宮金次郎に重なる勉強ぶりである。

錠太郎の場合は、両親とも健在ではあるものの、やはり伯父の家に養子として入り、貧しいがゆえに働き手として求められたのであり、上の学校へ通うことなど望むべくもなかった。結局、小学校を終えた錠太郎は独学で学ばざるを得なかったわけだが、その勉強法も、「苦学」と呼ぶにふさわしいものだった。

それに就《つ》いて、彼はまず簡便にして尋常な一法を思いついた。と云《い》うのは、実際に中学校で使用する教科書を、全部順次に読破してしまうことだった。解っても解らなくても、とにかく一頁《ページ》残らず読んでしまうことだった。読むは易い、理解するは難い。しかし、渡辺の場合は問うに教師なく、調べるに参考書なし、読書百遍自《ひゃっぺんおのず》から通ずのたぐいで、全くの独学自修であった。（中略）

中学校の教科書は、幸い小牧の友人の明倫中学へ入った者から借りられた。一年遅れで、そっくりその儘《まま》の揃いで借りた。通学して五年かかった友人のあとから、彼もやはり、五年程かかって独り学びで追っ駆けたわけである。（前掲書）

岩倉の小学校時代には、前述した親戚である伊藤貫悦と同窓となり、生涯にわたって交流する親友になるのだが、その証言からも錠太郎の熱心さが伝わってくる。

「渡辺さんは、うちにあった本の、殆《ほと》んどすべてを借りていって読んでしまわれた。たいていは一週間ですまされるのだが、只《ただ》一冊、官立諸学校入学試験問題答案集という［本］だけはなかなか戻って来なかった。後になって聞いて見ると、こればかりは片っぱしから書き写して、ことごとくマル暗記してしまったと云《い》う話だった。」（前掲書）

友人から借りた入試問題集を単に解くだけでなく、すべて書き写して暗記することなど、並大抵の人間ではできないだろう。学問への意欲はもちろん、元から優秀な頭脳を持っていたからこそ可能な離れ業だ。のちに陸軍大学校を首席で卒業し、恩賜の軍刀を授与されることになる錠太郎の非凡さの片鱗が見てとれる。

後年、錠太郎は揮毫を請われると、しばしば「自学力行」と書いた。自ら学び、力を尽くして行なう——いかにも錠太郎らしい、己の生き方を表現したような言葉である。その原点は、この少年時代にあったといえるだろう。

労働と勉学は両立する

この頃の錠太郎の勉強ぶりがわかるエピソードが、同じく顕彰会の伝記『郷土の偉人　渡辺錠太郎』に紹介されている。

当時、錠太郎と特別仲がよかった友人に、「金さん」という少年がいた。金さんは生まれつき耳が不自由だったが、体力には恵まれ、力仕事ならなんでもこなした。錠太郎とは「錠さぁ」「金さぁ」と呼び合う仲だった。金さんはその障害のために孤立することが多かったらしいが、錠太郎はそのようなことは気にしなかったという。

彼らの家はお互い農家で忙しかったが、一緒に仕事をすることもあった。そのうちの一つが「枇杷島《びわじま》行き」と呼ばれるもので、約十キロ離れた枇杷島（現・清須市西枇杷島町）の青物市場に農作物を届けに行くのがその仕事だった。二人はこの作業に工夫をこらした。準備は、早朝の競《せ》りに間に合うように前の晩から行なわれたが、二人は荷物がかさばらないように工夫し、台車二台ぶんを大八車一台に載せ、力を合わせて長い道のりを歩んだ。

そして、帰りになると当然、荷は空になり、二人で台車を引くには手が余る。そこで、金さんからこう声がかかったという（顕彰会『郷土の偉人』より）。

「歩いてもつまらん、錠さぁ乗らんしよ」

ということになる。待ってましたとばかり、渡辺［錠太郎］は遠慮なく車に飛び乗る。乗るが早いか、後ろ向きに腰を降ろして、ふところから取り出すのが例の借用教科書である。往きはまっくらだが帰りにはもうさんさんたる太陽が高く昇って、膝に展《ひろ》げた一字一句を照らしてくれるといった寸法。金さんは時々あとを振り返りながら、うれしげに梶棒を握った。この珍妙な光景は、果して行き交う人びとの眼にどう映ったことだろうか。

枇杷島から岩倉まで三時間、それは渡辺にとって独りだけ楽をきめ込む三時間ではなかった。尻の痛さも打ち忘れた、無我夢中のガリ勉かきいれの貴重な時間で、あまりにもまた短かかった。

「錠さぁ、帰ったよ」

「ほう、もう岩倉かあ、早いなあ」

「たんと読めたろう、よかったのう」

といった次第。


別の場合にも二人は一緒に出かけ、その際もやはり錠太郎は空の荷車に乗り、金さんだけが往復両度の車を引いた。しかも金さんはいっこうに不満に思うこともなく、むしろ楽しげだったという。

この金さんと渡辺の友情は終生、変わるところがなかった。のちに陸軍大将になってからも、郷里に帰る錠太郎を迎えた金さんは、かつて「錠さぁ」と接していた頃のままだった。


金さんは耳がいよいよ遠く、それに野人いささか礼にならわぬところもあって、事情を知らぬ扈《こ》従《じゅう》［付き添い］の人々をハラハラさせたらしいが、そんな場合大将は、いつも温く老友をいたわり、

「まあえいわ、えいわ、金さんこっちへおいで」

と、かたわらに特別の席をしつらえて差し招いていたものである。このうるわしい光景をじかに眺めた古老たちは、思わず暗涙をさえもよおさせられたという。（顕彰会『郷土の偉人』）

当時の陸軍大将といえば、大変な名誉であり、郷里ではこの上もない誇りだった。自然と、帰郷した錠太郎への対応も「渡辺閣下」として丁重だった。そんな中で、昔と変わらず接してくれる金さんの態度は、錠太郎にとって懐かしい少年時代を思い起こさせてくれるものだったのだろう。

それにしても、普通は重労働で疲れた体では勉学に身は入らず、なかなか勉強時間などとれそうもない

ように思う。ところが、錠太郎は違った（いずれも前掲書より）。

「働くことと勉強することと、その両方を一生懸命にやっちゃ、体も疲れるし、頭にも入るまいというが、ウン実際はそうじゃあない。労働と勉学は両立するもので、大いに働いた後こそ、かえって頭がさえ、むつかしい数学なども解けたり、難問がたやすく呑み込めたりするもんだよ。」

「勉強しようという意欲さえ有れば、人間はどんな境遇ででも、又《また》どんな事柄をも勉強が出来るものだ。人にお膳立てをしてもらって、さあやれ、さあやれとすすめられるよりも、不利不便を忍んで、自分でいろいろ工夫をこらす方が、どれだけ身に入るものか知れない。勉学にはあまり完備を望むよりも、少し位不備に耐える方が、むしろ一層大きな成果が得られる。わたしなんぞの場合でも、忙しい百姓仕事に追いまくられる間に、何が面白うてそんなに根をつめるかと笑われたものだが、働きながらの独学自修と云《い》う事が、実は全く面白うて、面白うてならなかった。」

自らの不幸や不遇を嘆くのではなく、与えられた環境の中で希望を見いだし、前向きの力に変える――。それが、錠太郎のやり方だった。

軍人への道

また、こんな話もある。

明治二十一年のこと、小牧高等小学校一年の級長山中金左エ門少年がある朝登校して教室から運動

場に出様《よう》とする時、門からつかつかと這入《はい》って来た蜜柑箱様のものを風呂敷で背負った十五、六才の少年が、

「山中さん」と声をかけた。

「一寸《ちょっと》教えて頂きたいことがありますが、これはどうしてやるのですか」

と風呂敷包みを下ろして土間に書いたのは異分母の引算であった。

「それでしたら分母の最小公倍数を見出して、こうしてやるのです」

「そうですか、ありがとう」

と一度で理解できたのか、又《また》風呂敷包みを背負ってその少年は校門を出て行った。この時風呂敷包みの中に見えた紙を張った箱の中には刻煙草が這入って居た。（江崎『叔父の話』）

この「十五六の少年」は無論渡辺錠太郎少年であり、まさしく行商の途中に学校に来て教えを乞うたのだった。この話には、後日談がある。この山中少年はのちに師範学校（教員を養成する学校）を卒業し、明治三十（一八九七）年六月一日、歩兵第十九連隊へ入営した、その夜のことである。

「山中ッ、渡辺見習士官がお呼びになって居《お》られる」

と当番の兵卒が呼びに来た。

「渡辺…そんな名前に心当たりはなし、誰だろう」

と不審に思い乍《なが》ら士官室へ行った。

「やあ、山中君久振りですね」

と言われても思い出せない。

「笑談でないよ、僕和田錠太郎だ」

「あッ、和田さんでしたか。士官学校へ御入学になったと聞いて居《い》ましたが、苗字が違って居ります為《ため》失礼しました」

だが少年の頃はよく太って居られたと記憶して居たが、過度の勉強の為《ため》か痩せて居られる。思い出せぬも無理はないと思った。その夜の二人は消燈まで語り更かしたのである。(江崎『叔父の話』)

山中にとっても、それは思わぬ再会だったろう。同時に、錠太郎の茶目っ気も窺われる話だと言える。そして、ここに出てくる「見習士官」は、のちに陸軍大将・教育総監にまで上り詰める、軍人渡辺錠太郎の第一歩になるのだが、少年時代から向学心に溢れ、働き者だった錠太郎は、中学校ではなく、陸軍士官学校を受験することになる。なぜ彼はそこで軍人としての道を選んだのだろうか。「新教育総監　渡邊錠太郎大将出世物語」(『実業之日本』昭和十年八月十五日号)には、その経緯が次のように明かされている。

時は明治二十六七年、日清戦争の火蓋《ひぶた》が正《まさ》に切られようとして居《い》た頃だ。錠太郎青年は、百姓仕事の合間々々に、難しい本の分《わか》らぬ処《ところ》を教えて貰《もら》ったり、いろいろ世間話を聞きに出掛けて居た、小牧町西林寺の、大沢月峰《おおさわげっぽう》という坊さんに、

『どうだネ、これからいよいよ軍人の世の中になりそうだが、貴方なんか一つ奮発してみてはネ。士官候補生というのを試験受けてみて、それに通りさえすれば、あとはズッと官費だから月謝の心配はいらない。中学を出て居《お》らんでも、貴方のように頭がいい人なら、コツコツ独りで勉強しても屹度《きっと》合格するに違いない』

と陸軍志願をすすめられた。そうして、資格はこう、手続きはこう、試験科目はこうと詳細に亘《わた》っ

て教えられた。

そこで錠太郎青年の意は大いに動き、そうか、それなら一つやってみようと膝を強く叩いた。

となっている。しかし、岩村『渡邉錠太郎』によると、少し様子が違う。

明治二五年（一八九二年）頃、大沢月峯という人（小牧）が陸軍少尉に任官してさっそうと世話になった西林寺の住職に御礼の意を表すべくやって来た。これを見た錠太郎は驚いて、「あれは何だろう」と友人と一緒に見とれていた。錠太郎たちはまだよく軍人を知らないので、みんなで揃っていろいろ尋ねた。陸軍に入り、段々功績を上げるに従って最後には大将になれるという事であった。錠太郎は、「立派だなあ、是非俺も軍人になりたい」と、軍人志望の決意を表した。そしてその翌日、同少尉にいろいろと熱心に軍人になる方法を詳しく尋ねた。結局勉強すれば誰でもなれるとの事で錠太郎は勇気づけられ、その日から本格的に勉強を始めたのであった。

これによると、大沢月峯（月峰）は「坊さん」ではなく寺を訪れた陸軍少尉で、渡辺が話を聞いたのはその人、ということになっている。これは岩村の記述が正しいのだが、こうした食い違いが生まれたのには少しわけがある。顕彰会『郷土の偉人』「増補版」に収められた当時の西林寺の修行僧、福田闡正《せんせい》（渡辺の友人）の回想にはこうある。

明治二十六年頃だと思うが、専修師が学資を支給していた実弟大沢月峯氏が陸軍少尉に任官して威風堂々四隣《しりん》を圧する勢を以《もっ》て西林寺に謝礼の意を表すべく訪れた。

ここに出てくる「専修師」とは福田が師事していた西林寺の和尚のことで、大沢月峯はその弟だったということがわかる。僧侶のような名前であるのも当然で、前述した「出世物語」はこれを和尚本人と混同してしまったのだろう。

また『郷土の偉人』には、〈明治初年の新興の気は、しきりと青少年の青雲の志を掻き立て、有為優秀の渡辺の心をもそそのかした〉とある。これからどんどん発展しようとしていく明治日本において、有能な青少年がこうした夢をみるのも雰囲気としては当然あったことだろう。

そして志を立てた渡辺は、猛勉強を開始した。

就中《なかんずく》難学である英語はナショナル読本の第一から独習と心を定め、其友《そのとも》蛯原氏へ三日間通って手ほどきを受け、爾来《じらい》は独学力行、次《つい》で安藤孝之助氏に就《つ》いて算術、進んで代数、幾何、三角等の数学は講義録に就いて一層根《こん》を詰めて苦学三昧《ざんまい》、一日の帰省すら煙草刻みの手伝い、将軍は寸暇《すんか》を惜《お》しんで機械台の上に英語や数学の独案内講義録を載せ乍《なが》らの勉学。かくして艱難《かんなん》は汝《なんじ》を玉にした。（『郷土小牧の生立』）

この勉強中、もう一つ錠太郎を奮い立たせる出来事があった。先の福田の回想によれば、こうある。

其《そ》の勉学の最中に筋向かえの鈴木という家の次男の彦三郎君が名古屋中学校を卒業して士官学校に入学し、暑中休暇を利用して帰宅した。早速渡邉さんを始め二・三人が相携《あいたずさ》えて訪問し、いろいろ学校の内容や学科等について聞いた。入学に関する種々の質問をした後渡邉さんが「私も是非入学したい。」と語った処《ところ》、鈴木君は「中々六ケ《なかなかむつか》しいぞ、予《よ》は中学卒業後一ヶ年間勉強してやっと這入《はい》った。君等のような中学をもやっていないものは駄目だ。それより商売か百姓が一番適当だぞ」と如何《いか》にも蔑視《べっし》した様《よう》な話であったので、帰り道々大いに憤慨した。中でも渡邉さんは「ナニクソ今に見ていろ、どんな事があっても入学してみせるぞ」と極度の昂奮をしていたのである。（顕彰会『郷土の偉人』）

意気に燃えて勉強している時、あろうことか境遇を馬鹿にされるような発言を受けた錠太郎は、こうしてより一層、士官学校受験の決意を固くするのだった。この一事でわかるように、錠太郎は単なる読書家ではなく、時に烈々たる闘志を燃やす「信念の人」でもあった。それが後に、錠太郎の人生を決めることにもなるのだが。

小学校から士官学校へ

明治二十七（一八九四）年、錠太郎は二十歳になり、徴兵適齢期を迎えた。いよいよ士官学校を受験すべく、必要書類を町役場に持ち込んだ。ところが、ここでも錠太郎は屈辱的な扱いを受けてしまう。

風体《ふうてい》挙がらぬ田舎の青年、学歴に恵まれぬ一窮措大《きゅうそだい》〔貧乏学生〕、吏員《りいん》〔地方の役人〕はヂッと将軍の姿を見下した、そして士官学校の入学は容易では無い而《しか》も正則の学歴の無い身ではと、一瞥《いちべつ》呉下《ごか》の阿蒙《あもう》と見極めた（『郷土小牧の生立』）

「呉下の阿蒙」とは、中国・三国時代の故事に因んで「いつまで経っても進歩しない人」のことを指す。

さらに『郷土の偉人』にはわざわざ伊藤多賀三郎町長までが出てきて、錠太郎の不心得を諭した、とある。

「士官学校といえば、天下の秀才の集まるところで、中学の優等卒業生でもなかなか入れやしない。そこへ百姓上りの君が願書を出すなんて、何か勘違いをして居《お》るんじゃないか。折角《せっかく》出したって無駄だ。通りゃしないに決まっている。これは早速撤回しておいた方がよかろう。」

町長の訓戒は、心からの親切気を加えて懇篤《こんとく》を極めた。しかも、渡辺の入学願書は強硬に提出されたものである。

単に役場で諭されただけではない。なんと、今度は愛知県庁までもが中学卒業生でないと願書を受け付けないと門前払いしたという。規定としてはそんなことはないはずだが、県庁は錠太郎を受験させて落ちた場合の体裁の悪さを嫌ったのかもしれない。地元で勤勉少年として知られた錠太郎であっても、県庁にとっては「中学校卒」という保証のない田舎者に過ぎない。しかし、理不尽といえば理不尽だ。そこで、福田ともう一名が意を決し、上京して参謀本部に直談判に及ぶことになった。

当時多くの人々は甚《はなは》だ無謀だと云《い》ったが、単刀直入に交渉した処《ところ》、某少佐は我等の意を迎え入れ直《ただ》ちに「中学卒業せずとも其程度の学識あるものなら差支えなし。」との証明書を書き与えられた。それを添付して出したから県庁も止むなく受付けた。（顕彰会『郷土の偉人』）

当の陸軍が保証するならば、県庁もどうしようもない。これで受験資格の問題は解決した。

ここで注目すべきは、友人たちによる労を惜しまぬ協力である。愛知から「上京」と言っても、新幹線で二時間かからない現代とは訳が違う。ろくな交通手段もない当時は、汽車でたどり着くだけで泊まりがけになる。相当の決心がない限りできることではないだろう。しかし友人たちは錠太郎のために労を惜しまなかった。それだけ渡辺錠太郎という人物が友人たちから慕われており、彼ならば士官学校という難関も越えられるという期待があったのだろう。錠太郎にとっても、良き友人の支えがあってこその士官学校受験だった。

そして、いよいよ試験当日。名古屋偕行社《かいこうしゃ》（陸軍の親睦・互助組織）で行なわれた試験の会場には、渡辺錠太郎の姿があった。

入場する者は如何《いかん》、良家の子弟に非《あら》ざれば富貴の出身、晴れの試験場へは学生らしき時代の服装も厳《おごそ》かに、将軍は唯《た》だ木綿の尻切羽織《しりきればおり》、同じマチ袛袴《ばかま》を着用し、さて答案は急がず慌てず、制限時間の最後迄《まで》心静かに考索第一、悠々然として最敬礼裡《り》に捧げて退場、其様《そのさま》は受験生から馬鹿丁寧な田舎者なりとて嘲笑の的となった。（津田『郷土小牧の生立』）

高学歴者と良家の子弟が厳かな服装で受験する中、粗末な身なりで会場に現われた錠太郎。その上で恭《うやうや》しく試験を終える態度。さぞかし、周囲の印象に残っただろう。果たして結果やいかに――。

後日発表の日、将軍は実に師団内第一番の成績を以《もっ》て登第して受験生を驚かせた。（前掲書）

合格以前に受験することすら周囲から止められた錠太郎だったが、蓋を開けてみればその地区でトップの成績だった。こうして、貧農の出で、小学校にもろくに通えなかった独学の人・渡辺錠太郎は、いよいよ自身と国家の運命に関わる大きな一歩を踏み出したのだった。

第二章　陸軍の文学博士

元帥・山県有朋（前列左）とともに写真に収まる渡辺錠太郎（右端）。「厳しい上官」に気に入られて、副官を二度務めた
（「渡邊錠太郎大将関係資料」収録写真）

士官候補生

明治二十七（一八九四）年、渡辺錠太郎陸軍士官学校（陸士）合格の一報は、周囲の人々に相当な驚きをもって迎えられた。彼の願書提出をたしなめた伊藤町長などは「その節は大変失礼しました」と平謝りする始末だった（顕彰会『郷土の偉人』）。

錠太郎は陸士の第八期で、同期生として著名な人物には林銑十郎《はやしせんじゅうろう》がいる。のちに陸軍大臣となった林は、渡辺の強力なバックアップを受けながら、対立する将軍たちと対決することになるのだが、この時はまだ一学生にすぎなかった。林は、渡辺の陸士受験の際の印象を次のように語っている。

「試験場ではみな金ボタンの学生姿ばかりであったが、中に一人、紺がすりに袴をつけた朴訥然《ぼくとつぜん》とした男が居た。ちょっと特異な感がしたので印象に残ったが、実は後に、合格者だけ一堂に集った際、その男もやはり同じ姿で来ていたので少なからず驚いた。——そしてそれが他ならぬ渡辺錠太郎であった」（顕彰会『郷土の偉人』）

こうして、不可能と思われた士官学校受験を突破し、栄えある士官候補生となった渡辺だった。当時の陸軍士官学校は、試験に合格後まず士官候補生として入隊し、それぞれ別々に隊付勤務を経験する。その後上京し、同期生とともに陸士へと入学することになっていた。

ちょうどこの年、近代日本最初の対外戦争となる日清戦争を迎える。もちろん、まだ候補生になったばかりの渡辺が、この戦争に直接関係することはなかった。しかし、自分がまさに属している陸軍という組織が、大陸において死闘を繰り広げている様子を横に見て、胸に湧き上がるものはあっただろう。

さて、青雲の志を抱いて軍隊生活に入った渡辺は、この年（明治二十七年）十二月一日、歩兵第十九連隊補充大隊へと入隊した。記念すべき第一日の日程について、渡辺の日記には次のように記されている。

午前七時入営、真実に入営の先登第一号なり。続いて他の候補生皆《みな》入営せらる。其《その》人々とは、
浅井弘吉君　静岡県人
長屋藻緑君　岐阜県人
上田貴久次君　同
金森祝勇君　同
黒川栄太郎君　富山県人
同九時被服着替、本日より我々には土井徳次郎（二等軍曹）殿を附《つ》けられ、監督教育共《とも》に担保せる。
次に中隊長代理（但し一中隊）林光房殿に同軍曹の紹介にて面謁《めんえつ》を為《な》し、次に安田候補生殿の紹介にて、補充大隊長古谷安民殿に面謁す。次に営内順覧、午後五時晩食、同八時点呼、同半就寝。

日記には特別感想めいたものは見当たらない。しかし、十二月三日付の友人・山川弥三郎《やまかわやさぶろう》に宛てた手紙には、印象に残った事柄がいくつか記されている。

然《しか》る処《ところ》我々候補生のみには、土井軍曹殿なる人附添《つきそ》われ、万事其《その》人の周旋並《ならび》に教練を受くる筈《はず》の処、同軍曹は非常の親切家にて、実に万事小生共《ども》の幸福に御座《ござ》候《そうろう》。外《ほか》に当番一名凡《すべ》ての用事に使用する事を得て、好都合に御座候。同日午前九時被服着替申候《もうしそうろう》。初めての洋服何とも新奇の感覚にて殺風景に御座候。

現在の我々には想像もできないが、「紺がすりに袴」に慣れていた渡辺にとって、洋服は「新奇」で「殺風景」なものだった。

ちなみに、手紙の宛先である山川弥三郎とは渡辺より五歳ほど歳上だが岩倉に移ってからの親友で、江崎「叔父の話」には「義兄の約を結んだ」とまで書かれている人物である。山川は「性格は温厚篤実、しかも学問を好んでいた事で近隣に知られていた」（岩村『渡邉錠太郎』）「何から何まで打ち明けて相談した相手」（顕彰会『郷土の偉人』）というから、渡辺にとって頼りがいのある人物だったのだろう。

さて、入営して一週間、二週間と経つうちに、日記にも次第に心情を吐露したような記述が垣間見られるようになる（いずれも渡辺錠太郎「日誌・雑記」より）。

七日　快晴　金

予《よ》が第二の人生は来れり。而《しか》も未だ曾《かつ》て予が経験の中に於《おい》て見出す能《あた》わざる新奇の感覚は来れり。中《ちゅう》夜《や》更《こう》闌《たく》［夜更け］に神《かみ》澄《す》むの時、全風颯《さっ》々《さつ》として夢を故山《こざん》［故郷の山］に運ぶの時、腸為《ちょうため》に九回せんとす［腸が捻れるような苦しみ］。父漸《よう》く《や》老い母病床に在り。弟妹猶《なお》幼にして、家計未だ饒《ゆたか》ならず。遥《はるか》に故山を望めば翠色《すいしょく》依然として転《うた》た［ますます］感慨を増す。

十二日　快晴　水

行動演習。宮地君より来信。一昨日より三夜続けて故山の夢に遊ぶ。身を軍籍に委《まか》し、国家の干《かん》城《じょう》［国を守る軍人］を以《もっ》て任ずるの予も茲《ここ》に至りて又如何《またいかん》ともすべからず。

軍人となることは自ら望んだ道であり、そのことに迷いや後悔は見られない。それでも、家を出て、見知らぬ人々と起居を共にし、訓練に励んでいれば、夢の中にまで懐かしい故郷や家族のことが思い浮かぶのもまた、人情というものだろう。
なお、八日に行なわれた「体量険査（身体測定）」の結果も同じく日記に記されている。

丈［身長］　五尺三寸四分［約一六〇センチ］
握力　三十二［不明］
肺量［肺活量］　四千ミリメートル［ミリリットル］
同差　三寸［約九センチ］
目方［体重］　十四貫四百［五十三キロ弱］　甲種

現代人に比べると、小柄な印象を受けるかもしれないが、渡辺について書かれたものに「小柄だった」というような記述は見当たらない。当時としては平均に近い背格好だったのだろう。
そして日が経つにつれ、渡辺にも徐々に「軍人」としての自覚が出てくる。その年の十二月三十一日の日記にはこうある。

岩倉へ帰省
月日流るるが如く二十七年も本日にて尽く。頭髪漸《ようや》く白く功業未《いま》だ就《な》らず。唯《ただ》長大息するのみ。
今や寒気漸《ようや》く加わり、朔風《さくふう》［北風］凛々《りんりん》遥《はるか》に征夫《せいふ》［出征兵］を思えば涙襟《えり》を湿す。

一年の終わりを迎えると、国家に何ら貢献できていない己を僂み、日本よりも寒さの厳しい朝鮮半島北部で戦う兵士たちの身の上を思う。同世代の男子が戦っている時に、将校として養成されているとはいえ、安全な場所にいる自分に後ろめたさを感じたのかもしれない。

渡辺は朝鮮の地で戦う同胞たちを心配したが、日清戦争自体は日本の圧勝に終わった。明治維新以来、営々と築き上げてきた近代化の成果が、まずは示されたといっていいだろう。そして明治二十八年四月、日本は清国との間に下関条約を結び、朝鮮半島の独立の確認、遼東半島や台湾の割譲、賠償金を獲得するなどの成果を得た。

しかし日本が戦勝を喜んだのも束の間、フランス、ドイツ、ロシアの三か国により、遼東半島を清へ返還するよう求められた。もちろん単なる要求ではなく、拒否すれば武力行使すら辞さない構えを見せた、まぎれもない恫喝である。だが、さすがに西洋の列強三か国を相手にできるわけがなく、日本はやむなく遼東半島を手放した。

ああ、暴戻《ぼうれい》極まる三国干渉！　日本国民は、憤然として臥薪嘗胆《がしんしょうたん》を誓った。（小松緑『明治外交秘話』）

当時の国民にとって、これは屈辱以外の何物でもなかった。この時干渉を主導したのはロシアだが、三か国の干渉が清国への義理立てでもなんでもない証拠に、間もなく遼東半島はロシアの手中に落ちてしまう。かくしてロシアは日本にとって不倶戴天《ふぐたいてん》の敵となり、のちの日英同盟、そして渡辺も参戦する日露戦争へとつながってゆく。

市ヶ谷台の青春

明治二十八（一八九五）年七月一日、渡辺は七か月の隊付勤務を終えて、陸軍士官学校へと入学する。これまでの隊付勤務は名古屋城内にあった補充大隊で行なわれたので、まだ「地元」と言って良かった。しかし、士官学校自体は東京の市ヶ谷台（現在の防衛省所在地）にある。渡辺は、いよいよ慣れ親しんだ故郷を後に六月二十九日、名古屋駅を発った。

同日七時五十分名古屋発の東行列車に乗込み候《そうろう》処《ところ》、小生は汽車旅行殊《こと》に一身を纏《まと》めて遊学発途《はっと》は初めてに候故《ゆえ》、一向《いっこう》乗車の勝手も不明、尚《なお》当日は軍用列車の都合にて列車は午后《ごご》四時より名古屋にて留《とま》り居《お》り、乗客は非常に多く切符の買込み荷物の差出し方等大いに困り候処、幸《さいわい》にも小牧より親友四五輩《はい》停車場迄《まで》見送りとして来り居り、種々周旋致し呉《く》れ先《まず》は無事乗車致し、汽笛一声左様《さよう》なら失礼の声の中に汽車は進行を始め、風嘯《うそぶ》く金鱗城《きんりんじょう》［名古屋城］も暫時《ざんじ》にして暇を告げて、其蔭《そのかげ》を唯《ただ》小生の脳中に残したる迄に候。（七月二十二日付山川弥三郎宛書簡）

市ヶ谷台にあった陸軍士官学校。軍事エリートが集結した（近現代PL／アフロ）

汽車にも乗ったことがない渡辺であったが、数人の友人たちに見送られ、東京へと向かった。神奈川に入り、大磯あたりまでくると、新鮮な景色が渡辺の目を引く。

線路の右手は洋々たる太平洋にて、黒煙を挙げたる汽船、白鳥の飛ぶが如き帆前船《ほまえせん》遠く或《あるい》は近く、又《また》伊豆は遥《はるか》に朧《おぼろ》につつまれて、天城《あまぎ》山ならん一層高く眼の中に入り候《そうろう》。凡《すべ》て此辺《このへん》の風景は山紫に水明に、身、画中にありて活動するかと覚え候。［中略］

翌日午前八時横浜に着《つき》し候。唯《ただ》見れば線路の右には小高き山様《やまよう》のものありて、種々の立派不立派なる建物は此上下に建てられ、人に聞けば監獄とやら、温泉とやら、向こうに見つるは外国人居留地、左に見ゆるは品川湾なりと、湾中幾多の船舟御台場と共に、此海を色取り、又一層の景色に候。此所を逆行して神奈川品川を経、海岸に沿うて無事目的の新橋に着致し候は同十時少し前に候いし。（同書簡より）

当時はまだ東京駅はできておらず、汽車は新橋までだった。「画中にありて」という言葉が、風光明媚な車窓の風景を連想させる。これから東京に行くのだ、という期待が一層それらの風景を際立たせていただろう。

東京でも見るもの聞くもの渡辺を驚かさないものはなかった。日曜には朝十時から夕食時まで外出できるので、上京してから山川に手紙を出すまでの三週間の間に色々なところを巡っている。

第一週（去る七日）は神田より麹町北部赤坂辺を探求し、第二週には上野より牛込の中を散歩仕《つかまつ》り、昨日は四ツ谷、青山、赤坂を逍遥《しょうよう》仕り候《そうろう》。荘厳宏深なる宮城、凌雲閣《りょううんかく》、ニコライ堂の雲に聳《そび》ゆる、上野動物園には種々珍奇なる鳥獣、砲兵工廠《こうしょう》の盛《さかん》なる紀尾井坂の清閑、赤坂離宮の広雅なる、其他《そのた》諸学校の広麗なる小生如き田舎者には実に「シャックリ」の止まる事計《ばかり》に候。（同書簡より）

浅草名物の凌雲閣（関東大震災で倒壊）などはないものの、神田のニコライ堂、上野動物園、そして宮城――皇居などは現在も形を変えつつ、その場所にある。

しかし、渡辺は東京見物に来たわけではない。肝心の士官学校についてはどうだろうか。「茲《ここ》に全く士官学校の生徒と相成申《あいなりもうし》候《そうろう》。此時の感覚は実に言外に御座《ござ》候」と、その感激を表現している。二日目からは「普通学検定試験」が行なわれ、五日からは日課が始まる。手紙によれば、午前五時起床して直ちに人員検査、この時病気であれば診断を受ける。四十五分から朝食となるが、渡辺によれば「此間《このかん》四十五分間は一日中最も忙しき時」であり、「起床直ちに床を畳み、次に靴を磨き、衣服の修理、服装の整頓、武器の手入れ等の事皆《みな》此間に行わねば外《ほか》に時無き」といった具合だという。

当然ながら、のんびりしている暇はない。慌ただしく支度を済ませて食堂へ行き、ここで朝食。学生同士の私語など「一挙一動と雖《いえど》も規律の外に出づる事」は許されない。その後の日課も忙しい。

六時二十分～七時二十五分　練兵
七時三十五分～九時　数学
九時十分～十時十五分　語学
十時二十五分～十一時五十分　物理化学
十二時　昼食

科目と科目のあいだに時間はあるが、十分程度ではゆっくりするなど思いも寄らない。本人の言葉を借りれば「目より火の出る思い」だった。

ようやく昼食後一息つき、午後一時から四時までは自習時間になる。復習と予習に費やす時間だが、午前中の疲れと昼食を食べて腹がふくれたせいだろう、一日のうちで最も気の緩む時間でもあった。

此《この》時間中は最も罰人の多く出来る時に候《そうろう》。何となれば教師の臨監《りんかん》なく、時は丁度《ちょうど》居眠りに適し、午前の疲労又《また》従って之《これ》に伴う故《ゆえ》に自然不行儀に流れ、士官に認められ易《やす》く候故に御座《ござ》候。

午後四時二十分からは再び授業が始まり、体操、剣術、乗馬、図学、画学が一日変わりで六時四十分まで続く。七時に夕食、八時から九時半まで自習し、人員検査、十時に消灯。

此《これ》にて初めて身体を横になし得る様となり、一日の疲労（精神的）は夢嚢《むのう》［夢の中］に往来せり。

さて、この日課を見ると、練兵以外は特別「軍事」に特化したものはない。物理や数学などは普通学であるし、乗馬や剣術にしても軍人特有というほどでもないだろう。講義が軍事専門になるのは、九月に入ってからのことで、陸軍幼年学校からの生徒が入学するのに合わせて始められていた。幼年学校とは十三歳以上十五歳未満の少年が入る軍の教育機関で、生徒の半数ほどが軍人の子弟だった（伊藤隆監修・百瀬孝著『昭和戦前期の日本』）。彼らが合流してから、陸士で本格的な軍事エリート教育が行なわれることになる。

渡辺が別の人物に宛てた手紙では、九月からの日課は次のようなものだった。

午前五時　起床
六時　朝食

六時三十分～七時十分　自習
七時三十分～九時三十分　軍事学（戦術、兵器、地形地理、軍制、築城など）
九時五十分～十時五十分　外国語
十一時十分～十二時十分　術科試問、器械体操、馬術、剣術
午後十二時二十分　昼食
一時二十分～三時三十分　練兵（火、水、金、土）馬術、衛生学（月、木、四時二十分まで）
三時四十分～五時四十分　学科自習（火、水、金、土）月、木は四時四十分～六時まで
六時　夕食
七時～八時半　自習
十時　消灯

こうした厳しい日課をこなしながら、軍人・渡辺錠太郎は徐々につくり上げられていった。

明治二十九（一八九六）年十一月、士官学校卒業。成績は、卒業生二〇六名中で四番だった。同じく林銑十郎は十五番でこちらもかなり上だった。八期生からは、この二人が大将に昇進している。

卒業と同時に見習士官となり、原隊である歩兵第十九連隊へ戻される。翌三十年六月、ついに陸軍歩兵少尉として正式に士官となり、第十九連隊付を命じられた。

陸軍大学校へ

明治三十（一八九七）年十月、渡辺は名古屋の第十九連隊から福井県鯖江《さばえ》にある歩兵第三十六連隊付に転勤する。この鯖江には結局四年間いることになるのだが、当初はあまり居心地が良くなかったらしい。

友人の一人、江碕信次郎宛て書簡（十一月二十四日付）には、

程《ほど》なく鯖江に着仕《つきつかまつ》り候《そうら》えより后《あと》は別に申し上げざる方が勝《よき》かと存じ候。如何《いかん》となれば事に物に皆《みな》想像の通りの不自由不便利、日々夜々肝癪虫《かんしゃくむし》の頭を出さぬ事は無之候《これなきそうろう》間、その不自由は御地《おんち》にて貴下の推察なさるる通りと、申し上ぐる方早分《はやわか》りに候。

と、生活面の不自由を訴える文面がある。現代とは比較にならないほど交通や通信の不便な時代であるから、生活面でも都会であった名古屋とはだいぶ違いがあったのだろう。

しかし、不満ばかり言っている渡辺ではない。

乍併《しかしながら》本年新兵掛《しんぺいがかり》下命、連隊にての信用も不薄《うすからず》、外物《がいぶつ》の不自由に於《おけ》る反動を一意専心教育に注ぎ、立派なる兵を養成せん事を期し居《お》り候。

溜まった不満のエネルギーを、新兵教育という任務に注ぐ力に変え、「立派なる兵」を育ててみせる、というのが渡辺の決意であった。

そして、渡辺はこの鯖江時代に陸軍大学校に入学する（明治三十三年十二月）。陸大は参謀を養成するための教育機関であり、陸士卒業生の中でも入学するのはわずか一割ほどという、「陸軍のエリートの名に値する少数教育」機関であった（『昭和戦前期の日本』）。陸士ですら全国の秀才が受験して受かるか受からないかという難関なのに、さらにその上の大学校にも渡辺は見事合格。士官学校同期の林銑十郎も入学し、再び同窓となった。

ただ、この陸大時代の渡辺については、参考となるものがほとんど残っていない。渡辺について未刊行資料や関係者への取材まで行なった岩村貴文も、〈錠太郎の陸大在学中の資料は残念ながらほとんどない。手紙も各人に出していたと推察されるが残っていないのでどのような生活をしてたのかわからない〉と、匙を投げている（『渡邉錠太郎』）。

それでも、陸大とは直接関係ないものの、その将来を嘱望されるようなエピソードは残されている。はっきりした日付はわからないものの、明治三十五年頃、学校教師となっていた同郷の友人・山中金左衛門が名古屋地方陸軍幼年学校を視察に訪れた際、その幼年学校長が山中にこう問いかけてきたという。ちなみに山中は、渡辺が独学自修していた頃に分数の引き算の方法について尋ねた、あの山中である。

「君達の小学校は何処《どこ》にあるか」
「西春日井《かすがい》郡師勝《しかつ》村であります」
「じゃ岩倉とはへだって居るか」
「一里程《ほど》あります」
「岩倉出身の渡邉中尉を知らぬか」
「渡邉さんでしたら今でこそ岩倉ですが、生家は私と同じ小牧町でよく存じて居ります」
「そうか、あいつは偉い奴だぞ、未来の参謀総長だ」

この幼年学校長の名は橘周太《たちばなしゅうた》少佐。のちに日露戦争に参戦し、首山堡《しゅざんぽ》の戦いで壮烈な戦死を遂げた。死後中佐に進級し、「軍神」として崇められた人物である。彼の出生地には「橘神社」まで創建されている。この挿話を残した「叔父の話」では、橘の言葉を「英雄は英雄を知る」と評している。渡辺が大成する数十年前にその器を高く評価していた軍人がいたのである。

そして、橘の発言を証明するかのような出来事があった。渡辺はこの選《よ》りすぐりの秀才が集まる陸大の同期（第十七期）の中で、見事首席で卒業したのである。士官学校の受験すらすんなりと受けさせてもらえなかった貧農の子供が全国のエリート学生たちを押しのけ、文字通り陸軍の若き俊英たちの頂点に立ったのである。

渡辺と親交のあった新愛知新聞社の記者・三浦大拙《みうらだいせつ》がこんなエピソードを書き残している。


陸大を首席で卒業して帰郷した渡邉青年将校は、『どういう間違いか俺が一番だったわい』と呵々爆笑されたそうである。（顕彰会『郷土の偉人』）

渡辺は、明治三十六（一九〇三）年十一月に陸大を卒業する。鯖江に戻った十二月には歩兵大尉に進級し、中隊長となった。

そして翌明治三十七年二月、渡辺は妻を迎える。夫人となったのは愛知県丹羽《にわ》郡丹陽《たんよう》村の素封家・野田《のだ》九一郎《くいちろう》の長女すず。のちに渡辺が二・二六事件で襲撃された際に毅然とした態度で反乱軍に対応し、まさしく「武士の妻」として振る舞うすず夫人である。渡辺はこの時三十歳、夫人は二十歳。

渡辺にはこれ以前、士官学校卒業頃から様々な縁談があった。先の三浦記者はこんな話を伝える。


士官学校を優等で、陸軍大学校も首席で卒業した青年将校渡邉錠太郎さんには名士顕官から多くの縁談があったに関《かかわ》らず『女房のお蔭で出世したなどと言われては男の沽券《こけん》にかかる』と言って降る程ある縁談を断ったといわれている。（顕彰会『郷土の偉人』）

しかし、親友で尊敬もしている山川弥三郎から野田すずを勧められ、彼女と結婚する決心をした。軍人として一通りの学を修めた渡辺は、ようやく一家を構えることになった。

だが、穏やかな新婚生活は長くは続かなかった。渡辺の結婚とほぼ同時期に、大日本帝国はロシア帝国に対して先制攻撃をしかけ、国運をかけた日露戦争の火蓋が切って落とされたからである。そして、渡辺錠太郎陸軍大尉は中隊長として部隊を率い、生まれて初めての実戦に参加するため、娶《めと》ったばかりの妻を置いて海を渡ったのだった。

初陣

ロシア帝国は、当時の日本にとって長年の宿敵といえた。古くは幕末の文久元（一八六一）年にロシアの軍艦が対馬に停泊し、口実を設けて奪われかねない事件も起きていた。三国干渉以後、ロシアの勢力は満洲に伸び、義和団事件で結んだ条約も無視していた。義和団事件とは、「扶清滅洋」（清朝を助け、西洋を倒す）をスローガンに掲げた宗教団体・義和団が蜂起し、在北京の各国公使館を包囲した事件で、これを鎮圧すべく日本やロシアを含む八か国の連合軍が北京を攻めた。その際、ロシアは満洲を占領し、事件が終わってもそのまま居座ってしまった。その後も様々な方法で勢力を拡大し続け、ついに朝鮮半島の龍巌浦《りゅうがんほ》［現在の北朝鮮鴨緑江河口付近］を占領する挙に出た（一九〇三年の龍巌浦事件）。

日本はこれに危機感を持ち、満洲でのロシアの勢力を認める代わりに朝鮮には手を出さないよう求める譲歩案を提案したが、ロシアはこれを拒否。このままロシアの勢力が朝鮮半島に伸びるのを座視しては日本の国防危うしとみて、ついに開戦のやむなきに至った。

ロシアへの宣戦布告は明治三十七（一九〇四）二月。渡辺が部隊を率いて広島県宇品《うじな》港を後にしたのは、同年七月十六日のことだった。渡辺は、同地より十四日に山川弥三郎に宛てて手紙を出している。

拝呈 仕候《つかまつりそうろう》。弥《いよいよ》明十五日午前六時三十分、宇品にて上船出征仕候間御報知申上《おしらせもうしあげ》候。誠に永年一方《ひとかた》ならぬ御厄介に相成《あいなり》、尚此度《なおこのたび》は一層の御迷惑を相願《あいねがい》候事、御礼は筆紙にて申し尽し難《がた》く候。御陰《おかげ》により出征に当り少しも後顧《こうこ》の患《うれい》なく、十分安心して出発致《いたし》候。若《も》し再び生きて御目《おめ》に懸《かか》り難き時機候て、偏《ひとえ》に御一同の健康と幸福とを祈り申候。次便は戦地よりと御承知被下度《くだされたく》。

渡辺は、祖国の命運を賭けた大戦争に臨み、二度と戻らぬ覚悟で日本を出た。壱岐《いき》島、巨文《きょぶん》島を過ぎ、仁川《じんせん》を経て長山《ちょうざん》列島の海軍根拠地に上陸、渡辺の三十六連隊は第三軍に編入された。指揮官は、のちに明治天皇に殉じて「軍神」と崇められる乃木希典《のぎまれすけ》大将。戦場は、日露戦争屈指の激戦となる旅順港の攻略である。渡辺は、七月二十六〜二十八日の三日間に安子岺《あんしれい》付近の戦闘に参加し、三十日には干大山《かんだいさん》の攻撃にも参加している。

そして八月十四日付の山川宛の書簡には、いよいよ死の覚悟を固めた渡辺の心情が吐露されている。

拝呈、陳者《のぶれば》近日弥々《いよいよ》最后《さいご》の大決戦を施行せらるる筈《はず》に御座《ござ》候《そうろう》。就《つい》ては兼ねて国家の為《た》め斃《たお》れて后《のち》已《や》む「国のために尽くして死ぬ」之《の》覚悟に候え共《ども》、此度《このたび》こそは万に一も生の期すべき無之《これなく》「生きて帰れる可能性がない」候《そうろう》間、茲《ここ》に謹んで多年の御厚恩を謝すると同時に、小生後后《のちのち》「戦死した後」に於《お》ける幾多の御配慮を希《こいねが》う次第に御座候。若《も》し健在にて旅順城頭日章旗を翻《ひるがえ》したる上、音信を呈するの運命に会せば一に天佑《てんゆう》と存候《ぞんじそうろう》。

ほかでもない、この「大決戦」とは八月十九日に行なわれた第一回旅順要塞総攻撃のことだった。攻撃は二十四日まで行なわれたものの、砲弾が尽きかけてやむなく中止された。約五万の将兵のうち、戦死傷者は実に一万五〇〇〇以上を数えた。一説によれば、ロシア軍は三万三〇〇〇のうち一五〇〇ほどの損害だったとも伝えられ、被害の差は歴然だった。第三軍のみならず日本軍全体にとって衝撃だったこの戦いは、渡辺個人としても大きな転機となった。

攻撃に参加した渡辺は「クロパトキン砲台」（クロパトキンはロシア軍総司令官の名前）を攻撃中、足に負傷してしまう。あと一センチずれていたら足首を撃ち抜かれていたという傷で、野戦病院へと搬送された。ちなみに、渡辺が所属した第九師団は旅順攻防戦で全滅に近い損害を受けており、もし負傷していなければ、その後の渡辺の運命もどうなっていたかわからなかった。

渡辺はこの負傷によって内地に送還され、大阪の病院経由で石川県金沢市内の病院へと移された。傷は約二か月で完治し、十月九日大本営陸軍幕僚附、二十日には参謀となり、終戦まで過ごした（岩村『渡邉錠太郎』）。旅順要塞攻防戦は翌明治三十八（一九〇五）年一月二日、日露両軍の間で停戦協定が結ばれ、ここに悪戦苦闘の末、辛くも第三軍は勝利を収めた。その後、同軍は日露両陸軍最大の戦いである奉天の戦いに参加し、多大な犠牲を払いつつも勝利に貢献した。

さらにそれ以降、東郷平八郎率いる連合艦隊が、長い旅路の果てにやってきたロシア海軍のバルチック艦隊に対して歴史的な大勝利を収め、アメリカ合衆国大統領、セオドア・ルーズベルトの仲介によって九月五日ついにポーツマス条約が結ばれ、日露戦争は幕を閉じた。

渡辺は、この戦闘で功五級金鵄《きんし》勲章を受けた。戦場での負傷を奮戦と讃える当時の考え方からすれば〝名誉ある初陣〟だったといえるだろう。そして、ポーツマス条約が結ばれて間もない九月十八日、渡辺は新しい職務に就く。「明治日本」をつくった人物の一人であり、陸軍元帥として、元老として軍のみならず国家に君臨していた山県有朋《やまがたありとも》、その人の副官となったのである。

「大御所」の副官として

山県有朋の名は、歴史の教科書などで覚えている人も多いのではないだろうか。長州、現在の山口県の出身で、幕末維新で活躍する人物を多数輩出した松下村塾に学んでいる。維新後は帝国陸軍創設者の一人となり、軍制確立に大きく寄与した。内閣制度ができてからは伊藤博文《いとうひろぶみ》、黒田清隆《くろだきよたか》に続いて三代目の総理大臣にもなっている。

山県は出身母体である陸軍はもちろん、貴族院や官僚の世界にも非常に大きな勢力を持っていた。彼は他人を容易に信用せず、秘書官などにも最初は軽微な用事を申し付ける程度だった。しかし、信用するにつれて重大な要件を相談するようになり、自身の味方に取り込んでゆく。山県の評伝を書いた政治学者の岡義武《おかよしたけ》は、こうした他人との接し方から見える山県の人物像について、次のように述べている。

> 結局において相手に利用されるのを惧《おそ》れたとともに、同時に、逆に相手の利用価値を見きわめようとしたためであろう。その場合の利用価値とは何であろうか。それは、彼が終生その心に抱きつづけた執拗なまでに烈しい権力意志に立脚しての利用価値であった。そして、この強靭な権力意志こそ、実に自己の周辺に時とともにひろがる派閥の巨大な網状組織を作り出させたのである。彼は一旦引立てた後進については常に心にかけてその面倒をみた。そして、その利用価値に応じて地位を与える配慮を怠らなかった。（岡義武『山県有朋』）

もともと足軽身分だった山県は槍によって立身出世を目指そうと稽古に励んでいた。これは友人が学問に優れていたために、その道で身を立てることを諦めたことによるが、この一事でも上昇志向が強いことが窺える。しかし明治維新の立役者の一人となり、軍人・政治家として確固たる地位を築いた。

明治から大正にかけての「黒幕」として憎悪の的となることも少なくなく、日本が対米英戦争で敗北した原因を遠く突き止めれば、その原因は「山縣にありと断定せざるを得なくなるであろう」とまで述べる人もいる（阿部眞之助『近代政治家評伝』）。

ただ、近代陸軍の創設者として大きな功績があった一人であったことは動かせない事実で、渡辺もまた「尊敬するのは山県元帥一人」（高宮太平『軍国太平記』）というほど山県に心服していた。

山県の特徴はその用心深さで、彼を直接よく知るジャーナリストの徳富蘇峰《とくとみそほう》は、

> 予《よ》が山県に感心するのは脚下の隙がないこと、その用心堅固なること、用意の周到なること、その如何《いか》なる場合でも、若干の余裕を残して置くことなどであるが、それらはみな悉《ことごと》くこれを徳川家康に見出すことができる。

山県有朋元帥（元首相）
（国立国会図書館）

と表現している（徳富猪一郎『蘇翁夢物語』）。山県のこの特筆されるほどの用心深さこそ、幕末の動乱を生き抜き、明治から大正時代の日本の権力中枢に君臨できた要因といえるだろう。

渡辺は、その山県の副官を二度も務めている。一度目は明治三十八（一九〇五）年九月から同四十年二月、二度目は明治四十三（一九一〇）年十一月から大正四（一九一五）年二月。

途中の期間が空いているのは、渡辺がドイツへ軍事研究に行ったためであった。

渡辺によれば、山県は自身相当な読書家で、軍事関係は当然のこと、「内治、外交、経済、文芸等有《あ》らゆる方面に亙《わた》り新知識の収集に努力」していたらしく（入江貫一『山縣公のおもかげ附追憶百話』）、このあたり、渡辺との共通点がみてとれる。

また、副官に対してかなり厳しく指導したのも山県の特徴だった。渡辺は語る。

> 斯様《かよう》に元帥は自ら読書に勉めらると共に、又予等《またよら》副官にも常に之《これ》を奨められ、其《そ》の一方便として軍事に関する新刊書籍は必ず副官をして通読せしめ、緊要なる箇所若《も》しくは新奇の論点等には色鉛筆で傍線を附せしめ後《のち》自ら全編を通読せられ、若し傍線を加えたる位置不適当なるか又肝要なる点に之を脱しある時は、剰《あま》す所なく急所々々に就《つい》て質問を発し、或《あるい》は微細《びさい》に亙《わた》り説明を求められ、斯《か》くして副官自ら其の過誤を悟る如く指導せられた、又偕行社《かいこうしゃ》記事中に精神上に関する適切の論説ある時は、其の執筆者の経歴現時に於《お》ける執務状態等を調査せしめ、言行果《はた》して一致しあるや否《いな》や迄《まで》も討究《とうきゅう》せられし等、直接間接に後進の教導誘掖《ゆうえき》に何くれとなく尽くされた。（入江『山縣公のおもかげ』）

渡辺は、山県の右のような仕事ぶりを美点として語っているようだが、ここまで細かく点検されるとなると、部下にとっては一瞬も気の抜けない細かすぎる上司となるのではないだろうか。新刊を読む時は厳しいチェックが入るから斜め読みはできないし、突っ込まれるから質問に対応するだけの考えも持たなければならない。本の執筆者の素行調査のようなことまで行なっているのだから、直接の部下でなくても相当に恐ろしい人物、気の休まる暇がない上司だっただろう。

しかし、渡辺はその山県にとても気に入られていたという（顕彰会『郷土の偉人』）。ろくに学校にも通えず、それでも刻苦勉励して陸軍将校となった渡辺にとって、幕末期に非常に低い身分から身を立てた山県は、さまざまな意味で手本だったのかもしれない。もともと読書好きで勉強家だった渡辺にしてみれば、山県の細かい指示は己を昇華させる良い経験になったと思われる。『尾張武人物語』では、

　山縣元帥は人も知る陸軍の大御所で、しかも石橋を叩いて渡る堅実な性行の人、この元帥にかくまで見込まれた大将〔渡辺〕が余程《よほど》の俊秀であったことを物語っているが、才気煥発だった大将は、この元帥副官時代に頗《すこぶ》る沈着重厚の風を加えた。山縣元帥がまた有名な読書家であったため、副官の渡邊大将は天性の読書熱にさらに輪をかけなければならなくなった。一度に三行ずつ読むという物凄い速読力が養われたのもこの時である。

とも述べている。厳しい山県の要求に応えるため、渡辺は己の読書力にさらに磨きをかけた。膨大な読書量を支えた能力は、「厳しい上官」によって鍛えられた。加えて、「頗る沈着重厚の風を加えた」ともある。単に読書を通じた指導だけでなく、人間的にも山県に影響されるところがあったのだろう。

　また渡辺は、山県が非常に研究熱心だったとも語っており、渡辺が第一次世界大戦後の欧州に軍事研究に行ってきた後、かなり細かく質問を受けたことを吐露している。

　砲及《および》機関銃の進歩に伴い、戦術に一大変化を招来せる件に関し、仔細《しさい》に其《そ》の変化の理由及新戦術の要領を熱心に聴取せられたが、究《きわ》めずんば已《や》まざる元帥の性格は、茲《ここ》にも亦《また》其の鋒鋩《ほうぼう》を表わし、微に亙《わた》り細を穿《うが》ち質問の矢を放たれ、其の熱心さは只管《ひたすら》驚嘆する外《ほか》はなかった。〈入江『山縣公のおもかげ』〉

こうした質問が待っていれば、自然と学習にも気は抜けない。「驚嘆」するほど研究熱心な「大御所」の存在は、渡辺に終生「学び続ける」習慣をつけさせたのかもしれない。「長州閥のトップである山県に気に入られた」となれば、それを利用して出世への道を掴むこともできたはずであるが、渡辺はそのようなことはしなかった。

国運をかけた日露戦争の成功によって、益々《ますます》権勢を誇る山縣は、頂点を極め、山縣を領袖とする長州山口閥が、陸軍部内の人事勢力を独占している観があった。

山縣の信頼を受ける渡邊に、その気があれば、山口出身ではないが、出世の糸口にすることも可能であったはずである。だが、この時期も、その後も、そうはならなかった。

権力者の力に頼って、派閥に与《くみ》することは、渡邊の自負と知性が許さなかったであろう。

人の子である以上、人並みの上昇志向はあったろうが、功利打算はない。それは自らに対する渡邊の自信でもある。苦労して、ここまで来た渡邊の性格は、農民特有の強靭さともいえそうだが、自分に対して納得のいく筋を剛直なまでに貫く。それが軍人渡邊錠太郎の生きざまであったと見るべきであろう。（升本喜年「軍人の最期（28）渡邊錠太郎の場合」）

明治を築き、巨大な派閥を率いた山県であるから人を見抜く目は肥えていただろうし、だからこそ「功利打算」のない渡辺を気に入ったのかもしれない。

そしてもう一つ、渡辺に大きな影響を与えたのが、第一次世界大戦である。史上初の「国家総力戦」となったこの戦争を間近で見たことで、渡辺は甚大な衝撃を受けることになった。

第三章　「非戦」の思想

北海道旭川の第七師団長時代の肖像写真。
退役を覚悟して、故郷岩倉で農家をする
ことも考えていたという（江﨑家蔵）

かつてない戦争

渡辺が最初の欧州留学へ向かったのは明治四十（一九〇七）年の三月で、二か月の航海を経てベルリンに到着した。渡辺はこのとき大尉。最初はドイツ語の会話に苦労したというが、下宿の夫人に教わりながら、着実に習得していった。

一年ほど経つと生活にも慣れ、あるとき南ドイツの田舎へ友人と旅行に出かけた。その際、とあるドイツ人に「お前たちはどこから来たのだ」と質問され、「日本から来たのだ」と答えると「日本とはアフリカのどの辺だ」と返され、ひどく憤慨したという（渡辺錠太郎「日露戦争の回顧と将来戦に於ける国防に就て」講演の友社『講演の友』第三十二号）。

ドイツといえば、日本陸軍にとっては近代軍備や用兵思想を学んだ恩師ともいえ、敗戦で陸軍が解体されるまで常に身近な存在だった。しかも日本は、ドイツと関係が深い大国ロシアとの戦争にも勝ち、注目を集めた国だった。それでも、情報技術の発達していない当時、ましてや差別感情が激しかった時代には、一般のドイツ人にとって「日本」など聞いたこともない国だったのだろう。

渡辺は明治四十三年七月までドイツにおり、この間に少佐へと進級している。帰国してからは同年十一月から再び山県有朋《やまがたありとも》元帥の副官を務め、歩兵第三連隊付や参謀本部課長（第四部外国戦史課長）を歴任。大正五（一九一六）年には大佐に進級している。皮肉な話だが、のちに二・二六事件で渡辺を襲撃するのはこの歩兵第三連隊に所属する兵士の一部であった。

この間にあった最も大きな出来事といえば、大正三（一九一四）年七月に勃発した第一次世界大戦（欧州大戦）と、その副産物であるロシア革命だろう。オーストリア帝国のフェルディナント大公がサラエボで暗殺されたことに端を発するこの戦争は、それまでの戦争の概念を一変させた。陸軍を背負う逸材と目された永田鉄山《ながたてつざん》は「有史以来未曾有の大戦争」と呼び、軍隊だけではなく国家の全てを注ぎ込む「総力戦」への備えを説いた（川田稔編・解説『永田鉄山軍事戦略論集』）。「欧州大戦」とも呼ばれるこの戦争は、文字通りヨーロッパを主舞台として行なわれ、日本は日英同盟の関係から英仏と敵対したドイツの中国にある拠点を攻撃した。しかし、日本の参戦は限定的な範囲に留まり、飛行機や戦車などの新兵器、そして「総力戦」という新しい戦争の形についての知識や認識はヨーロッパにはるかに遅れていた。そこで欧州での戦訓を日本軍にも取り込むために臨時軍事調査委員が設置され、永田も委員に任命されている。

渡辺もまた、ドイツの戦況を調査するためにオランダ国公使館付武官として派遣されることになった。渡辺が派遣されたのは大戦末期の大正六（一九一七）年十一月で、大佐になってすぐのことだった。なぜオランダかといえば、この時はまだ戦争が継続しており、ドイツと敵対していた日本は、大正三年にすでに大使館を撤収していたから、ということらしい（岩村『渡邉錠太郎』）。その戦争も、大正七年十一月にドイツの降伏という形で終結した。

大正八（一九一九）年五月二十五日付の読売新聞朝刊には、講和条約履行監視委員としてドイツ入りする渡辺の様子が報じられている。

> 講和条約調印後連合国側よりは条約履行に関する監督委員を独逸《ドイツ》に派遣すべきは既定の事実にして此《こ》の場合日本の監督委員としては既に視察員の名義にて四月十八日入独せる陸軍の渡邊錠太郎大佐、今井清《いまいきよし》少佐、鴨脚光廣《いちょうみつひろ》大尉、海軍の宇都宮《うつのみや》［鼎《かなえ》］主計総監、外務の東郷《とうごう》［茂徳《しげのり》］書記官等に任命さるべしと

ここにある通り、委員に任命されたのは同年五月だが、四月十八日には視察員の名目ですでにドイツに入っていたらしい。

渡辺がドイツにいたのは大正八年の四月から約一年間だが、この間の渡辺を連合軍（英仏米）従軍記者として活動していた伴野文三郎《ばんのぶんざぶろう》が訪ねている。伴野は、ベルリンに宿がとれない時は渡辺が泊まるホテルの一室を借りるなど親しく交友した人物で、渡辺が着目した重要な事実について記録している。

渡辺大佐は敗因を色々独乙《ドイツ》の旧友参謀と話しあったが、その敗因の中に私のちっとも思わなかったことが一つある。国境より出で過ぎたとのことである。

独乙軍は中立国ベルギーを犯して、フランスの東北方に出で、南下してパリの東南迄僅《までわず》かに進撃したが、マルンの仏軍反撃に失敗して塹壕《ざんごう》戦に入ったのである。国境を固く守ったらこんな悲惨な負け方はしなかったであろうと言う、独乙参謀連の結論は大《おおい》に味わいのある言葉だと思う。而《し》かも独乙軍の出で過ぎたとは、僅かに二百哩《マイル》内外に過ぎない。

渡辺大将は二・二六事件で殺されたから、現戦争［大東亜戦争］には不在だったが、若《も》しおったとすれば、何千哩と離れた遠方を占領しなかったかもしれぬと思う。私は軍事の問題は全然素人故《しろうとゆえ》、批評を避けるが、ニューギニヤ、ガダルカナル、ラバール、アッツ等の悪戦苦闘や困難な撤退の数々を読んで、これ等《ら》遠方の島々に送られた何万人何十万人の将兵が、骨と皮になり死んでいったことが、気の毒でならないのである。（伴野文三郎『パリ夜話』）

大東亜（太平洋）戦争の敗因として「補給の軽視」「戦線の拡大」はよく指摘される。伴野によれば、渡辺はすでに第一次世界大戦後、その重大性を指摘していた。そして、あの戦争の大部分が厳密には敵の弾丸に当たった戦死ではなく、餓死や病死だったことを思えば（ガダルカナルは「餓島」と呼ばれた）、もし戦線拡大の危険性をよくわかっている人間が指導者であれば、死なずに済んだ兵士が相当数いたのかもしれない。

戦わざるために

渡辺にとって、第一次世界大戦の印象は強烈だった。帰朝後の大正九（一九二〇）年五月、当時東京の青山にいた渡辺と新聞記者のやりとりが顕彰会『郷土の偉人』に記されている。ここにある発言は渡辺錠太郎という人物を理解する上で、非常に重要な意味を持っている。様々な話をした後、記者が切り出した何気ない一言からそれは始まる。

「いよいよ、これからは、日本も世界の軍事大国ですねえ」

と畳みかけた。第一次世界大戦直後のことで、当時の新聞記者としては常識的な当然の質問である。すると大佐［渡辺］は、右の手を高く挙げて制止し乍《なが》ら、急に声をはずませてこう云《い》った。

「いや、その軍事大国と云うのが心配だ。産業経済や国民生活がそれに伴なっての大国ならばよろしいが——軍事だけが独り走りをした大国は何よりも心配だ。独逸《ドイツ》もなかなか偉い国であったが、戦争だけは大間違いをやらかした。どこの国でも軍事力が大きくなると、戦争がやりたくなる。だが、どんな事が有っても、戦争ばかりはやっちゃあイケナイ。」

大佐の手は大きく、更《さら》に二三度振られた。そうして、

「今後の戦争はこれまで考えていた様《よう》な軍隊と軍隊とだけの生やさしいものではない。一度戦う以上は、何が何んでも勝たねばならぬが、勝っても、負けても、国民のすべてが悲惨のどん底に落入《おちい》らざ

るを得ない。私は戦い破れたドイツ、オーストリーばかりでなく、勝った国のイギリス、フランス、ベルギー、オランダなどもつぶさに見て来たが、どこもかしこもみじめな有様《ありさま》であった。日本も世界の列強にならねばならぬが、しかし、どうでも戦争だけはしない覚悟が必要である。」

と新聞記者を懇々《こんこん》とさとす様に繰り返えした。大佐はあだかも、自分が軍籍に身を置くものであるのを忘れたかの如く、熱誠《ねっせい》面にあふれて、戦争否定の言葉を続けた。

この様子は『郷土の偉人』を編纂《へんさん》したメンバーの一人が実際に目撃している。同書によれば、この談話は当然のごとくそのまま新聞には載せられず、「最後の一節（非戦論）は、適宜に削除されて」記事になったという。大正時代は平和ムードが漂い、軍隊に対する世間の目はかなり冷めたものがあった。それでも、現役の陸軍大佐が戦争を正面から否定する様子は、当時としてはやはり憚られたようだ。

しかし、渡辺は空想的平和主義者ではない。願っているだけでは平和は来ない、などということは百も承知している。

例えば、欧州から帰った後の渡辺は、現地で得た見聞をもとに帰朝報告をしているが、これが大きな問題となった。

その内容は無論厳秘に付されたのだが、洩《も》れ伝えるところに依《よ》ると、戦後の欧洲諸国の軍事視察の結論として、日本軍備従来の弱点を衝《つ》き、一日も速《すみや》かにその改革を計る必要があると強調したものであったらしい。（顕彰会『郷土の偉人』）

軍備の改革は、当然軍事力を強化するためのものであるが、先の非戦論と合わせて考えれば、「戦わないための軍備」であったと見ることができる。

渡辺の見た大戦

具体的に、渡辺は欧州での戦争について、どのような感慨を抱いたのか。

『和蘭《オランダ》国在勤中ニ於《オ》ケル任務状況復奏』（大正九年六月十日）と題する渡辺の報告に、実際に現地を見聞した様子と、そこで渡辺が何を重視したのかが記載されている。

駐在間、臣［渡辺］は主として独逸《ドイツ》国内部の情勢及《および》世界戦争の経験に基《もとづ》く軍事上の研究に縦事《じゅうじ》し、親しく此《こ》の戦争の独逸国家に及ぼせる影響の甚大なる実際を見聞せり。

こう切り出した後、様々な観点から大戦の影響を受けたドイツの変容を語っている。

一、前独逸《ドイツ》皇帝及び皇太子に対する同国民の尊敬心甚《はなは》だしく薄く、忠誠の念を保有するもの僅少《きんしょう》に過ぎざるを以《もっ》て、帝政回復運動は当分行わるるの見込なきが如し。

渡辺が一番初めに持ってきたのが、皇帝父子に対する国民の感情だった。同じ君主国である日本の軍人として、やはり見逃せないことだったのだろう。

渡辺のドイツ皇帝一家に関する考察は「三」でも述べられている。

三、革命と共に連邦の君主蒙塵《もうじん》［君主が都から逃げ出すこと］し、従来全国を統一して君臨せる普魯士《プロシア》王室の倒潰《とうかい》せる結果、国家の中心欠如するに至れり。特に従来皇帝を大元帥とせる軍隊は今や何人に向て忠誠を尽くすべきやに惑い、内乱暴動或《あるい》は反革命運動ある毎《ごと》に之《これ》を鎮圧に任すべき軍隊は往々にして中立を宣言し、官賊両者の形勢を傍観して後、去就を決せんとするものあるに至れり。

ドイツ革命（第一次世界大戦末期にドイツ帝政を崩壊させた革命）が起こると同時に、皇帝は国外へと逃亡してしまった。当然ながら帝室は消滅し、結果として国家の中心は消滅してしまう。軍もまた、大元帥である皇帝を失ったことで誰に従えばいいかわからなくなり、内乱や暴動があっても日和見的態度をとることが多かったという。

我が国も天皇が「大元帥」として軍を統率するのは（名目上は）同じだが、敗戦に際し、昭和天皇が皇居から松代《まつしろ》大本営（長野市）に遷《うつ》ることすら拒否したのとは大分異なっている。渡辺が二つの国の皇帝の対応の違いを見たならば、どのような感想を持っただろうか。

また、軍人にとっての一番の興味は、兵器や戦術の変化だろう。渡辺もまた、この点に言及している。

四、大戦間独逸《ドイツ》に於《お》ける軍用技術の進歩は実に驚くべきものあり。英仏等に比して一日の長あるもの少からずと伝えらる。然《しか》るに平和条約の結果、此等《これら》の軍用技術は将来独逸国内に於て継続して研究発達せしむべき見込なきを以《もっ》て、斯道《しどう》専門の学者技術家等にして外国に移りて更《さら》に研究を継続し、又《また》は其《その》応用を試みんと企図しあるもの少なからず。

五、軍用技術の発達は各種新兵器の現出と為《な》り戦術上に一大変化を来たし、戦争開始当時の戦術は

第一次世界大戦では機関銃が大いに威力を発揮し、毒ガス兵器の使用が広がるなど、近代兵器の発達が被害を拡大させた（時事通信社）

殆《ほとん》ど痕跡を留《とど》めざるに至れりと称するも過言に非《あら》ず。従《したがっ》て軍隊の編制、装備、教育等に関しても亦《また》著《いちじる》しき変革あり。真に今次の世界戦争は軍事界に一大時期を画せりと謂《い》うべし。

渡辺によれば、軍事技術の発達に関しては、イギリスやフランスと比べてもドイツに一日の長があったとされる。しかし、敗戦の憂き目を見たために今後ドイツ国内での発達は見込めず、技術者たちは海外に逃れて行ってしまった。

また、技術の発達は新兵器を生み出し、それが今までの戦術を一変させた。よって軍隊の編成や教育などに関しても著しい変化があった。今度の大戦は軍事の世界に一大画期をもたらしたという。

しかし、こうした観察とは別に、先に引用した記者に語った「戦争否定の言葉」に通じる意見も述べている。

それから四日後の大正九年六月十四日、『渡邊大佐講話要旨（第二回）』と題された臨時軍事調査委員での報告には、大戦下のドイツの悲惨な状況も述べられている。

廃兵の状況は惨憺《さんたん》たるものにして路傍に物を乞うものあるが如き、戦敗国の悲哀を展開して痛嘆《つうたん》措《お》く能《あた》わざらしむ。

廃兵、すなわち負傷して戦えなくなった兵士が、路傍で物乞いをしている。渡辺はその様子を「惨憺たるもの」といい、「戦敗国の悲哀」と表現する。その状況は、敗戦後の日本の様子にも通じる。

もちろん悲惨なのは軍人だけではない。総力戦を戦ったドイツ国内では様々な物資が不足し、生活必需品にも事欠く有様だった。渡辺の報告を続ける。

一、被服

戦時中各人三着以上の衣服は徴発せられ民間に存在する品種少《すくな》きのみならず、之《これ》が新調には多額を要するを以《もっ》て（一着三千麻克《マルク》）戦時着用せざりしもの、或《あるい》は廃物利用等の目的を以て各種各様のものを纏《まと》えり。紙製被服、婦人服の袴《はかま》に絹布《けんぷ》を用ゆるが如き、戦前に於《おい》て見ざるものを用いあり。靴下無き為之《ためこれ》を用いざる会を組織し、或は裸足にて歩行するものあるが如き、既往に於ける彼等の慣習も必要の前には如何《いかん》ともする能《あた》わず。また栄養不良と憔悴《しょうすい》の状を忍ばせるに足る襟の交換所を見るが如きは寔《まこと》に惨事と謂《い》わざるべからず。

二、食料品

各種食品欠乏の状は此《これ》に多言を要せず。切符制度にて必需品を配給しあるも其《その》量極《きわめ》て少《すくな》く、伯林《ベルリン》に於《おい》て麺包《めんぽう》［パン］は日量二百五十瓦《グラム》、肉は週量骨附《ほねつき》にて六十匁《もんめ》［約二二五グラム］、「バタ」二十瓦にして、到底生命を維持するに足らず。従って之《これ》を補う為《ため》密売の方法、各階級を通し殆《ほとんど》公然として行わる。旅館、料理屋等に於ては専《もっぱら》密売品を使用す。

被服類は徴発され二着までしか持つことができなかった。紙製の服を着るものまでいたという。普段なら着ないものまで着なくてはいけない状況に、渡辺は「惨事」という言葉を使っている。

当然ながら、食料も足りなかった。切符制度で配給しているものの、絶対数が不足しており、「生命を維持するに足らず」というほどだった。密売についても「各階級を通し殆公然」というから、貧富の差など関係なくなっていたのだろう。まさに戦後日本の闇市を彷彿とさせるものがある。

ドイツ・ベルリンの孤児たち。国をあげての総力戦となる近代戦争の現実を渡辺は目の当たりにした（時事通信社）

渡辺が見たこのような世界大戦後のドイツの模様が、新聞記者に対して渡辺が発した「戦争ばかりはやっちゃあイケナイ」という言葉につながったのだろう。

精神主義への批判

この頃（大正九年十月）、渡辺が書いたものに「歩兵操典ノ改正ニ就《ツイ》テ」と題する論文がある。これは、陸軍軍人の親睦団体である偕行社の機関紙「偕行社記事」に掲載されたもので、やはり第一次世界大戦での見聞をもとにしている。「歩兵操典」とは、歩兵を運用する上でのマニュアルのようなものだ。渡辺は、典範改正の必要性について次のように述べる。

欧州戦争［第一次世界大戦］は、世界の一等国皆之《みなこれ》に参加し、四年有半《ゆうはん》の長日月《ちょうじつげつ》に亙《わた》り各ヽ《おのおの》国力を傾注して輸贏《しゅえい》［勝敗］を争い、数千億の財帑《ざいど》［財産］と数百万の生霊とを消耗し科学工芸の全能力を発揮し、遂に敗者は勿論《もちろん》、勝者も亦《また》非常なる国力の衰退を来《きた》す迄《まで》戦いたるものにして、此《この》戦争より得べき教訓は百般の方面に亙り実に莫大なるものあり。就中《なかんずく》、其《その》戦術は将来一国国防の基礎となるべきものにして、充分に本大戦の与えたる貴重の経験を参酌《さんしゃく》せざる可《べ》からざるは言を待たざる所とす。

世界中の一等国が参加した大戦は、莫大な国費と物資、そして兵士を犠牲にした。その結果として、敗戦国はもちろん、勝利した側も国力を疲弊させるまで戦うことになり、数多くの教訓を残した。特に戦術に関しては将来一国の国防の基礎となるので、大戦の教訓を十分生かす必要がある――。ここでも渡辺は、敗者ばかりでなく、勝者も大変な損害を被ったことに注意喚起している。

この論文中で特に注目したい部分が二つある。まず一つ、「二、編成及《および》装備に就て」では歩兵科出身の渡辺らしく、歩兵の携行すべき兵器について、細かく言及している。

欧州戦争中、進歩発達せる兵器材料は、大小数百回の実戦に於《おい》て其《その》使用法を研究せられたる結果、歩兵の編成装備上に一大変化を来たし、歩兵連隊に通信中隊を置くことの絶対必要を証認せられたる外《ほか》、軽重機関銃の多数を備え歩兵の主武器となし、従来の小銃は単に補助武器たるに過ぎざるに至れり。

渡辺によれば、第一次世界大戦の結果、歩兵連隊には通信中隊を置くことが絶対に必要となったとされる。また、従来歩兵部隊でおもに使われていた小銃（三八式歩兵銃など）は単なる補助武器となり、重機関銃や軽機関銃などが主要武器になったという。

通信中隊の必要性が高まったのは、戦場が大きく広がり、そのために部隊同士の連携の必要性が増したことによるだろう。

> 手榴弾、自動拳銃、歩兵砲等も歩兵必需の兵器となり、此等《これら》の諸兵器を有せずしては有利に戦闘を遂行し得ざるに至れり。斯《か》くの如く歩兵に備うる兵器の変化は其《その》編成上にも一大変革を為《な》すの必要を生じ、就中《なかんずく》、歩兵中隊の人員を百五十名以上と為すを以《もっ》て過大とするに至れり。又《また》歩兵中隊に軽機関銃を有せしむべきは絶対に必要となり、軽機関銃を備えざるものは歩兵にあらずと称するに至れり。故《ゆえ》に改正操典には是非とも欧州戦争の実験に基《もと》づく新編成装備を採用し、新兵器は急に其全数を軍隊に支給交付し得ずとせば、仮令《たとえ》一挺、一門と雖《いえど》も先《ま》ず急に之《これ》を交付して教育演練の用に供せざる可《べ》からず。

渡辺の主張は、端的にいえば「歩兵の機械化」ということになるだろうか。ここでは、歩兵中隊に軽機関銃が必要である旨、繰り返し強調している。そしてこの献策は、のちに渡辺自身に皮肉な結末をもたらすことになる。

もう一つの「三、新戦術に就て」という一節では、さらに重要な指摘がなされている。

> 欧州戦争は、交戦国兵士の素質、戦地の状態等、我国と異なるものあるを以《もっ》て、直《ただち》に其《その》全部を我

軍に採用し難《がた》き点あるは勿論《もちろん》なるも、火器効力の増大に基《もとづ》き敵に多くの損害を与え我損傷を減少する為《た》め必要なる隊形及《および》新武器の応用に依る戦法の変化は勿論、彼の貴重なる経験を参酌《さんしゃく》採用せざる可《べ》からず。

欧州は、日本とは兵士の素質や地形・環境なども異なるので、大戦の教訓全てをすぐに導入することは難しい。しかし、火器の発達を利用して敵に大きな損害を与え、また我が方のそれを抑えるためにも、隊形や新兵器がもたらした戦法の変化については、その経験を大いに参考にしなければならないという。

前半の「採用し難き点あるは勿論なるも」という部分は、当然なされるであろう「我が国と欧州とは相違点がある」という反論を予《あらかじ》め見越してのことだろう。渡辺は何も「全て取り入れろ」と言っているのではない。

現今、尚《なお》攻撃精神の誤用に依《よ》る無謀猪突《ちょとつ》の空《から》元気と固陋《ころう》なる精神万能主義より来《きた》る肉弾戦術等を鼓《こ》吹《すい》するが如きことあらんか、実戦に方《あた》り直《ただち》に夥多《かた》の損害を受け一朝にして志気沮喪《そそう》し、遂《つい》に復《ま》た回復すべからざる大失敗を招くべきは火を睹《み》るよりも明《あきら》かなり。特に従来、我国の演習に於《お》て屡々《しばしば》実見する所の歩砲連繋の不完全、通信連絡の不十分なるに係《かかわ》らず、歩兵が敵火の効力を無視し密集して躍進するが如きことは厳重に之《これ》を戒め、敵砲兵及《および》機関銃の有効射程内に在りては密集隊の存在を許さざる観念を要請し、且《か》つ一般に縦長区分を大にし遠距離より戦闘展開を為《な》し、戦闘実行上に於ては歩兵と砲兵は最早《もはや》分離す可《べ》からざる単一兵種として平素演習を実施する如く為さざる可からず。

従来の戦術が現今の火器に対して適当ならざるは、西伯利《シベリア》出征軍の戦闘に於ても已《すで》に数次之を証明すべき事例に乏《とぼし》からざるを覚ゆ。

ここに至り、渡辺は日本軍の「攻撃精神の誤用」と「精神万能主義」を強く批判している。「無謀」「固陋」などかなり激しい言葉を使い、連携や通信が不完全・不十分なまま「空元気」と「肉弾戦術」で強行される歩兵の突撃が、いかに回復不能な損害をもたらすかを力説している。

ここで述べられた渡辺の指摘はまさしく、のちに我が国が対米英戦争で犯すことになる失敗を予見するものであった。敵の新戦術や銃火器に対し、日本軍の兵士たちは肉弾をもって立ち向かわねばならず、太平洋の島々で次々と玉砕を重ねていった。

元陸軍中佐で、戦後はGHQで戦史編纂などに携わった加登川幸太郎《かとがわこうたろう》は、大東亜戦争を指して次のように語っている。

この戦争は、日本陸軍にとっては、その根本信条ともいえる「教義」の総決算の秋《とき》であった。その根本教義とは何か。それは日露戦争（明治三十七、三十八年）の戦勝の後に、日本陸軍が戦勝の原因を分析して結論づけたもので、それ以後日本陸軍が、特にその主兵を以《も》って任じた歩兵が深く信奉したドクトリンである。「戦闘の決は銃剣突撃を以って決する」とする白兵主義の信条であった。そしてそれを可能とするものは攻撃精神、突撃精神であるとする。これが、その後陸軍当局によって、煽《あお》りに煽られて、陸軍の信仰的教義となったものである。（加登川幸太郎『陸軍の反省　上』）

もちろん、物資の乏しい日本が兵士の精神力に基づく銃剣突撃に頼らざるを得なかった側面もある。それでも、兵器や戦術の変化を軽視し、精神力偏重の軍隊になってしまったことは否めないだろう。日本が米英と戦争を始める二十年以上も前に、渡辺は帝国陸軍の中に潜む危険な「精神万能主義」に警鐘を鳴らし、改善を訴えていたのである。
しかし、結局その後も渡辺の警鐘が生かされることはなく、加登川のように敗戦後、痛憤の思いで回顧する人間が出ることになってしまった。

戦争論

さらに、渡辺の軍事観・戦争論について見ていきたい。欧州派遣から少し後の話になるが、大正十五（一九二六）年に出版された渡辺の著書『近代ノ戦争ニ於ケル軍事ト政策トノ関係』には、国防戦略のリアリストとしての渡辺の見解が載せられている。

方今《ほうこん》［まさに今］欧州大戦纔《さい》に［ようやく］終りを告げたりと雖《いえど》も、列強の競争更《さら》に激甚を加え、互いに相反目《あいはんもく》して他国を排擠《はいせい》［排斥］せんとす。而《しか》して列国の競争、人種の嫉視《しっし》は永劫《えいごう》止む時なし、苟《いやしく》も世界の強国を以《もっ》て任ずるもの、平和を愛好するの故《ゆえ》を以て此《この》一大事実を閑却《かんきゃく》す可《べ》からず、仮令《たとえ》国際連盟にして忠実有効に其《その》規約を実行し、列国間の争議を仲裁、調停するに努力するも到底戦争を永遠に絶滅せんことは得て望むべからず。

ここで渡辺は、戦争を永遠になくそうとすることは「望むべからず」とはっきり否定している。「絶対にやってはいけない」戦争だが、いかに平和を望んでいても、国同士の競争や人種間の妬み憎しみがなくなるわけではない。たとえ国際連盟が仲裁・調停したとしても世界から戦争がなくなることはない、という諦観である。
さらに渡辺は、「戦争が絶滅しないとすれば」として続ける。

戦争にして絶滅せざらんが軍備の必要なるは自明の理なり、然《しか》るに不断の軍備に基《もとづ》く過重の負担に対する怨嗟《えんさ》の声は太平日久《たいへいひ》しきに従い益々《ますます》大となり、帝国一部の人士《じんし》中には軍備の縮小若《も》しくは撤廃を高唱するものあり、是《こ》れ実に思わざるの甚《はなは》だしきものと謂《い》うべし、凡《およ》そ歴史の事実に徴《ちょう》するに、進歩発展する国民は軍費の負担を甘受し、退嬰萎縮《たいえいいしゅく》する国民は之《これ》が支出を嫌忌《けんき》す。

渡辺が言う「負担に対する怨嗟の声」とは第一次世界大戦後の軍縮ムードを元にしたものだろう。第一次大戦はあまりにもその損害が甚大だったため、日本国内に広範な厭戦《えんせん》気分を巻き起こした。ロシア革命に干渉しようとしたシベリア出兵（大正七～十一年）の軍費負担への不満、デモクラシー（民主主義）の風潮も横溢《おういつ》し、軍人や軍備を不要なものと見なす雰囲気があった。

大正六～九年を陸軍大学校で過ごした武藤章《むとうあきら》（のち軍務局長。極東国際軍事裁判でA級戦犯として裁かれ処刑）は、当時の雰囲気について後年次のように記している。

第一次世界戦争の中頃から世界をあげて軍国主義打破、平和主義の横行、デモクラシー謳歌《おうか》の最も華やかな時代であって、日本国民は英米が軍国独逸《ドイツ》の撃滅に提唱した標語を、直《ただ》ちに我々日本軍人に指向した。我々軍人の軍服姿にさえ嫌悪の眼をむけ、甚しきは露骨に電車や道路上で罵倒した。娘たちはもとより親たちさえ軍人と結婚しよう又はさせようとするものはなくなった。物価は騰貴《とうき》するも軍人の俸給は昔ながらであって、青年将校の東京生活はどん底であった。（武藤章『比島から巣鴨へ』）

戦後、「軍の横暴」についてよく聞かされる我々にとっては意外だが、一概に「戦前」といっても一括りにはできないのがよくわかる。こうして軍隊に対する印象が悪化すれば、当然、「軍費の負担」に対しても不満の声が上がるだろう。渡辺が軍備の軽視について警鐘を鳴らしたのは、そうした背景があった。「やってはならない」戦争ではあるが、だからこそきちんとした軍備を整えることこそが、渡辺の言う「戦争だけはしない覚悟」ということだった。

さらに、渡辺の現実的な非戦論（避戦論、という方が正確だろう）がわかりやすく纏《まと》まっている好例が、昭和九（一九三四）年三月十日に日比谷公会堂で行なわれた「日露戦争の回顧と将来戦に於《お》ける国防に就《つい》て」という講演だ。ここで渡辺は次のように持論を展開する。

申す迄《まで》もなく戦争は悲惨なもので御座《ござ》いますから戦争を避けていつも事を平和に済ますことが出来れば之《これ》に越したことはないのでございます。併《しか》しながら利害を異にしまする各国間の紛争はいつでも之をうまく協調して平和に済ますことは難しいこと、思います。それは現にこれまでに於ける国際連盟、軍縮会議の状況を見ても判ることでありまして現在の世界の情勢では戦争を絶対に絶滅するということは難しいこと、思います。これが為《ため》には万一の場合に処する為に所謂《いわゆる》備えあれば憂《うれい》なし、斯《こ》う云《い》う境地に立たなければならぬと思います。言い換えますれば縦令《たとえ》敵が攻撃をして来ても負けない。即《すなわ》ち敵がわが国を攻めても勝つことができない。こういう備えが此方《こちら》にありましたならば恐らく戦争は始まらぬと思います。（前出『講演の友』第三十二号）

渡辺にとって平和とは「願う」ものではなく、「実力で維持する」ものだった。しかも、国民もまた平和を維持するためにきちんとコストをかけるべきである、と考えていた。

これが為《ため》には国民は平時から相当の犠牲を払わなければならぬのでございますが之《これ》は外国の侮《あなど》りを防ぎわが正義を貫徹し、そうして平和を楽しんで戦争の惨害を防ぐ為《た》めの保険料でございますから已《や》むを得ない事であろうと思うのであります。（渡辺同講演）

当時はもちろん徴兵制があり、国民も国防の一翼を担って大きな犠牲を払っていた。だが、渡辺が述べているのはそういうことではなく、もっと主体的に意識を持って国防に関係してほしい、ということだったのではないだろうか。そして国民が平時、つまり戦争のない時に「犠牲」を払っても、戦争の惨害を避けられるなら安いものだ、と考えていたのだろう。

見識

大正九（一九二〇）年十月になると、渡辺は少将に進級する。これで「将軍閣下」と呼ばれる地位になり、より権限の大きな職に就くことになった。

渡辺は、静岡の歩兵第二十九旅団長を経て、大正十一年九月には参謀本部第四部長となる。第四部は戦史を研究する部署で、大の読書好きである渡辺にとっては、ある意味で天職とも言えた。その第四部長の時に執筆したのが、先に引用した『近代ノ戦争ニ於ケル軍事ト政策トノ関係』である。

同書では、渡辺自身が戦った日露戦争について、次のように評価している。

戦役間政策と統帥との一致諧調を保持し、能《よ》く戦争の目的を達成したること、日露戦争に於《お》ける帝国の如きは近代に於ける東西戦史に其《その》例を見ることなし、而《しか》して斯《かく》の如く政策と統帥とが軋轢《あつれき》することなくして、円満に戦争を遂行し得たるは、主として明治大帝の英明なる御指導に因《よ》ると雖《いえど》も、抑《そもそ》も亦《また》当時の政治家と用兵者との間、意志の疏通能く行われたること与《あずか》って力あるものとす。

渡辺はここで、戦争中に政治と軍事がひとつとなり、戦争目的を達成した好例として日露戦争をあげている。自身が参戦したこと、そして日本の戦争であることを割り引いて読む必要はあるかもしれないが、のちに日本が大東亜戦争で敗北したことを考えると、非常に興味深い。渡辺は日露戦争では政治と軍事が衝突せず、円満に戦争を遂行できた、その理由は第一に明治天皇の英邁《えいまい》によるが、しかし政治家と軍人の意思疎通がよくとれたことも非常に大きな勝因だったと述べている。それに対して、結局渡辺が見届けることができなかった後年の大東亜戦争では、政治と軍事が対立し、さらに陸海軍が対立し、その上で軍政と軍令までもが対立した。日露戦争とは対照的だったと言えるだろう。

渡辺はこの点について、当時の政・軍指導者がそれぞれ近しい関係にあることを述べ、こう評価している。

戦役中政略と戦略との交渉に関する各種複雑困難の事情発生したるに係わらず、皆円満なる解決を告げ、政策は専ら統帥を援助し且つ戦果の利用を怠らず、統帥は絶えず政略の目的に順応して其《その》軌道を逸せず、両者相俟《あいま》って曠古《こうこ》［未曾有《みぞう》］の大捷《たいしょう》［大勝］を博し、能《よ》く戦争の目的を達成するを得たり

もちろん何の問題もなかったとは思えないが、渡辺の見るところ、日露戦争では政と軍とはよく助け合い、それが結果につながった。もし渡辺が暗殺されることなく、先の敗戦を「政・軍の協力」という観点から見ていたなら、どう評していただろうか。

もちろん、単純に日露戦争と比較して、昭和期の軍に対して「政と軍の対立」という批判を向けるのも、

短絡だろう。

明治の指導者たちは、山県有朋《やまがたありとも》や伊藤博文《いとうひろぶみ》がそうであるように、私的に交友関係がある場合が少なくなかった。近代国家の創生から携わってきた彼らは、意思の疎通も当然取りやすく、目的意識も共有しやすかったと思われる。

それに対して、先の大東亜戦争では組織自体が比較にならないほど巨大化し、また複雑化した。もちろん軍だけではなく、政府や官僚組織など、あらゆるものが大きくなった。年月を経るにつれて、組織が整備され、巨大化していくのは当然かもしれない。

しかし、そうなると組織と組織の間で個人間のつながりは希薄にならざるを得ない。親しい個人間の意向で巨大になった組織を動かすことも困難になる。明治維新の主導力となったが故に薩摩と長州の出身者が有力なポストを占め、「藩閥」という名で批判されることもある明治期の軍隊だが、その「閉じた世界」だからこそ意思疎通がしやすかった、という面もあるのではないだろうか。

渡辺は、同書の「結言」で改めて政軍の一致を強調する。


戦争は国家政策の継続なり、従って和戦を決し、戦争目的を定め其《その》指導の大方針を定むるものは政略の任なり、但《ただ》し此《こ》の決定を為すに当り軍事上の状況を詳《つまびらか》にし、統帥当局の意見を参考とし、彼我の兵力を算定評価して勝敗の数を予断し以《もっ》て判決の基礎となすを要す、而《しか》して戦略は政略の定めたる目的に従いて行動を律するを本則と為し政戦両略各々《おのおの》其分限を守りて相侵すこと無ければ茲《ここ》に始めて円滑に戦争を遂行することを得べし。

渡辺は政略（政治）を基礎とし、統帥（軍事）をその中に含まれるものと考える。その上でお互いが干渉せず、矩《のり》を守ることを理想とする。そうは言っても、実際に行なうのは極めて難しい。政戦を一致させた人物としてフリードリヒ大王やナポレオンの名を挙げた上で、政治家はよく戦争の本質を理解する必要があるが、作戦の細部に介入してはいけない、とする。

故に政治家たるものは戦争の本質を理解し軍事に関する一般的知識を具有し、苟《いやしく》も統帥の不可能とする所を要求し若《も》しくは用兵上の細部に干渉して統帥を制肘《せいちゅう》［妨害］し、或《あるい》は統帥上必要とする万般《ばん》施設上の援助を怠《おこた》る等のことある可《べ》からず、而《しか》して平時国際上に権威ある発言を為《な》さんとし又《また》自国民の為《た》め正当とする要求を貫徹せんが為《た》めには其《その》背後に武力を擁《よう》するの必要なる所以《ゆえん》を理解し、常に軍部と連絡諒解に努め時々変化する関係各国軍備の状況を詳《つまびら》かにし、以《もっ》て内政及び外交指導上の参考と為すを要す。

渡辺がいう「戦争の本質」とは細かい軍事上の知識ではなく、大所高所から戦争を俯瞰《ふかん》できる「戦争観」ということだろう。そして戦争がない時でも「其背後に武力を擁するの必要なる所以を理解」せよ、すなわち「外交における軍事力の効能」を知るべきである、と続ける。この言葉は、現代日本人にとっては最も耳の痛いところではないだろうか。

渡辺の国際政治に関する発言はリアリスティックであるだけに、やや平凡といえば平凡な意見かもしれない。だが、万巻の書物を読み、悲惨な戦争の跡を目の当たりにし、なにより自ら戦傷の経験がある渡辺が「非戦論」を唱えながらもこうした国際政治に関わる発言をせざるを得なかったことを考えると、その主張の重みもまた違って来る。

教育改革

大正十二（一九二三）年九月一日、未曾有の災害が日本を襲った。死者行方不明者合わせて十万人超、東京を壊滅に追いやった関東大震災である。当時青山にあった錠太郎宅も屋根瓦がすべて落ちるなど被害を受け、夜は庭に蚊帳を吊って凌いだという（岩村『渡邉錠太郎』）。

翌日には戒厳令が布かれ、陸軍大将福田雅太郎《ふくだまさたろう》が関東戒厳司令官に補せられた。そして渡辺もまた、戒厳司令部付となり、司令官の下に設けられた宣伝部の情報課担当となった。岩村『渡邉錠太郎』によると、情報課での担当は、「①部外宣伝の為の情報の収集、②戒厳地内（外）に対する宣伝、③通信及び外国人との折衝」だったという。震災では、朝鮮人が放火や暴動を起こしたとか井戸に毒を投げ込んだといったデマが流され、これに扇動された一部自警団によって朝鮮人が殺害されるという悲劇も起こっている。

この年の十二月には、陸軍始観兵式諸兵参謀長を務め、翌大正十三（一九二四）年十月、渡辺は陸軍大学校兵学教官となる。参謀本部第四部長と兼務する形だった。

さらに、その約半年後の大正十四年五月になると中将へ進級し、陸軍大学校の校長に補せられる。ここで渡辺は、自身の信念に基づいた教育改革を行なおうと考えた。しかし、渡辺の改革は陸軍上層部に受け入れられなかった。

渡辺が校長だった頃の生徒である額田《ぬかた》坦《ひろし》（のち中将）は、こう回想している。

> しかるに、この渡辺校長の教育は日露戦争以来の戦術思想からあまり変化していなかったと察しられる鈴木《すずき》〔荘六《そうろく》〕参謀総長、金谷《かなや》〔範三《はんぞう》〕次長から嫌忌《けんき》され、着任後いまだ一年にも満たない昭和二年三月〔実際は大正十五年三月〕旭川師団長に貶《へん》せられ、金谷次長の校長兼職となった。したがって教官もまた逐次《ちくじ》旧思想の方と交代された。

渡辺校長の後任には、同期の東京湾要塞司令官林銑十郎《はやしせんじゅうろう》中将が補せられた。僭越《せんえつ》ながら、正に戦術思想は逆転したものと解せざるをえなかった思い出がある。（額田坦『陸軍省人事局長の回想』）

参謀総長の鈴木荘六、次長の金谷範三に嫌厭された渡辺校長の「戦術思想」がどのようなものだったのか、残念ながら記録は残っていないらしい（森松俊夫「日本の将帥⑩渡辺錠太郎大将」）。しかし、中将時代に『日本兵制史』（一九三九年）に寄せた論考「明治維新以後に於ける我が国陸軍戦法の沿革に就て」で、渡辺の思想を知ることができる。

この論考では、先に紹介した『軍事ト政策トノ関係』が戦略や政略といった「戦争指導」の観点から持論を述べたのと違い、実際の戦場における個々の戦術や兵器の使用法について記している。「歩兵操典ノ改正ニ就テ」と重複する部分もあるが、左に引用する。

世界大戦の経過と結果とは茲《ここ》に記述を略するが、欧洲の列強は皆国家の全力を挙げて戦争に従事した、而《しか》して戦闘は線より平面に、平面より立体に移った。即ち欧州列強の陸軍は開戦当時火砲は日本軍のものより幾分優《まさ》って居たが、小銃や機関銃等は略々《ほぼ》優り劣りなく、飛行機の如きは極めて貧弱なものであって、日露戦役の日本軍と殆《ほとん》ど大差ない原則の下に戦争に入った。処《ところ》が戦争は西方に於《お》て間もなく陣地戦となり、軍人と云《い》わず学者と云わず技術家と云わず悉《ことごと》く脳漿《のうしょう》を絞って敵に優る新兵器を発明し、昨の新も今の旧となり夜を日に継いで偉力あるものを採用し、其《その》結果戦争末期には歩兵は小銃よりも寧《むし》ろ軽機関銃を主兵器とし、之《これ》に加うるに重機関銃、歩兵砲（平射、曲射の二種がある）、銃榴弾手榴弾等を以《もっ》て自ら抵抗を排除し、遂《つい》に白兵を以て敵に最後の止めを刺さんとし、敵も亦《また》同様の武装をして、彼処《かしこ》に一兵此処《ここ》に一銃と点々抵抗巣を設け、之を交通壕《ごう》で彼此《あちこち》連絡して網状に編成し、其中の要点々々に最堅固なる拠点を作り、全陣地の奥行は千米《メートル》にも二千米にも及び、而も之が一帯でなく本陣地の前方に警戒陣地帯あり、又《また》後方には第二、第三陣地帯があって、戦略的攻勢移転の拠点を形成する。

渡辺は言う。この第一次世界大戦で戦場は線から平面に、平面から立体へと、どんどん広がっていった。大戦開始当初、欧州諸国の兵器や戦術は、日露戦争時の我が国と大差はなかったという。しかし、両軍が陣地を拠点に火力で戦う陣地戦になると、軍人のみならず学者や技術者など、あらゆる職種の人々が知恵をしぼり、次々と新兵器を開発した。そして戦争末期には、歩兵は小銃より軽機関銃を主兵器とし、加えて重機関銃や歩兵砲などで抵抗を排除し、最後は白兵突撃をもって勝負を決するようになった。

対する防御側も、陣地（壕）を網目状に連結するなどの工夫を凝らし、容易に突破されないように奥行きを深くした。しかもそうした陣地を後ろにも二つ三つと造り、反撃の際の拠点とするのである。

之《これ》に配するに遠きは六十吉米《キロメートル》、七十吉米に達する巨砲から、極《ごく》近接した処《ところ》に砲弾を飛《とば》す迫撃砲に至る迄《まで》、処に由《よ》りては散兵の数より大砲の数が多い程にして、攻者を喰《くい》止め好機に乗じて逆襲に転ぜんとする。其処《そこ》で攻者の砲兵は防者に優る一層多数の火砲を集めて近きは眼前隠匿せるものより、遠きは六十吉《キロ》、八十吉の要点――大倉庫、大停車場の所在――を打ち上げ、而《しか》も其《その》効果を至短時間に収めるに努め、歩兵は敵が十分我に対する手当の出来ぬに乗じ前述の諸兵器に身を固め三々五々、多きも一分隊位《ぐらい》の集団となり陸上戦艦とも称すべき「タンク」の支援を受け、浅きも数百米深きは数吉米に亘《わた》る敵陣を突破せんとし、防者亦《また》網目の如き抵抗の拠点に拠《よ》って之に抵抗し、上空よりは攻防両者の飛行機が爆弾を抛《な》げ、機関銃を打ち下し、其他毒瓦斯《どくガス》を砲弾で撒《ま》き散らし、或《あるい》は火焔《かえん》放射器で敵を焼き、真に此世《このよ》からの修羅場を現出する。

陣地を構える側は、六〇～七〇キロの射程を持つ大口径砲や、逆にごく近くを狙う迫撃砲を備えて攻撃を迎え撃つ。場所によっては、砲の数が兵士より多いぐらいであった。これをもって守備側は攻撃に転じようとする。対して攻撃側はこれを上回る砲を配置し、敵の拠点を狙い撃つ。この隙に乗じて前述の軽機関銃などをもって戦車の支援を受けながら攻撃を開始。守備側はこれを迎え撃ち、攻防両者の飛行機が機銃掃射、爆撃、または砲弾による毒ガス撒布が行なわれ、陣地に対しては火炎放射器の攻撃も行なわれた。この状況は、戦場経験のある渡辺をもってして「修羅場」と言わしめる。

ここで渡辺が「多きも一分隊位の集団となり」と書いていることに注目したい。多くても一分隊ぐらい（十人前後）、ということはそれより少ないこともあることを示しているが、これは兵器の発達によって集団同士の戦闘が不可能になったことを示している。大勢の兵士が固まって突撃しても、機関銃や砲撃によって一気に壊滅させられてしまうので、分散して戦う方法がとられるようになっていた。

此時《このとき》此際《このさい》往昔《おうせき》の如く部隊を為《な》し集団を作り群衆心理の影響の下に而《しか》も短時間戦闘するものと、各個の小群に分れ地獄の火より尚《なお》獰猛《どうもう》な敵火を冒し奥行《おくゆき》深き地帯に長き戦闘を持続して始めて勝利の栄冠を得んとするものと孰《いず》れが容易、孰れが困難であるかは三歳の童子と雖《いえども》之《これ》を判別し得るのである。将来の戦闘に臨む者の精神気迫が従来の戦争に於《お》けるよりも一層剛健なるを要するは言を待たずして明である。

昔のように群衆心理の下で短時間の戦闘をするのと、小さな部隊に分かれて長い時間をかけて戦うのとを比べれば、どちらが困難であるかは三歳児でも理解できる。将来の戦闘では、より一層の精神的な強さが求められるというのである。

一読した限りでは、それほど過激なことを書いているようには思えない。もちろん、この一文が渡辺が大学校長として鼓吹した「新戦術」と同様のものであるとの仮定の上での話ではあるが、取り立てて日本軍を批判している箇所も見当たらない。しかし、この中にも渡辺の提唱する「新戦術」は見て取れる。

例えば、始まりで世界大戦では戦闘が「線より平面に、平面より立体に」なった、と指摘している。兵器の発達によって双方の距離は遠くなり、さらには飛行機が加わった。その結果として生まれた戦場は新しく立体的となり、日露戦争の時とは大きく異なった様相を見せた。

さらに渡辺は続ける。


国防は従来仮想敵国を定め之《これ》に対して計画されて居たが、今日では戦時国家が全力を挙げて培養維持し得る兵力を基準として平時の兵数編成、服役年等を定めて居る。換言すれば将来の戦争は国家が全力を挙げて之に当るもので、日清・日露の戦役の如く国民の一部たる軍人のみが――勿論《もちろん》内地に在りし国民も相当に後援に努力して彼の曠古《こうこ》［未曾有《みぞう》］の大勝を博せしめたのであるが――戦争を終始した様《よう》なものであり得ないことは識者を待《また》ずして明《あきら》かである。（前掲書）

このようにして、渡辺は「日清・日露」のような戦法を否定し、新しい戦争の形について自覚を促している。参謀総長の鈴木荘六、次長の金谷範三ともに両戦役に参加しており、彼らにとっては渡辺のこうした考え方は自分たちの誇りを傷つけるもののように感じたのではないだろうか。

ひとつ気になるのは「精神気迫」の重要性を述べている部分だ。以前、偕行社記事に載せた「歩兵操典ノ改正ニ就テ」で「精神万能主義」を批判した渡辺の意見とは、一見矛盾するように見える。

しかし、渡辺は何も偕行社記事の論文で精神力の重要性そのものを否定したわけではない。あくまで、精神力を至上のものとし火力や通信連絡を軽視する態度を批判しているのだ。むしろ、密集隊形の演習を行なっている陸軍を批判し、部隊が分散して戦う必要性を推し進めた結果が、「個々人の精神力はより強力にならざるを得ない」となったのだろう。

また、この時の渡辺の立場も考える必要がある。「歩兵操典ノ改正ニ就テ」を書いた当時は、まだ上層部の人間に意見を言うという立場で、これから起こる戦争への備えを説いていた。しかし、この時は陸軍大学校の校長として、これからの陸軍を担う軍人を教育する立場だった。彼らは当然、部隊長にもなる。兵士を率いて戦場に出る際、精神的に強くなければ活躍するのは難しい。下手に精神力を軽視するような教育をして、いざ過酷な戦場に立ち、耐えられなければ困る。このような観点からみると、二つの論文は決して矛盾しているわけではないといえるだろう。

そのほかに、渡辺の改革について大雑把にではあるが、『陸軍大学校』に次のような記述がある。


渡辺錠太郎校長は、幕僚の実務教育に力を入れて命令の起案、綿密な計画の作成、兵站《へいたん》業務の重視を強調して従来の欠陥是正に取り組もうとした。

またメッケルの教育の流れがややもすれば議論のための議論になり勝ちであったのに対してその是正のメスを入れたが、この傾向は仲々《なかなか》改善されず教育改革も大勢を支配するに到らなかった。（稲葉正夫監修、上法快夫編『陸軍大学校』）

渡辺が従来のやり方に手を加え、幕僚（参謀）教育を立て直そうとしたとある。しかし残念ながら、こうした改革はうまくいかなかったようだ。

運命の子

大正十五（一九二六）年三月、渡辺は旭川の第七師団長に移った。額田の証言に従えば、これは「左遷」ということになる。

この時、同師団の参謀長だった斎藤瀏《さいとうりゅう》は、渡辺が山県の副官だったころから渡辺のことを知っていたという。しかしその渡辺が師団長になったことで、斎藤は少し困った立場に立たされることになる。

師団長としての中将［渡辺］は、部下連隊の受けはよくなかった。悪《にく》まれたのではなく部下が困ったのである。

それは渡邊中将が極端な独逸《ドイツ》かぶれで、日本の操典、教範、要務令、内務書より独逸のそれを知って居り、独逸のそれに従って、各隊巡視の際、演習実視の際、検閲の際に言うことが全く日本の典範令と異なったことがあり、懸命に日本の典範令に従って、教育して居る方式が、講評で非難されたり、叱られたりする。日本のそれを知ってか知らずにか、懸命に教育して居るものは困ってしまう。（斎藤瀏『二・二六』）

渡辺は陸軍でも有数のドイツ通として知られており（岩村『渡邉錠太郎』）、ドイツ語も相当堪能だったらしい。斎藤は渡辺について、

渡邊大将は、外柔内剛の人であり、読書家である。此《こ》の点では嘗《かつ》て私の上官だった上原《うえはら》［勇作《ゆうさく》］元

帥と同じく、恐らく陸軍で稀に見る人であろう。そして又《また》学者であり、円満無碍《むげ》に見受けられるが、自信は中々強いようである。

と、評している（斎藤前掲書）。幼少から刻苦勉励して自らの道を切り拓いた渡辺である。それだけに、自信家の側面もあったのだろう。そして、斎藤との奇縁はこれで終わらなかった。斎藤は少将で予備役に入るのだが、のちに二・二六事件に連座し、「反乱を利す」との理由で禁錮五年に処されている。つまり、後年渡辺とは対立的な位置にいた、ということになる。

　さて、この旭川時代、渡辺にとって大きい出来事は、次女和子の誕生（昭和二年二月十一日）だろう。長女政子、長男誠一、次男恭二と上に三人の子供がいた渡辺は、五十三歳という、現在でもかなり高齢で四人目の子供を授かった。

　冒頭で紹介したように、この時危うく堕胎されかけた和子は、「産んでおけ」という錠太郎の一言でこの世に生まれ落ちた。和子にとっては、父錠太郎は親というだけではなく、「命の恩人」だったということになる。姉が妊娠中だったということからもわかるように、和子は錠太郎にとって孫と同世代で、大変可愛がられた。

　渡辺家の子供たちは、長女・政子が東京女子師範学校、長兄・誠一が東京帝国大学、次兄・恭二が陸軍中尉（近衛）と、いずれも優秀だった。しかし、幼少期の和子は本人曰《いわ》く「劣等生」で、小学校も学習院を受けたものの、落ちてしまった。

　でも、父はとても喜びました。「学習院なんかに行くな。それよりも民間の学習院と言われる成蹊に行け」と言ってくれて、私は荻窪の家から省線［現在のＪＲ線］で吉祥寺の成蹊まで通いました。

（渡辺和子・保阪正康「2・26事件　娘の八十年」）

次女和子の生誕は渡辺にとって喜ばしいものだったが、「軍人」としてみると、決して嬉しい心境ではなかったと思われる。先述の通り上層部に嫌われて旭川に来た渡辺はここを最後の任地と覚悟していたようだ。岩村貴文が渡辺の長女政子から聞き取ったところによると、いよいよ退役（予備役編入）を覚悟した渡辺は、故郷岩倉で農家をしようと考え、甥の小川銀一を通じて土地の購入を指示したという（岩村『渡邉錠太郎』）。

実は、この話は顕彰会『郷土の偉人』には渡辺が大佐時代に欧州から帰り、自分の軍改革に関する意見が容れられなかったことに失望した際のエピソードとして記されている。実際に、甥の小川の証言も記載されている。

「渡辺からの突然の云《い》い付けがあって、新《あた》らしく農家向の家屋を建築するよう準備させられた。何《な》んでも軍籍から急に身を引く覚悟を決め、昔どおりの一百姓に戻ると云う知らせであった。私共は少なからず驚いたが、とにかく、当方ではすぐ云いつけの様《よう》に手配を進めることにした」

これは、どちらの記述を信用すべきだろうか。あるいは、「退耕」の決意は一度ではなく、数度あったのかもしれない。

ともあれ、渡辺にとって、そんな「最後の地」として覚悟した場所で生まれたのが次女の和子であったから格別可愛がった、ということもあるのかもしれない。

ちなみに、渡辺はこの旭川時代に手習いに励んでいたらしい。かつて山県有朋から字が下手だと指摘されてからだいぶ経つが、陸大校長時代から書を学び始め、その後各所から求められて揮毫するようになる。その意味でも、旭川時代は雌伏の時だったと言えるだろう。

しかし、渡辺の軍職はこれで終わらなかった。新しく設置された陸軍航空本部の長として、中央に呼び戻されたのである。

第四章 近代戦争の研究

飛行機の前で写真に収まる渡辺（後列中央）。
撮影年は未詳だが、航空本部長就任前後と思われる（「渡邊錠太郎大将関係資料」収録写真）

航空本部長

昭和四（一九二九）年三月、渡辺は陸軍航空本部長として東京に戻った。『日本兵制史』に寄せた論考でも、飛行機の登場によって戦場が平面から立体になった、と述べているように、渡辺は航空機の重要性に早くから着目していた。岩村『渡邉錠太郎』によれば、旭川時代から『航空界』という雑誌を定期購読しており、長男の誠一を連れて、郊外に航空機を見に行ったこともあるという。

のちに渡辺が教育総監時代に書かれた記事にも、渡辺の「空軍」に関する見解が取り上げられている。

彼の空軍研究に関し面白いと思うのは、彼の独逸《ドイツ》及び米国に在るや、中央都市の防空よりも地方の辺鄙《へんぴ》の小都会の防空設備、及びその防空手段に関して研究したことである。

何故そうしたものか分からないが、或《あるい》は日本が一足飛びに米独の最高級防空設備が出来ないから、先《ま》ず地方都市の不完全なものから先に研究しようというのかも知れないし、又《また》或は中央都市だと仲々機密的なことが窺知《きち》出来ないから、警戒の薄い地方を研究することによって、それを窺《うかが》うと思ったのかも知れない。（松下芳男『川島義之と渡邉錠太郎』）

あるいは、中央都市の防空については重要視する人が多いため、あまり研究が進んでいない地方に目を付けたのかもしれない。航空本部は大正十四年の航空本部令によって設置され、それまで陸軍省所属だったものが独立した兵科として扱われるようになった。渡辺は、その三代目の部長になる。「航空」という新分野に、わざわざ旭川に左遷されていた渡辺を抜擢したのは、その空軍研究の蓄積に期待したのかもしれない。

渡辺の航空機に関する見識を証明するものに『防空演習とは？』と題する論考がある。これは台湾軍司令官時代のものであるが、渡辺がいかに航空機（防空）を重要視していたのかがよくわかると共に、戦争全般に関する考え方として読むことができる。渡辺の特徴が非常によく表われた論考なので、詳しく見ていきたい。

一、防空なくして国防なし　戦争の形態は立体的に変化

人は自ら築きつゝ、また自ら破滅の墓穴を掘る……との古語の如く、文化交通の重要機関たるべき使命を有する航空機は、欧州大戦にあたり忽《たちま》ち人類虐殺の武器として、戦場は勿論《もちろん》遠く戦場外の都市にまで暴威をふるって市民の肝胆《かんたん》を寒からしむるに至り、戦後その経験を嘗《な》めた欧洲人をして「防空なくして国防なし」とさえ主張せしむるに至った。

渡辺の指摘は、航空機のみならず、あらゆる技術に当てはまるのではないだろうか。平和利用によって人類に大きな利益を生み出す技術は、同時に戦争に利用されると、それを上回る犠牲を生み出すことがある。第一次世界大戦では航空機が、のちには我が国に大きな悲劇をもたらす原子力（原子爆弾）が、まさしくこれに当たる。

そして「防空なくして国防なし」という言葉でその重要性を語り始める。

未来の戦争を予想するには先《ま》ず過去の戦争を究《きわ》むる事と、現在の戦備を知らねばならぬ。即ち過去に於《お》いて戦争の形態と云《い》うことは、敵の艦隊であるとか野戦軍であるとか云うものを撃滅すれば事足りて敵国は屈服したのである。またそうする事が我々の理想でもあった。然《しか》るに今日に於いては、戦

争を終局に導く途《みち》は必ずしもこの一途のみではない。即ち戦争を継続する所の国民の意思を奪い、これを挫折する事によって戦争の終局を見ると云うようになったのである。今日の如く複雑なる交戦法、科学化した戦争になって来ると多くの資材軍需品等が必要となり、これが補給の途を断つ事がまた戦争を挫折せしむる事ともなって、近代戦に欠くべからざる一大要素ともなったのである。言う迄《まで》もなく近世の戦争は一家一門の争闘ではなく、真に国民の利害休戚《きゅうせき》［幸と不幸］を顧念《こねん》し、一国の興亡盛衰を賭して争うところの国民全体の戦争である。故《ゆえ》に若《も》し国民全体の戦争の意思を挫折せしむる事が出来れば、戦捷《せんしょう》［戦勝］国として非常に有利な立場に立ち、逆に挫折せしめられた場合は敗惨《はいざん》者としての窮境に陥《おとしい》れられるのである。

かつて参謀本部で戦史部長（第四部長）をつとめ、また無類の読書家であった渡辺らしく、未来の戦争を予想するにはまず過去、すなわち戦史を学びかつ現在の戦備を調べよ、と述べる。そして大事なことは、「即ち」以降の論述だ。

過去の戦争は、艦隊や野戦軍を撃滅すればそれで勝負は決し、戦争は終わった。それは自らも体験した日露戦争も当然含まれていたと思われる。これは、基本的に戦争が軍隊と軍隊による限定的な争いだったことを示している。もちろん、国民が兵器生産や戦費の支出など、戦争に協力しないわけではなかった。しかし、それはあくまで限られた分野の話で、「軍対軍」という基本構造は変わらなかった。

しかし、現代戦ではこれにもう一つの戦争決着法が加わることになる。すなわち、科学化された戦争は膨大な物資（兵器、糧食、被服など）の補給が必要となり、必然的に国家の総力を挙げた生産力がものを言うことになる。そうなると、その物資を供給する国民の戦争に対する意欲というものが大変重要となり、この意欲を阻喪させ、物資補給を不可能ならしめることで戦争を終わらせる方法も考えなくてはならない。

たとえ野戦軍が無事でも、国内で物資の生産ができなくなり、前線が飢えることになれば、戦争どころではないだろう。敗戦に向かう後年の我が国の姿が、まさしくそれであった。

さて現在の戦備であるが、この戦備なるものは欧洲大戦を一転機として非常な進歩を見せている。所謂《いわゆる》軍の機械化と云《い》うか、各国は機械を主力として戦争力の増強に努めるに至った。その結果は航空機、化学器の驚くべき発達となり、また最近には光学電気学の尖端に萌《もえ》出た殺人光線や電気の力によって遠方に弾丸を発射する電気砲、無線電波によって操縦される軍艦とか飛行機、夜光鏡や人造人間、彼の恐るべき毒瓦斯《ガス》の研究等が著々《ちゃくちゃく》研究せられ、その一部には既に実用性を持つものにまで進んでいる。この状態をもって未来戦争にまで進んだならば、恰度《ちょうど》欧洲大戦の末期に見た地水空の三元的戦争の型は開戦の始めから極めて徹底的に行われるに相違なく、戦争のスケールと謂《い》うものが国境も戦線も超越して非常に拡大して来る。然《しか》して今や平面的な戦争は全く立体的に変化して来たのである。茲《ここ》に於《お》いて防空が一日も忽《ゆるがせ》にすべからざる重要な問題となって来たのである。

現代の戦備は、欧州戦争をきっかけに機械化の一途をたどることになった。航空機や化学兵器の発達はもちろん、殺人光線や電気砲、人造人間の研究まで進められているという。渡辺の並べる兵器の中には冒険小説に出てきそうなもの、現在でも実用化されていないものもあるが、「無線電波によって操縦される軍艦とか飛行機」などは現在活発に使用されているドローン兵器を思わせる。とすれば、他の兵器もいずれ実用化される日が来るかもしれない。現在の技術では噴飯ものと見られても、将来はどうなるかわからない。

渡辺は、こうした技術の進歩が続き、将来戦争になったならば、欧州大戦の末期に行なわれた陸海空の立体的な戦争は、開戦直後から徹底的に行なわれるだろう、と述べる。さらには、こうした戦争の立体化が国境や戦線を飛躍的に拡大し、それゆえ、防空が焦眉の急となっていると指摘する。

戦場の「立体化」をもたらした主要兵器は航空機であるし、徒歩はもちろん、自動車よりも遥かに高速で広範囲を移動できる航空機はそれだけ戦線を拡大する。戦場と後方（内地）が離れていても、航空機なら堅固な守りの国境線も無視して攻撃できる。守る側も、当然それに備えなければならない。渡辺はこの点を強調する。

渡辺の不安

続けて渡辺は、未来の戦争において日本には何が必要であるかについて言及する。

二、現代の戦術は敵の内部的崩潰《ほうかい》

近代の戦争は頗《すこぶ》る複雑化している。多種多様の新兵器は戦場に現われる。従って多数の軍需品、弾薬とか、多くの材料であるとか、斯《こ》う云《い》う物の数量が非常に多くなって来たので、戦争の性質が一面から材料戦であるとも言い得る傾向となって来た。即ち一例を挙げると、欧洲大戦に於いて某会戦に費消した弾薬は、日本軍が日露戦争の全戦役間に使用した量より遥《はるか》に多い。数字を挙げて言うならば、日露戦争間に於いて日本軍の使った消費弾薬は全戦役を通じて僅《わず》かに百五万発であったのであるが、マルヌの会戦は僅か一週間位の短時日なるに拘《かかわ》らず、仏蘭西《フランス》軍の使用した砲弾は九十万発、またソンムの会戦に於いて仏蘭西軍の消費した砲弾が二千万発、英軍はその会戦に千四百万発を使っている。斯《かく》の如き趨勢《すうせい》にて非常に多くの兵器弾薬軍需品を要する傾向になって来たのであるから、これ等《ら》の事が出来ない国軍が優勝の地位を占《し》むる事は困難である。

渡辺は、複雑化した戦争が膨大な物資を必要とするようになり、現代の戦争は「材料戦」すなわち物量が非常に重要な要素になってきている、と述べる。その例として、やはり日露戦争を引き合いに出し、具体的な数量を挙げて比較する。日露戦争全体を通じて使用した弾薬が百五万発であるのに対し、マルヌの会戦ではわずか一週間で九十万発もの砲弾がフランス軍によって使用され、ソンムの会戦では実に二千万発が消費されている。全戦争を通じると、一体どれほどの分量の砲弾が使われたのだろうか。

ここまでの物量戦となると、戦争を支えるだけの物資を供給できない軍隊が勝利を得ることは、まず不可能になるだろう。

然《しか》らば優勝国たらんには如何《いか》にすれば良いかと云《い》えば、軍需資材が潤沢《じゅんたく》であるに越した事はない。多数の生産機関が活動して砲弾、小銃弾、被服装具、食糧、兵器等一切のものが豊富に製造せられ、完備した交通網即ち船舶輸送なり鉄道輸送なりによって時機を失しない様《よう》に戦場に送達しなければならない。孫子は「糧《かて》を敵に依《よ》る」と言ったが、これを狭義に解釈して「敵に依る」と言う様な意味では到底今後の戦争は至難《しなん》である。所謂《いわゆる》自給自足により斯《かく》の如き資料をどうしても作り上げなければ戦争に勝味《かちみ》は少いと云う事になる。

然るに日本は他の列強に比し資料は至って劣勢である。そこで斯の如き敵の製造工業を閉止するように仕向けたり、交通機関を破壊したり、国内の貨物の配給を困難にし、戦場への輸送を不可能ならしめなければ勝味がない事になる。即ち敵国をして内部に於《お》いて崩潰《ほうかい》せしめる事が近代戦術上必要な所から空軍が重要視されて来たのであるが、これを受動的に考えて見る事も忘れてはならない。日露戦争当時我が国は四面《しめん》海を環《めぐ》らすお蔭で、海軍が敗けない限り安全であった。

戦争に勝利するためには、物資が豊富であるに越したことはない。生産機関が弾薬や糧食、装備などを大量に生産し、前線にそれらが欠乏しないように整備された交通網（鉄道や船舶）を利用して送るようにしなければならない。

ここで渡辺が引き合いに出す「糧を敵に依る」とは、敵地、すなわち戦闘に勝利して占領した敵の領土で、糧食（この場合は物資全般）を、時には強制的にでも調達する行為を指す。第一次世界大戦前であれば必要な物資はそれほどでもなく、占領地での調達でも間に合った。だから、時には防衛側が撤退前に自ら都市を焼き払い、攻撃側に物資の調達や建造物などの利用をさせないような作戦がしばしば行なわれた（焦土作戦）。

しかし、新しくなった戦争では、そのような急場しのぎ的な物資の補給では、到底間に合わせることができない。仮に一時しのぎができたとしても、安定した供給ができないから、継続して戦闘を行なうことは不可能となる。そこで、どうしても自給自足の体制確立が必要となる。

だが、日本は他国に比べて資源が非常に少ない。そうなると、戦争に勝つためには相手国の交通機関を攻撃したり、国内で行なわれる配給を妨害したり、戦場への物資供給に打撃を与えることが必要になる。だからこそ空軍が必要とされるのであるが、受動的、すなわち日本がそのような攻撃を受ける可能性に関しても考慮する必要がある。

渡辺が、単に相手国への攻撃ばかりではなく、自国がそのような攻撃を受ける可能性に関しても重要視していることに注目したい。実際に、のちの米英との戦争では東京大空襲に代表される全国の都市部への空襲によって国力が低下し、敗戦へ向かうことになった。

陸軍は遠い満洲で戦っているのであるから、内地ではたゞ後援さえすれば良かったのであるが、航空機の進歩は世界一周さえ可能ならしめた今日である。普通の戦線を越えて内部にまで威力を及ぼす。そこでこの広漠たる天空を封鎖しない限り、飛行機飛行船の行動は自由である。日露戦争の始め露西亜《ロシア》の軍艦が四隻程浦塩《ウラジオ》に居たが、時々出て来ては我が商船を撃沈したり、函館附近を脅かした。この時の函館市民の恐怖は非常なものであった。またバルチック艦隊の一隻が降参の積もりで、島根県海岸へ着いた時の沿岸住民の驚きも大したものであった。

ところが今後は生やさしいものではなく、鵬翼《ほうよく》を張った幾百の飛行機が日本全土何《いず》れの上空にも急襲して来る事が出来る。しかして爆弾は軍隊と民家の区別なく投下される物騒な訳である。

航空機による攻撃を心配しなくてよかった日露戦争の頃は、戦場は遠い満洲、国内ではこれを後援することを考えるだけでよく、敵国から攻撃される心配はまずなかった。しかし、飛行機による世界一周まで可能になった今（第一次大戦当時）、敵による攻撃は遠い戦場から内地にまで及ぶことになる。そうなると、広大な空をどのようにかして封鎖しない限り、敵の航空機や飛行船（欧州では飛行船による爆撃が行なわれた）の跳梁を許すばかりである。

ここで渡辺は、ロシアの艦隊が日本近海に出没した際の住民の恐慌について触れている。渡辺はその程度でパニック状態になった日本が、実際に航空機による攻撃を受けたらどのような混乱を来すか心配しているが、全く同じ懸念を持った人がいる。

その人物こそ、真珠湾攻撃を指揮した連合艦隊司令長官、山本五十六《やまもといそろく》である。山本も日露戦争に海軍少尉として参戦し、左手の指の一部を欠損している。山本はまた、日本国民がロシアの艦隊に対してパニックを起こしたことを懸念し、まず真珠湾を攻撃することでアメリカの戦意を挫き、早期の戦争終結を狙った。渡辺は、アメリカとの戦争がほとんど意識すらされていない時代に、山本と同じ心配をしていたのだった。

空襲の恐怖

続いて渡辺は、大戦中の具体的な航空機による攻撃の事実を挙げながら、その脅威について論述する。

三、独逸《ドイツ》の空襲には欧洲の列強も無為

有史以来三千年、陸海軍の戦にかけては幾百度の試練を経て百万の大軍、海を蔽《おお》って来る艦隊をも恐れぬ海山千年の欧洲列強も、空襲に対しては全く世間知らずの処女同様で何等《なんら》の経験もなく、これを防ぐべき部隊や施設も無くして、欧洲大戦の幕は切り落されたのであるから、いざ開戦となるや欧洲列強の不安驚愕は想像に余りあったのである。果《はた》せるかな、開戦後「敵の空襲に対し如何《いか》にして祖国を護《まも》るべきか。」と云《い》う問題に就《つい》て各国とも熾《さかん》に研究論議されたが、これと云う妙案も出ず、施設も整わない中に早くも巴里《パリ》は独逸飛行機により、倫敦《ロンドン》はツェッペリン飛行船によって爆弾の洗礼を受け、英、仏軍も亦《また》負けず劣らずライン沿岸の独逸工業地帯に向《むか》って数回の報復的爆撃を行い、その後大戦四年間に於《お》ける急速なる飛行機の発達に伴い、一回一回と巧妙にまた猛烈に空襲を繰返し、軍隊や軍用物件は言うまでもなく、無辜《むこ》の婦人や子供を殺戮《さつりく》し非人道の限りを尽《つく》したのであって、これが為《た》め国内の人心は動揺し、工業能率は低下すると云う様《よう》な訳で、屢々《しばしば》戦争を忌み嫌う世論《よろん》さえ惹き起して戦争の危機を孕《はら》んだのである。

これまでの長い戦争の歴史の中で、欧州は百万の軍隊や海を覆うような大艦隊にも驚かないようになっていたが、空襲に対しては全くの未経験だった。空襲を防ぐための施設や準備もなく戦争に突入していったため、いざ攻撃を受けるとその不安と驚きは想像を絶していた。

開戦後も「空襲からどのように国を護るか」を種々議論したが妙案はなく、パリはドイツの飛行機により、ロンドンもドイツの飛行船ツェッペリンによって爆撃を受けた。英仏軍もドイツのライン川沿いの工業地帯に報復の爆撃を行ない、その後急速な航空機の発達に伴って攻撃も激しくなっていった。ついには軍隊や軍事施設だけでなく、女性や子供までも殺戮するに至った。渡辺はこの無差別爆撃に対して「非人道の限りを尽した」と、かなり批判的な表現をしている。この「非人道の限り」は、のちの第二次大戦でも繰り返されてしまうことになる。

今日《こんにち》となって防空戦史を繙《ひもと》く度毎《たびごと》に、その当時喧々囂々《けんけんごうごう》たる与論《よろん》の攻撃を受け市民怨嗟《えんさ》の声を浴びながら、有史以来全く経験した事のない防空に従事した人々が日夜嘗《な》め尽《つく》した惨憺《さんたん》たる苦心の跡を回想して、転《うた》た［ますます］感慨の涙なきを得ないのである。今大戦の間英仏独の蒙《こうむ》った空襲の回数と其《その》損害を見るに、倫敦《ロンドン》は飛行機によって六十三回、ツェッペリンに依って五十三回の空襲を受け、死者千四百十三名、傷者三千四百八名を出し、その他軍事的に経済的に受けた損害は莫大な数に上っている。巴里《パリ》は飛行機によって三十二回、飛行船によって三回見舞われ、死者二百六十六、傷者六百三を出し、仏国のダンケルクは飛行機によって百七十七回の襲撃を受け、死者八百八十八名、傷者三千四百三十八名を出した。これに対し独逸《ドイツ》ライン地方の都市は六百十六回に亙《わた》って空中襲撃を受けているが、倫敦、ダンケルクに比し巴里空襲が比較的少くて済んだのは、巴里空襲の為《た》めには野戦軍の上空を通過しなければならなかった為めである。英国やダンケルクは直路防備なき北海を越えて飛んだ為め容易に襲撃された訳で、特にダンケルクの如き港湾都市では最も空襲に好都合で守るに困難で

　ある為めその損害も亦《また》多く、一時は住民の大部分が逃げて廃墟の如き観を呈した程である。

　渡辺は、大戦の防空戦史を振り返って、国民から轟々たる非難を浴びながらも必死に過去その例のない防空という作業に従事した人々の努力を思い、深い同情を寄せている。国民にとっては空から落とされる爆弾は恐怖だったろうし、その怨嗟の声が防空関係者に向くのもやむを得ない面もあるだろう。しかし、防空関係者とて経験のないまま実戦に突入しているのであるから、後手に回るのも仕方がないだろう。

　ここから、渡辺は具体的に空襲に関する数字を挙げていく。ロンドンはドイツの航空機によって六十三回、飛行船ツェッペリンによって五十三回の空襲を受け、死者は千四百名を超える。フランスのダンケルク、逆にドイツのライン地方も空襲され、それぞれ大きな損害を受けている。パリは戦場を越えて行かなければならなかったので比較的損害は少ないが、ロンドンやダンケルクは防備などもなく、相当な損害を受けてしまった。

　独逸《ドイツ》の受けた空襲が大きかったのは大戦後半期で、同期には独逸の空中勢力が連合軍のそれに比して著しく劣勢となった為《た》めで、一九一八年に入って独逸の戦勢傾くや一日一回の割で空襲され、ケルン、ヂュセルドルフの如き、ライン沿岸にある軍事工業の要点は一昼夜数回の空襲を受けて非常な損害を蒙《こうむ》り、為めに常勝独逸の国民にも敗戦の予感を抱かしむるに至り、遂《つい》に土《ど》崩《ほう》瓦《が》解《かい》の因となったのである。

　ドイツは、大戦前半はそれほど空襲の被害も受けなかったようだ。しかし、戦勢が傾き始めると一日一回の割合で空襲を受けることになり、ライン川沿いの工業地帯は大きな損害を受け、ドイツ国民の戦意は喪失し、敗北する一因となった。

渡辺がここで述べるドイツに「敗戦の予感を抱かしむる」状況というのは、「二、現代の戦術は敵の内部的崩潰」で述べている、資源小国日本がとるべき戦略の効果と通じるものがある。

すなわち、敵国の国内交通や軍事施設、工場などを破壊し、国民の戦意を阻喪させる戦法だ。ただ、前述のように女性や子供など「無辜の民」に対する無差別な攻撃は、「非人道の限り」という否定的な表現からわかる通り、考えてはいなかったであろう。

「海」という障壁が価値を失う時

日本は海に囲まれた島国である。その海は文物を運ぶ交通路であると同時に、自然の防壁としても機能してきた。だからこそ、海軍が負けない限り、攻められる心配は極めて低かった。しかし、航空機の発達はこの障壁の価値を著しく下げることになる。

四、海洋国たる天恵も次第に其影《その》を没せん

欧洲の列強は大戦間具《つぶさ》に空襲の惨禍を体験し深刻な教訓を得たのであるが、その結果異口同音に「国土防衛は国防上の最大急務なり、将来防空なくして国防無し。」とまで極言すに至ったのであって、欧洲列強が戦後容易に癒《い》えない大戦の創痍《そうい》を後廻しにしてまでも、孜々《しし》として空軍の拡張防空施設の充実に努力しているのを見ても、如何《いか》に痛快に空襲の惨禍に懲《こ》りたかと云《い》う事を察するに難くないのである。

然《しか》らば飛行機が如何《いか》なる進歩をしたかと云うと、周知の如く明治三十六年に米国のライト兄弟が始めて成功したのを尖端として、科学の力は遂に自然を征服したのである。爾來《じらい》僅《わず》かに二十数年を経たに過ぎないのであるが、驚くべきその進歩発達は時速五百五十二粁《キロメートル》に達し、高度に於《お》いて一万二千七百米《メートル》に及んでいる。燃料を補給することなしに飛行を継続し得る時間、即《すなわ》ち航続時間は六十五時間に達し、空中で燃料を補給した場合に於いては四百二十時間に達したレコードもある。また航続距離＝何処《どこ》から何処まで飛べるかと云う事になると八千粁を飛んだ例もあり、大戦前と今日とでは雲泥の差を来たしている。

欧州各国が大戦から得た教訓は大変重要なものだった。戦争の傷が未だ癒えないうちから空軍の拡張や防空設備の増設に邁進しているのを見ても、どれほど航空の重大性を身に染みて理解したかがよくわかる。アメリカのライト兄弟が初飛行を成し遂げてから二十数年しか経ていないのに、科学の力が自然を征服した。時速は五百五十二キロ、高度は一万二千七百メートルに及ぶ。航続距離も八千キロに達するという記録を出しており、大戦前とその後とでは雲泥の差である。

欧州諸国は飛行機の戦争での使用について、戦争をしながら改良していったのだろう。事前準備がなかったから、いわば実験を兼ねた実戦もあったかと思われる。

またその飛行の為《た》めに安全性も航空法の進歩、気象観測の発達とか通信連絡方法の向上とかで増され、特に暴風雨でない限り昼夜晴雨の別を問わず自由に飛行し得るようになり、一方各種装備即《すなわ》ち飛行の為めの諸計器類、自衛の為め或《ある》いは攻撃の為めに飛行機に取附《とりつ》ける火器、機関銃等の進歩発達と相俟《あいま》って、水陸の各種目標に対し驚くべき猛威を発揮するようになった。

されば欧洲大戦当時悪魔の如く恐れられたゴーター機［ドイツ・ゴータ社製の重爆撃機］も現在では価値なく、今日は何《いず》れもゴーター機の二倍半以上の能力を持ち、欧洲では何れの国もその飛行可能の圏内にあるので、ドーバーの海峡もアルプスの険も、飛行機の前には何等《なんら》護国の障壁とならず、また我国の如きも海洋に囲まれた天恵は段々その影を没する事となった。

航空機の進歩は、それに伴う別の技術の進歩ももたらした。航空法や気象観測、通信連絡の方法などで、よほどの暴風でない限り昼夜問わず飛行は自由になったし、飛行用の計器類や銃火器も発達し、陸海の目標に対して猛威を振るうようになった。その結果、連合軍が恐れたドイツ軍のゴータ爆撃機の二倍半以上の航続距離を持つ飛行機を各国が持つようになり、欧州は全てその爆撃範囲内に入り、アルプス山脈やドーバー海峡も障壁としての意味はなくなってしまった。

もちろん、それは我が国も同様である。海に囲まれていたことで得られた安心は、徐々に失われてゆくというのである。

戦争と世論

渡辺は、戦争に世論がかなり関係することも見抜いていたようだ。

五、流石《さすが》の大倫敦《ロンドン》でも人語《じんご》を聴く能《あた》わず

この飛行機の発達進歩が必然的の結果として防空の必要を招来したもので、欧米兵学者間に於《おい》ても「将来の戦争は塹壕《ざんごう》や海上よりも寧《むし》ろ国土の防空戦によってその結末を見ん」と言う観方をする人も段々出て来ている。

ロンドンが独軍の空襲を受けた当時、ロイド・ジョージ氏の組織していた内閣も世論の攻撃を受けて、「政府は無能である。」「国防に無関心である。」と云《い》う様《よう》な譏《そし》りを受け、今まで声高く軍縮を唱えていた人達も所かまわず無遠慮に落ちて来る爆弾の前にはその声を潜めて、何《ど》うかしてその脅威から抜けようと政府に防空を迫ったのであった。当時の倫敦は独空軍来るの警報伝わるや、厳重なる燈火管制は布かれ、人々は地下室に姿を隠し戦々兢々《きょうきょう》として流石の大倫敦に人語聴く能わざるの状況であった。その中を英国空軍は奮戦したが、決死の独逸《ドイツ》軍が監視網を破って突進し来る勢いは凄《すさま》じいもので、或《あ》る時は編隊飛行をもってすら倫敦を襲った。また勇敢なる独逸飛行将校は蜘蛛の巣の如き警戒線を突破して、単機直《ただ》ちに倫敦上空にその胆勇と破壊力を振るった事もあった。その孰《いず》れたるにせよ、英国民が空襲を持て余した事は事実である。

ドイツ軍がロンドンを爆撃すると、政府は相当な批判を浴びたという。その空気は軍縮を唱える人々を黙らせるほどで、イギリス国民がいかに「空襲」という未曽有の恐怖に戦《おのの》いていたのかがよくわかる。ここで渡辺が強調しているのも、空襲という新しい戦争の恐怖に直面したイギリス国民が動揺し、政府を批判するという「世論」の動きだ。政府にとっても未だ経験のない事柄であるから対処するにも限界があるだろうが、国民にとってはいつ自分たちが無差別爆撃に遭うかわからない恐怖が先に立った。

これが為《た》め西部戦線に於《お》いては戦況危急を告げ、一兵たりとも抜く能《あた》わざるが如き状況にあったにも拘《かか》わらず、倫敦《ロンドン》及びその附近の防衛の為めに百数十機の空軍と四百門の高射砲及びその他の防御資料が用意され、五十万の陸兵が空中防衛の為めに備えられるに至ったのである。また空襲が回を重ねる毎《ごと》に、爆弾が炸裂する毎に一方士気も沮喪《そそう》したが、空を守れの声高くなり義勇軍の志願兵は日に増して行ったのである。

斯《か》くの如く独逸《ドイツ》空軍に悩まされた英国民の恐怖は見るも憐れなものであり、その狼狽《ろうばい》も極《きわみ》に達したが、然《しか》らば倫敦附近に落ちた爆弾の総数がどれ位あったかと云《い》う事になると、僅《わず》かに三百噸《トン》足らずの少数に過ぎざるもので、今後の戦争に於いては、斯くの如き三百噸足らずの爆弾は一回の空中襲撃により容易に降下し得る様《よう》な量に過ぎないのである。

これ等《ら》の事を考え来れば、将来戦いに於いて国土防空は絶対に必要なものとなり、軍部の者は勿論《もちろん》国民全体が理解を有《も》つと云う事が最も大切な事である。

国民の空襲への恐怖、そしてそこから来る政府批判のため、イギリス政府は本来ならば一兵も動かしたくはない西部戦線から百数十機に及ぶ航空機や高射砲、防御用の資材などが運び込まれた。しかし、実際にどれほどの爆弾がロンドンに落とされたかというと、大戦全期を通じてわずか三百トンに過ぎない。この程度の量は、将来になれば一回の爆撃で使用されるものとなるだろう。故に、渡辺は軍人だけでなく国民も防空に関する知識を持つことが必要になると述べる。

将来の戦争において、第一次世界大戦をはるかに上回る量の爆弾が落とされるとなれば、多少のことでも動揺してはいられない。また、空襲の実害に比べて過剰な恐怖が煽られた結果、政府や軍部が世論の動向を気にして、理に適わない措置をとってしまうかもしれない。そうなると、戦況に余計な影響を及ぼしてしまう可能性があり、それを懸念している様が伝わってくる。

非人道的な兵器

渡辺はまた、航空機によって投下される爆弾の種類にも言及している。単純に「爆撃」といっても落とされるものは一種類ではなく、様々な用途のものが挙げられる。「七、恐怖すべき毒瓦斯《ガス》の性能」という項目では、焼夷弾や毒ガス弾の恐ろしさを論じる。

焼《しょう》夷《い》弾はその名の示す如く焼夷［焼き払うこと］を目的とするもので、目標にして、可燃物を包容しあるに於《お》いては著しい効果があるもので、各国とも五瓩《キログラム》から二十瓩程度のものを使用している。その内部にはテルミット、マラネルリーム、ソフレント等の薬品が充塡《じゅうてん》され、これが爆発すれば三十平方米《メートル》の総《あら》ゆる物体を焼き尽《つく》し、その効力は百米平方にまで及ぶ。故に我が国の如き木造家屋の多い都市に於いては焼夷弾を見舞われる事すら非常な脅威である。しかしてこの焼夷弾の使用される際は、通常毒瓦斯弾と併用される。即《すなわ》ち先《ま》ず毒瓦斯によって消防力を篩《ふる》い、それから焼夷弾を投下するのが普通の投下方法である。

渡辺の言うように、日本の家屋は木造が圧倒的に多かった。木と紙（襖や障子）でできた家ほど燃えやすいものはないだろう。これだけでも相当な被害が予想されるが、通常は焼夷弾投下の前に毒ガス弾を投下して消防能力を奪うのが戦法だという。

次に毒瓦斯《ガス》弾であるが、これには窒息性のものとか、涙を催すところの催涙性のもの、糜爛《びらん》性のもの、嚔《くしゃみ》の出る性質のもの等種々あって、その種類によっては一時的のものもあるが、永久に効果を及ぼすものもある。今日最も猛烈と称せられているのは、糜爛性のイペリットで、純粋のイペリットを一平方粁《キロメートル》に二噸《トン》使用すれば、完全に人間の機能を止め得るとさえ言われている。最後に細菌弾であるが、これは恐怖すべき各種の病菌を爆弾の中に仕込んだもので、これも毒瓦斯同様人道上許すべからざるものである。然《しか》し必要な場合廃止しない敵国があるとすれば油断のならないもので、斯《か》くの如き毒瓦斯弾とか細菌弾に見舞われた都市が極めて悲惨なる状態を呈することは言を俟《ま》たない。

そこで今敵国が日本に近き点に飛行根拠地を進め、また敵の航空母艦が近海に近附いたと仮定したならば、其中《そのなか》の二三十機をもって容易に我が大都市を爆撃し、一朝にして焦土とする事が出来る。斯様《かよう》に考え来れば、我が国の如き防空施設の薄い国ではあの関東大震災の際の火災と破壊との他に、毒瓦斯弾細菌弾に見舞われて何等《なんら》の手の下し様もなく、遂に全都市廃滅の憂目《うきめ》を見る事は明かであるが、吾々《われわれ》は如何《いか》にしてこの悲惨から免《まぬが》れる事が出来ようか。

渡辺は、ここで具体的に毒ガスの種類に言及しながらその脅威について述べている。しかし、毒ガス弾や細菌弾に対して「人道上許すべからざるもの」として強く批判しながらも、「だから我が国はこれに一切関わるな」という結論には至っていない。

現実問題として「然し必要な場合廃止しない敵国があるとすれば」ということを考える必要がある。いくら我が国が毒ガスや細菌兵器を嫌っても、敵性国家がそうした兵器を開発し、使用する可能性があるとしたら、どうしてもこちらも「非人道的な」兵器について研究せざるを得ない。何の研究もしないならば、我が国は近海に近づいた航空母艦によって、大都市が廃墟にされてしまうだろう、というのである。

そして実際に、毒ガスや細菌兵器よりもさらに強力な破壊力を持つ原爆により、日本は大きな被害を受けることになる。

八、毒瓦斯《ガス》の使用は他の戦闘手段より人道的だ……と嘯《うそぶ》く米国

今日《こんにち》毒瓦斯の使用は国際法で禁止されている。然《しか》るに各国は競ってこれが研究を続けているのである。この毒瓦斯なり細菌弾なりを軍事的に論ずるに先立ち、国際法の立場からも考えねばならない。侵襲者の目的とするところは、要するに急襲的に対手国を覆滅《ふくめつ》せんとするにある。これが為《た》め老若

男女を問わず非戦闘員にまで毒瓦斯を撒布《さんぷ》して、国際連盟で堂々と盟約したところに背《そむ》いて憚《はばか》らぬのであるが、一八九九年の海牙《ハーグ》条約［オランダ・ハーグで締結された陸戦条約］に於《おい》ては、人道問題から して斯《かく》の如き有害なる物質を保有する事も一切禁じてある。又《また》一九二二年の華府《かふ》会議［華府＝アメリカの首都ワシントンにおいて開催された国際軍縮会議］に於ては、五大強国によって右の海牙条約を尊重する事を協定して毒瓦斯使用を禁止したのである。然るに列強の毒瓦斯に対する現況を見ると、会議の主催者たる米国は、［中略］

毒瓦斯の使用は他の戦闘手段よりも遥かに人道的である。何となれば苦痛を与えずして死に至らしめるからである。

と称して居《お》り、且《か》つ経済的であると云《い》うので、大々的に研究に従事している。しかしてこれが為めには瓦斯研究の学校を設け、毎年二百万円乃至《ないし》四百万円の経費がかけられているのである。

条約で禁止されているはずの毒ガスであるが、各国はその研究をやめることはない。軍縮会議を主催した米国自らが、毒ガスは「苦痛を与えずして死に至らしめる」ゆえに「人道的」だと強弁する始末だった。渡辺は、この後イギリスやフランスなどが毒ガス兵器の研究を続けている例を挙げ、次のように結ぶ。

各国とも斯《か》くの如き状況で、条約に禁止されているからとて決して油断はできないのである。

毒ガスは、紛れもなく非人道的兵器だが、しかし現実に威力の高い、また経済的な兵器でもある。それゆえ、各国は条約で禁止されている毒ガスの研究開発をやめようとはしない。となると、「条約に禁止されている」という理由で日本だけがその研究をしないのは、大変な不利を被ることになりかねない。

渡辺にしてみれば、理想的には毒ガスや細菌兵器のような民間人の無差別殺傷を伴う非人道的兵器はないに越したことはないだろう。しかし、現実的に考えて、日本だけがそういった兵器類を放棄しても意味がない、というのである。

防空の具体策

渡辺が特に強調するのは、軍民が一丸となって防空に努めることだった。航空機の発達によって戦線を飛び越えることが可能となり、後方まで戦火が及ぶようになった以上、国民も軍にだけ防空を任せることはできない。

十、国土防空には軍民一致が必要

国土防空は能動的な軍事施設と受動的な非軍事施設とが相俟《あいま》って完全を期さなければ目的を全《まっと》うする事は出来ない。而《しか》して軍事施設と云《い》うものは巨額な経費を喰《く》うものであるから、何《いず》れの都市にもこれを施す訳には行かない。全国の要地の中から更《さら》にその要度に応じて防衛施設を施すのであるから、この点も市民は心しなければならない。

軍事施設の機関としては戦闘飛行隊、即《すなわ》ち防空飛行隊に高射砲隊、高射機関銃隊、阻塞《そさい》［防空］気球隊、防空監視隊、照空隊、防空通信隊等が必要であり、地方施設の機関としては消防隊、燈火管制班、偽装遮蔽班、警備班、救護班、情報班等を必要とする。

確かに、全国にあまねく軍事施設を設置するのは不可能だろう。そこで、攻撃を受けそうな要地を選び、防空施設を選ぶことになる。

その場合、能動的、つまり積極的に敵航空機を撃墜する役目を負うのは、戦闘機隊や高射砲部隊やそれらに情報を伝える軍の通信部隊などになる。一方で、受動的に防空の役目を担うのは、消防隊や灯火管制班、救護班などいわば「攻撃を受けた後」に必要とされるチームとなる。

即《すなわ》ち台北が敵の攻撃目標と仮定するならば、飛行機の速度通信に要する時間、戦闘準備の時間、燈火管制に要する時間等を考慮して、台北の外周数十粁《キロメートル》の地点に防空監視哨を配置し、大体想定する敵は何《ど》の位であって何の方面から空中襲撃をするだろうかと、掩護《えんご》すべき地帯の地形等より考えて敵情を判断し、敵機襲来するや最も敏捷《びんしょう》なる方法で警報を伝える。しかして防空の準備をさせる一方、台北の前方に防空飛行場を置いて、警報があり次第直《ただ》ちに戦闘機を飛躍せしめて、来襲する敵機が要地なり都市なりの上空に於《お》いて爆弾を投下しない以前にこれを攻撃し未然に防ぐ。この戦闘機は他機に比して軽快かつ上昇力に勝れ、偵察機が三千米《メートル》の上空に十六分を要するところを、戦闘機は十一分位で上昇する。故《ゆえ》にこれが防空の主体となって活躍する。

渡辺はここで、自分が当時赴任していた台湾を例にとって防空についての説明を行なっている。敵機が台北を襲撃すると想定して、迎撃する飛行機の通信速度や戦闘準備にかかる時間などを計算し、台北の外周数十キロにわたって監視哨を設置する。敵の数、地形から見た襲撃方向を予想し、いざ来た時には最速の方法で警報を伝えるとしている。

都市では防空準備をする一方、防空飛行場に置いた迎撃戦闘機を発進させ、敵機が爆撃する前にこれを撃墜する。防空の主体となるのはこの戦闘機で、これは台北に限らずどこでも基本は同じだろう。

然《しか》し中に我が防空飛行機の警戒線を突破して都市の上空に現われた場合は、更《さら》に外周及び中部に配置されている高射砲なり高射機関銃によって射撃する。この高射砲隊は飛行機と共に防空の主体をなすもので、射撃によって昼夜を問わず防空戦闘に任じ、敵機を撃墜し或《あるい》は之《これ》を撃退するのである。しかして、これには敵機がその陣地上空有効射程に飛来せねばその効力を現わし得ないと云《い》う短所もあるが、飛行機に比し廉価で耐久力も富み、且《か》つ天候の如何《いかん》に拘《かかわ》らず戦闘し得るが故《ゆえ》に能《よ》く飛行機の短を補う。従って大都市の防空には外側に高射砲の陣地を設け、敵機をして都市の上空に侵入し得ない様《よう》にする。平たく言えば、都市の四囲に弾丸の柵を作り、敵機の侵入を防ぐのである。新式高射砲は高度一万米《メートル》に及び、最も有効な制空高度は六千米で、二千米以上を火制《かせい》し二千米以下の射撃は困難である。故に斯《かか》る低空飛行は阻塞《そさい》気球とか高射機関銃に任せる。この高射機関銃は重要建築物等の直接掩護《えんご》に用いるのが普通で、低空射撃に使われる。

戦闘機によって迎撃しても、中にはそれを掻《か》い潜《くぐ》って侵入してくるものもある。このようにして都市に向かう敵機は都市周辺に設置した高射砲によって迎撃する。渡辺はこれを「弾丸の柵」と表現している。もっと低空から目標に接近するようなものは阻塞気球や高射機関銃をもって迎撃するという。

空襲は前述した如く多く夜間であるから照空隊も必要とする。照空隊の目的は敵機を照射し、高射砲及び防空飛行隊の戦闘に協力する。照空隊は照空燈一基に対し一乃至《ないし》三箇の聴音機を有し、これによって飛行機の位置をその爆音により聴測し、照空燈に射照線を付与するものである。また雲とか霞とかで照空機が効力を失った場合は、この聴音機で飛行している空間の一点を聴測し、所謂《いわゆる》聴測射撃を行うのである。

また都市への侵入を防ぐ為《た》め阻塞《そさい》気球も用いられる。この阻塞気球はその綱索《こうさく》［ケーブル］に敵機を衝突墜落させるのが主目的で、恰《あたか》もカスミ網の如きものである。大戦当時独逸《ドイツ》が使用した際、高度も三千米《メートル》位であったが、現今でも風速十二米以下では四千五百米まで達し、将来一万米以上にも昇り得る様《よう》にもなれば、夜間の防空はこれに信頼されるであろう。また大戦当時伊太利《イタリア》は名刹《めいさつ》をこれによって防護した。

故に防空監視哨から敵機飛来の報伝わるや、サイレン等で警報を発し、戦闘準備をなすと共に燈火の管制を行い、軍事施設は右の如く活動するのである。

空襲は夜間に多く行なわれることから、渡辺は夜間防空に必要な措置を具体的に列挙する。上空を照らす照空隊による敵機の照射、阻塞気球の機能、燈火管制のシステムなど、その論述は具体的で、阻塞気球など現在どれぐらいの環境でどれぐらい飛ばせるか、きちんと数字をあげて説明している。大所高所からの戦略論のみならず、具体的に現場でどのように行動することが必要が、また技術がどの程度進歩しているか、かなり詳しく知識を得ているのがよくわかる。

軍の大将、中将クラスともなれば、中央にあっては参謀総長や陸軍大臣、時には総理大臣として巨視的な判断を迫られることが多い。戦場にあっても数万数十万の軍隊を動かす関係上、なかなか個別的な戦術や技術の知識まで知っておくことは難しいのではないだろうか。

もちろん、立場上あまり細部にこだわり過ぎても大局的な判断ができなくなるし、また現場に干渉しすぎてもかえって邪魔をすることになりかねない。しかし、ともすれば「大局的」が「抽象的」になってはっきりとした指針が示せなくなったり、最新の戦術や技術を知らないばかりに部下の意見に押し切られてしまうようなことにもなってしまうかもしれない。

しかし渡辺は、洋書も原文で読めるから海外の最新知識も吸収できるし、大局に立った戦略も論じるだけの学殖があった。

軍民一致の防空

そして渡辺は、結論として軍民（官民）が一致しての防空を再度強調する。

十二、防空には国民の理解と和衷《わちゅう》協調の訓練が必要

通信施設も燈火管制と共に重要なる非軍事的施設である。また敵機によって爆弾が投ぜられた場合、防毒勤務とその施設、消防勤務とその編成、避難救護、治療、衛生の勤務とその施設、治安警備勤務とその施設、物資の配給統制勤務とその設備等の諸勤務諸施設が完全でなければならない。此等《これら》は実に至難《しなん》の業《わざ》であって、官民一致の理解と和衷協調せる訓練の力に俟《ま》たねばならない重大問題である。

以上述べた如く都市防空には軍事的並《ならび》に非軍事的の各種の施設防衛の方法があるが、無限に拡大している所の大空軍からあらゆる機会を捉えて、敵は空襲して来るのであるから損害絶無なる絶対的防御は到底望めない。故《ゆえ》に施設するに当っては、受ける危害を最小限度に止める方策を講じなければならない。即《すなわ》ち建築物を耐震耐火的にするとか、爆弾に対して安全なる地下室を設けるとか、また地下室をして毒瓦斯《ガス》に対し防御し得るような構造にするとか、または火災や爆弾の効力を局限すべく防火地帯を設けるとか、道路を成るべく広くする。しかしてその建築物の崩潰《ほうかい》した場合に交通を遮断することのないように仕向ける。また環状の放射道を作る。水道電力線を地下に埋設する。発電所、水源地を隠匿すると云《い》う事等も著意《ちゃくい》しなければならない

渡辺は敵機の襲来を受けた場合の防毒、消防、避難、治療などは完全でなければならないとし、そのためにも軍民（官民）が一致しての訓練が非常に重要であると述べる。

しかし、どのような準備をしても、大挙して襲い来る敵機からの損害を絶無にすることはできない。だからこそ被害を最小限にするための防御策を検討すべきだとして、いくつか列挙している。建造物の耐火耐震や地下室・防火地帯の設置、道路の拡幅、インフラ網の地下埋設など、渡辺の提唱する防空施設は軍事を離れ、都市計画の範囲にまで及ぶ。

この「都市計画と防空」について、別な角度から言及した人がいる。だいぶ後年、昭和五十年代のことになるが、昭和天皇が関東大震災後の都市計画についてインタビューに答えて次のようなことを述べている。


この復興に当たって後藤新平《ごとうしんぺい》が非常に膨大な復興計画をたてたが、いろいろの事情でそれが実行されなかったことは非常に残念に思っています。もし、それが実行されていたならば、おそらくこの戦災がもう少し軽く、東京あたりは戦災は非常に軽かったんじゃないかと思って、今さら後藤新平のあの時の計画が実行されないことを非常に残念に思っています。（高橋紘『陛下、お尋ね申し上げます』）

後藤新平は、関東大震災当時山本権兵衛《ごんのひょうえ》内閣の内務大臣を務めており、関東大震災の復興計画の担当でもあった。後藤は、大胆な構想に基づいて道路の大幅拡張や防災地としても役立つ公園や広場の新設などを提案し、帝都復興計画を立てたものの、あまりに予算が膨大だったため、かなり縮小された復興になってしまった。それでも現在残る公園や鉄筋造りの建造物など、復興計画の遺産は少なくない。

昭和天皇は関東大震災当時（大正十二年九月）皇太子だったが、病弱な大正天皇の代わりに摂政（天皇の代理）を務めていたので、よく知っていたのかもしれない。後藤の防災を考慮した帝都復興計画は、のちの戦災対策としても役立ったのではないかと思うと、この時の計画縮小が悔やまれる。渡辺の論考に戻る。

要するに防空の方法手段と云《い》うものは、軍部の防空計画と共に各都市の根本的施設経営、ならびに国民一致の訓練を完成する事によってその目的を達し得るものと謂《い》うべきである。また統制ある敏活な消防隊の活動や毒瓦斯《ガス》に対する防毒隊の統制ある敏活な活動も、危害を少くする為《た》めには必要な事であり、都市の偽装遮蔽も必要である。

最後に、この都市の施設の中で吾々《われわれ》が最も注意しなければならない事は、防空と云う事は前述した如く国民全体がこれに参与するのであるから市民全般が防空の要領を理解して、警報があった場合の処置、燈火管制の要領であるとか、避難する場所であるとか、攻撃を受けた際の処置とかと云う事をよく手筈《てはず》を定めて置いて、凡《すべ》ての市民が沈著《ちんちゃく》冷静に自己の周囲に展開せらるる悲惨の光景に直面して眩惑《げんわく》せらるる事なしに、危険に際してよく毅然としてよくこれに耐ゆる訓練が極めて必要であると云うことを申し上げたい。

渡辺の主張は、「軍民（官民）一致の防空」ということに尽きる。それはまさしく第一次世界大戦で登場した新しい戦争の形、すなわち「総力戦」の象徴にほかならない。内地から遠く離れた戦場で軍隊同士が雌雄を決するのではなく、内地もまた全力を投じて戦争を遂行する。従来とは比べ物にならない物資を生産・供給するには国民が一丸となって戦争に協力しなければならない。

しかし、そうなると前線同様、内地も被害を被ることを覚悟しなければならない。本来ならば非戦闘員を無差別に殺傷するのはいくら戦争とはいえ、許されない行為である。しかし、戦争中にそうした常識は無視されがちであり、実際我が国も先の大戦で大きな被害を被らざるを得なかった。戦争中に民間人殺害を「非人道的だ」と批判するのも必要だが、実際問題として少しでも被害を小さくしなければならない。だからこそ、軍（官）と国民が一致して日頃から防空訓練に励み、いざという時の知識を備えておく必要がある。

しかし、渡辺は「軍が国民を指導する」というような言い方はあまりしていない。もちろん、軍官が国民を指導する必要はあるのだろうが、国民の方が単に「やらされている」という感覚では本当の防空は不可能だということではないか。国民自らが主体的に防空訓練に参加し、知識を持たないと、そもそも総力戦を戦い抜くことはできないと考えたのだろう。

以上、見てきたように、渡辺の防空思想は多岐にわたって徹底している。それは同時に、将来の戦争である総力戦の一環として防空を捉えたものでもあり、単に航空機に関する知識だけでなく、戦争全体を広く考察して得た結論だと言えよう。

そして航空本部長に就任してから一年三か月後の昭和五（一九三〇）年六月、今度は当時日本統治下にあった台湾へ赴任することになった。台湾軍司令官への栄転だった。渡辺は、妻子を伴って故郷の小牧や岩倉に立ち寄った後、多くの人々に見送られて、南方へと赴いた（岩村『渡邉錠太郎』）。

反乱

台湾はかつて清国の領土だったが、日清戦争の結果、日本に割譲された。日本政府は台湾統治のために総督府を置き、当初は陸海軍の大・中将が総督として統治にあたっていた。日露戦争で満洲軍総参謀長を務めた児玉源太郎《こだまげんたろう》も総督だった時期（明治三十一―三十九年）があり、彼の下で民政長官として辣腕を振るったのが、のちに内務大臣などを務めた前述の後藤新平だった。

総督は当初、軍事力行使を含めた台湾の全権を握っていたが、大正八年に軍権は切り離され、武官に限られていた総督の地位に文官も就けるようになった。当時の台湾総督は石塚英蔵《いしづかえいぞう》という人物で、貴族院議員であった。渡辺は、司令官として昭和六（一九三一）年の七月までこの地で勤務することになる。

しかし、この一年二か月という在任期間は、歴代の台湾軍司令官の中でも短いものだ。そうした短期間となった原因の一つと見られるのが、赴任の半年後に起こった「霧社《むしゃ》事件」である。

渡辺は、台湾軍司令官として赴任する前に、家族とともに故郷に立ち寄った。小牧中学校の玄関にて（渡辺家蔵）

台湾にはもともと様々な原住民がおり、日本統治時代には総督府の支配に服さないものも少なくなかった。彼らは戦うことを忌避せず、日本人を襲撃することもしばしばだった。そんな反日暴動の中でも特に大きな被害を生んだ事件が、渡辺の司令官時代に起こってしまったのである。

事件が起きたのは昭和五年十月二十七日、台湾中部の山村・霧社。公学校の運動会が開かれて多くの日本人が集まっているところを原住民のタイヤル族によって襲撃され、警官を含めた日本人百三十四人が殺害された。事件発生当時、渡辺はたまたま司令部におらず、事件の第一報は、総督府の役人によって知らされた。さらに不運なことに、すぐに対応を協議すべき石塚総督は内地（日本本土）に戻っていて留守だった（翌日帰着）。

渡辺は総督府の役人を説得し、討伐を決行。鎮圧の主力となったのは総督府の警察隊など二千七百名で、台湾軍からも千名が投入された。しかし、彼ら原住民は山中を逃げ回って討伐が難しく、かなりの時間を要した。結局、飛行機を繰り出して爆撃まで行ない、十一月末にようやく鎮圧するを得た。

襲撃の原因は日本の統治に対する不満だった。現在でも李登輝元総統など、統治時代経験者で親日的な台湾人がいることからわかるように、日本の施策は台湾近代化に少なくない功績をあげ、先の大戦にも多くの台湾人が積極的に参加し、戦死した。しかし、そこはやはり時代的な背景や多少の差別感情もあり、現地の人々に対する過酷な接し方が皆無とは言えなかったのである。

霧社事件は日本と台湾にとって悲劇的な事件だったが、渡辺個人としても不運な出来事だった。総督府および台湾軍の対応の不手際が暴動拡大の原因ではないかとの批判を受けたのである。その一つが、前任の台湾軍司令官だった菱刈隆《ひしかりたかし》陸軍大将（当時、関東軍司令官）が渡辺指揮下の台湾軍の行動を揶揄したというものだった。

これに対して、渡辺は即座に反論する。この時発表した声明が、東京朝日新聞の昭和五年十一月十日付朝刊に掲載されている（声明書が書かれたのは九日）。

　今朝の台湾の新聞に、前軍司令官菱刈大将の霧社事件に関する談話の掲載せられしを見たるが、大将は余《よ》のもっとも尊敬せる先輩の一人にして常にその言行に私淑《ししゅく》し居《お》るものなるも、右談話は台湾軍の名誉に関し、かつ台湾における実況を知らざるものに誤解を生ぜしめる恐《おそれ》あるをもって黙過するを得ず、いささかこれが弁解を試みんとす。

まずは先輩たる菱刈に対する礼儀を守り、「台湾軍の名誉」と「誤解を生ぜしめる」恐れを払拭するために弁明する、としてこの声明は始まる。以下、かなり詳細な説明により菱刈への反駁《はんばく》を行なったのち、次のように締めくくっている。

若《も》しそれ現在の密林中に逃避せる凶蛮〔蜂起した原住民〕を最後の一人まで掃蕩《そうとう》するが如きは、我《わが》台湾軍の全力を以《もつ》てするも到底短少時日間のよくすべきところにあらず。〔記事の〕前段〔二つの山に派遣していた〕分遣隊の撤退を過失なりとせらるる議論は、あるいは見解の相違ありといえばそれまでなるも、凶蛮討伐の遅滞を非難せらるる件は、我が台湾軍出動部隊の名誉に関する重大事項なり。余《よ》は、この事が真にもし〔菱刈〕大将の信ぜらるる言なりとせば、速《すみやか》にこれが取消を要求する考《かんがえ》なり。

霧社事件で蜂起した原住民に対する取り調べの様子。山中に出没するゲリラの討伐は困難を極めた（毎日新聞社）

もし密林中に隠れた敵を最後の一人まで討伐しなければならないとすれば、台湾軍の全力をあげても短期間には難しい。分遣隊を撤退させた件については議論や見解の相違ということもあるだろうが、敵の討伐が遅れているという非難であれば、我が台湾軍の名誉に関わることであるから、もし菱刈大将がそういったことを信じておられるというのであれば、速やかに取り消していただきたい——。

渡辺にとっては、多くの犠牲者も出ている以上、単に個人的な名誉の問題では済まなかったのだろう。言葉はあくまで丁寧だが、菱刈の指摘について具体的に批判し、意見の撤回を求めている。実は同じ紙面に、当の菱刈大将の談話も掲載されており、自身が批判したとの報道を否定している。

「そんな事［自身が台湾軍を批判したとする記事］は今始めて聞くが、一体何時《いつ》何新聞に出ているのだろう。わしは全然見た事がない。［中略］寧《むし》ろわしは霧社付近の地理は再三実地を見てよく知っているから、あのけわしい地形では討伐も非常に困難で相当の時日を要すると思っている。［中略］兎《と》も角《かく》、わしが台湾軍の名誉に関する様《よう》な事をいったと伝えるのは何かの誤報だろうよ……」

この菱刈談話についての真相は不明だが、渡辺が教育総監になってから雑誌『国際評論』に評論家の三鷹三郎《みたかさぶろう》が寄せた記事には、渡辺の人となりについて次のような評言がある。

温厚の君子人だが、それでも怒る時は怒る。その適例は蕃社［霧社］事件の際、時の関東軍司令官菱刈大将が同事件に対する台湾軍の行動を揶揄《やゆ》したというので憤慨し、台湾軍司令官の名で声明書を出したことがあった。そういうこく者［一刻者・頑固者］の半面には、この声明書を出すについても先輩に対する礼を失することがあってはならぬというので、或《あ》る学者を呼んで文章措辞《そじ》を慎重推敲《すいこう》の上発表したというが、仁義は心得ても言わねばならぬことだけは言うという、いわば一分の隙もない人物だ。（三鷹三郎「渡邊大将と松岡洋右」）

鎮圧後の十二月十日、渡辺は状況報告のために上京、参内して天皇に奏上した。その帰りには、宇垣一《うがきかず》成《しげ》陸相に招かれて陸相官邸へも挨拶に赴き、さらに長女・政子の嫁ぎ先（久保家）にも立ち寄ったという。岩村『渡邉錠太郎』には、その際の様子が次のように描かれている。

陸相官邸を辞去したあとは、娘の嫁ぎ先、久保盛徳氏宅へ。錠太郎はその日の出来事を娘夫婦に語った。

「陛下から『ご苦労であった』とのお言葉を賜《たまわ》った。これで今までの苦労が全部報われた」と感激して涙を流した。これで犠牲となった将兵も浮かばれる、そんな思いであった。

台湾に戻ってしばらくすると、今回の事件の功に対し、錠太郎に賞金が与えられた。錠太郎はそれを受け取ると福島副官に、

「何卒《なにとぞ》、これを今回の事件に際して、軍司令部で働いている者で与《あず》からなかった小使、給仕、その他の人々に適当に配布してやってくれ給え」

と開封もせずに手渡した。その金額は四〇〇〇円であった。

また、犠牲者の遺族に対して碑文を書き送ったり、訪ねて行って慰めたりした。

天皇にかけられた言葉で涙を流し、賞金を封も開けずに手渡したというのは、心中の苦労を思わせる。菱刈は否定したが、当時の渡辺に対しては「所詮、学者軍人である」との批判もあったとされる。現代でも霧社事件での渡辺の指揮ぶりを指して〈第一線の指揮官としては、適役ではなかったようですね〉と、「現場指揮官」としての渡辺に低い評価を下す見方もある（『歴代陸軍大将全覧』での原剛の発言）が、険しい密林に潜む原住民ゲリラとの戦闘は困難を極めたのも事実だろう。

「人格の人」

軍司令官時代に霧社事件という日本の台湾統治史上最大の反乱に遭ってしまった渡辺だが、一人の知己も得ることになった。彼の名は田澤震五《たざわしんご》といい、田澤化学工業研究所を主宰する実業家だった。と同時に、読書と文筆の趣味を持ち、雑誌などに寄稿するほか、自費出版で本も出していた。

田澤は昭和五（一九三〇）年七月のある日、台湾日々新報という現地の新聞の「クチナシ」という欄に軍司令官の渡辺が大の読書好きであると書かれているのを目にする。そこで田澤は、手紙と共に自著『南国見たまゝの記』を送ったのである。

実は田澤は歴代何人かの台湾総督や顕官に著書を送っていたが、「其《そ》れ等《ら》の豪《えら》い人々は余り読んではくれなかった模様」だった。ごく一部の例外を除き、御礼の葉書すらもなかったという。

以上云《い》ったように書籍特に予《よ》の如き自費出版者に対して理解と同情を有する人は世間極めて少ないので此《こ》の事に関して予は常に遺憾に思っているのである。（田澤震五『人格の人　渡邊大将』、以下、台湾軍司令官時代については同書より）

こういう時に渡辺の読書好きについて知ったので、「読書好きのこの将軍ならば」と思い、田澤は自著を送ったのであった。田澤は読後感想でももらえれば、と思っていたのだが、翌日さっそく渡辺から返信が届いた。

御懇書《ごこんしょ》並びに貴著御恵贈を　辱《かたじけの》うし御芳志難有《ありがたく》厚く御礼申上《もうしあげ》候《そうろう》。貴著は執務上にも非常に有益なる参考となし精読の上更《さら》に御高教を仰《あお》ぎ度《た》し。不取敢《とりあえず》右御礼迄《まで》如此《かくのごとく》に御座《ござ》候。敬具。

田澤の喜びは大変なものだった。台湾で最高の位の一人である軍司令官からさっそくこのような手紙が来るとは思っていなかった。「何《ど》んなに喜んだか此《こ》の心持は他人にはわかるまい」とまで述べている。

しかし、肝心の読後の感想がなかなかやって来ず、田澤はだんだんと心配になってきた。そしてついにある日意を決し、渡辺のもとへ自ら赴き、面会を申し込んだのである。

応接間に通された田澤は、今まで高官に面会した時の経験から、しばらく待たされるものと思い、袂からタバコを取り出して燻らせ始める。しかし、田澤の予想は見事に外れた。

然《しか》るに意外にも一分間もかゝらぬうちに、奥の方から袴《はかま》を穿《は》いた人が三間も先から莞爾《かんじ》々々して少し小腰をかゞめながら、

『やァこれはこれはよくこそお出で下さいました。』

『さァさァ』

と言いながら卓子《テーブル》に近寄って、

『先日は又《また》結構な御著書を頂戴しまして誠に有難うございました。』

と丁寧に頭を下げられたのである。此《こ》の時予《よ》は実際に面喰《めんくら》ったのである。如此《このごと》き高位高官の人から如此丁寧な挨拶を受けたのは実際生れて始めての事であった。

田澤は渡辺が次の予定が入っている時間まで一時間ほど話し込み、渡辺の態度に〈引き入れられるような温味〉を感じて辞去した。

さらにその一週間後にも渡辺を訪ね、丁寧な送迎を受けている。田澤の「渡辺通い」は渡辺が台湾を去

るまで一週間から十日に一度の割合で数十度に及んだが、渡辺はついに一度も不快な色を見せず、一分間と待たされることもなかった。

予《よ》の生涯に於《おい》て此様《このよう》な人は決してない。予は実際此の一事を以《も》ってしても世人は渡辺大将の全人格を知る事が出来るであろうと思うのである。

田澤は自分の事業関係で渡辺の仲介によって人に紹介されるなど、小さくない世話にもなっていた。そんな中で、かつての渡辺の部下から聞いた興味深い逸話を書き残している。

「渡辺閣下は自分がお読みになって有益なりと御認めになった書籍があると、部下の将校に、君此《こ》の本は非常に有益の本だから読み給《たま》えと言って遣《や》られる、而《しか》して其《そ》の後一定の時日が経《へ》ると其の将校に向って、君先日の本は読んだかえと尋ねられる、其の時若《も》し其の将校が其《それ》を読みもしないで、はい読みました等と浮《うっ》かりした答をするとさァ事である、あの何頁《ページ》に斯《か》く斯くの事が書いてあったが、其れに就《つ》いて君の意見は何《ど》うかと質問せらるゝので、少壮士官連は実際冷汗をかゝされましたよ。」

この話は、まさしくかつて渡辺が山県有朋《やまがたありとも》の副官として経験したこととそっくり同じだ。山県によって鍛えられた渡辺は、この大変な経験が自分のためになったと真に理解し、部下にも同じことをしていたのかも知れない。

渡辺は自身を律することについても非常に厳しく、内地より暑い台湾に来ても上着のボタンを外すことはなかったという。それればかりか、家庭ですら暑いからといって服を脱ぐことはなかったという。

また、苦学して立身出世した渡辺が、出世について語った言葉も残されている。

「私も少将になる迄《まで》は少しは出世をし度《た》いと心掛けていたが、僕のような人間が此所《ここ》迄なれば最《も》う沢山である。是《こ》れ以上に出世をしようとは思わぬ。是れが最後の御奉公と考えているから世人の毀誉褒貶《きよほうへん》などは少しも顧慮する事がない。何事でも考えついた事は熟慮に熟慮を重ねた上好《よ》しと思った事は断行する決心である。」

渡辺は今の地位で十分と考え、もう出世欲もなく、世間の毀誉褒貶も気にするところではなかったという。この思いは、やがて教育総監として粛軍に乗り出す際の心境に通じるものがある。

田澤はまた、霧社事件に関する渡辺の姿も書き残している。事件勃発当時、ちょうど花蓮港《かれんこう》部隊が演習に向けて汽船に乗って出発するところだった。しかし襲撃事件を知った渡辺はこれを見合わせ、台湾軍参謀長を総督府に派遣して意向を問い合わせたものの、「もう少し待ってくれ」と言うのみであった。

そこで、渡辺自ら石塚総督を訪ね（台湾軍参謀部の「霧社事件陣中日誌」によれば十月三十日午後八時半）、早急な対応を求めている。

「唯《ただ》待って呉《く》れでは困る、事は十分十五分の急を要する問題である。其《そ》れは今花蓮港部隊が既に機動演習の為《た》め正に上船高雄《たかお》に向って出発せんとしていたのを電報で待たせてあるのである。総督閣下に於《おい》て軍部の出動其の要なしとの御意志ならば、軍は直《ただ》ちに演習に向って出発せしめなければならないし、若《も》し然《しか》らざれば其れを取り止めて直ちに能高越《のうたかごえ》を通じて一路霧社に向わしめんと準備は既になっているのでありますが、総督府側の御意向如何《いかん》可否を直ちに決して貰《もら》い度《た》い」

ここまで詰め寄ってようやく総督府側が「何卒《なにとぞ》御願い致します」となり、渡辺は待機中の花蓮港部隊を討伐に向かわせることができた。

それでも討伐隊に犠牲者が出たことは渡辺にとって痛恨事に違いなかった。事件がどうにか鎮定できた後、部下のために行なわれた慰霊祭では、弔辞を読みながら「大粒の涙がぼろぼろと」こぼれ落ちたという。ほかにも、田澤が記す渡辺に関する話は数多い。

この『人格の人　渡邊大将』は、渡辺本人に了承を得ずに発行されたという。田澤自身、渡辺にそんなことを話せば反対されるに決まっているとわかっており、あくまで一人の民間人が接した渡辺錠太郎という人間への敬意で書かれたと言っていいだろう。

満蒙について

台湾から帰国した渡辺は、昭和六（一九三一）年八月、再び航空本部長となり、軍事参議官を兼職することになった。これと同時に、ついに大将に昇進する。小学校もろくに通えなかった貧農の息子が、とうとう陸軍の最高位を極めたのである。この時、渡辺錠太郎五十八歳。

渡辺が大将になった後の昭和六年九月に日本青年館で行なった講演に、「現今の情勢に処する吾人の覚悟と準備」と題するものがある。これはのちに麻布連隊区将校団がまとめているが、渡辺は、ここで珍しく「満蒙」（満洲、モンゴル）のことを話題に挙げている。実は、渡辺の軍歴の中で満洲を含めた中国大陸との縁はさほど深くない。これまで引用した本人の論考でも、中国に触れたものは見当たらなかった。

しかし、近代日本の中で中国の存在は非常に大きな比重を占めている。日清戦争から始まり、日露戦争の戦場も満洲であったし、中国大陸での権益がしばしば歴史を動かした。そのため、軍、特に陸軍には中国関係に強い「支那通」と呼ばれる軍人が多く出ている。無論、全ての軍人がそういう立場にいるわけではなく、渡辺も従来中国との縁は極めて薄かった。だが、やはり日本の国益に直結する満蒙の動向については、無関心ではいられなかったのだろう。その意味で、この講演での言及は貴重である。

私は渡辺で御座《ござ》います。今夕斯《か》く迄《まで》多数御集《おあつま》りになりました皆様の前で、一場の講演を為《な》し得まするのは頗《すこぶ》る欣快《きんかい》とする所で御座います。私は昨年の六月以来最近迄台湾に勤務して居《お》りました為《た》め、実は近来に於《お》ける御当地附近の情況は余り知らないので御座いますが、唯《ただ》近来自分の感じました所に就《つい》て卒直な意見を申《もう》し述べて、皆様の御批判を仰ぎたいと思うので御座います。

我帝国の近時に於ける対外問題で最も盛んに論議せられまするのは満蒙問題で御座います。是に付きましては、新聞、雑誌其他《そのた》の出版物若《も》しくは講演等で、此《こ》の満蒙に関する帝国の地位歴史、満蒙に有する帝国の権益並《ならび》に其権益が現在如何《いか》なる情況にあるか、又《また》満蒙が我国の国防上、経済上如何に重要性を有《も》って居るかと云《い》うことは、既に皆様が御承知のことと思いまして茲《ここ》には省略致したいと存じまする。そうして現在支《シ》那《ナ》が歴史を無視し条約を蹂躙《じゅうりん》して、我国の満蒙に有する所の権益を我国の手から奪おうとして居るのに対しまして、外務当局は非常な御努力で御骨折《おほねおり》になって居りまするが、今や殆《ほとん》ど行詰《いきづま》りの形となり、結局国力の発動、

台湾から本土へ帰る船上で撮影された肖像写真。航空本部長兼軍事参議官となった（渡辺家蔵）

若くは力に依る外《はか》解決の途《みち》はないと云う様《よう》な議論が段々現われて参って居ります。そうして斯の如き議論に対して、我国民の大部若くは一部はどんな感想を持って居るか、窃《ひそか》に私は此のことを考えまして、先月の初め台湾を発《た》ちまする時機に、台湾に於ける有力な新聞記者に満蒙問題に付て余り台湾の新聞に書かないじゃないか、是《これ》だけ重要な問題に付てはもう少し書いたらどうかと云う話を致しました所が、その記者は、満蒙と台湾とは余り縁がない、従って今日迄余り書かなかった。斯《こ》う云う返答で御座いました。又私は最近に三重県、岐阜県、千葉県に出張を致しまして、それらの出張先で知人の訪問を受けた時分に、是等の問題に付て皆がどう考えて居るだろうかを訊ねて見ました所が、或《ある》者《もの》は今日斯の不景気の時に万一戦争でも起ったらば尚《なお》一層不景気になるだろう、それは困る。或る人は今の世の中に戦争などをやられては堪ったものじゃない、戦争はどんなことがあってもやって貰《もら》っては困る。又或る一部の人は、殊《こと》に若い学生などの中には、殆ど満蒙と云う問題は意に介して居らぬと云う様な人にも出遇ったので御座います。言換えますれば、今日の時局に於て万一帝国が力を以《も》って此の満蒙問題の解決を図ると云うことになりますれば、或は戦争にならんで済むかも知れませぬが、都合に依ると戦争になるかも知れない。戦争になっては困る。即ち戦争を恐れる人、斯の如く重大な問題に就ても殆ど意に介しない人に、私は狭い範囲で御座いますが、出遇ったので御座います。

渡辺曰《いわ》く、満蒙の問題については自分の周囲は関心が薄く、また言及があっても「不況なので戦争になるのは困る」という意見だったという。要するに、あまり真剣に取り上げられていない、ということだろう。

悲惨な戦争

ここから、「非戦論」が展開される。渡辺は続ける。

如何《いか》にも戦争は妄《みだ》りに起すべきものではない、昔の戦争のことを「死生の地　存亡の途《みち》」と申して居《お》ります。個人では死生の岐《わか》るる所、国家としては存亡の岐るる所である。戦争は妄りに起してはならぬ。殊《こと》に近代の戦争なるものは其《そ》の戦場の拡大したこと、所謂《いわゆる》国民戦争の性質を帯びまして、決して陸海軍の軍人が戦場で戦《いく》さをして居るだけでは済まない。尚《なお》近頃航空機が発達しました結果、戦争は国内深く著《いちじる》しく其の影響を受けるので御座《ござ》います。又《また》兵器が頗《すこぶ》る精鋭になりました為《ため》に其の損害の大なること、費用の多額を要すること、万々一《まんまんがいち》戦さに負けましたならば、其の悲惨な状態は到底経験をしない者が想像も及ばないものが御座います。

この部分は、やはり渡辺にとって第一次世界大戦後の欧州の悲惨な状況を視察した経験が終生変わらない信念だったことを表わしている。渡辺の思想の全ての出発点は、この時の視察だったのだろう。

私は大正六年に日本を出発致しまして、ロシヤ、瑞典《スウェーデン》、諾威《ノルウェー》、からイギリスを通ってフランス、白耳義《ベルギー》の戦《いく》さをやって居る戦場を一部分見物しまして、再びイギリスに帰り次に和蘭《オランダ》に渡って、和蘭の公使館附勤務として、戦争が済む迄居《までお》りまして、戦争が終わった後に日本人として第一番にドイツに入りまして、ドイツに約一ヶ年止まって、大正九年の夏内地に帰りましたので御座《ござ》います。其《そ》の戦争後に於《お》けるドイツの悲惨な状態に就《つい》ては、其の当時御当地でも諸方で御話を致しましたから、皆様の中には御聴き下さった方もあろうと思いまするが、実に能《よ》く筆舌の尽くす所ではないので御座います。例えば此《こ》の戦争の為《ため》にドイツは働き盛りの男が、戦死又《また》は行衛《ゆくえ》不明の為に二百余万人亡くなって居ります。其他此《そのた》の戦の為に不具廃疾《ふぐはいしつ》になった者が数十万を算《さん》して居ります。斯《かく》の如く壮年の男子が亡くなったと云《い》うことは、社会に於ける男女の数に非常な不平均を生じ、又廃兵の沢山の者が出来たので御座いますけれども、恩給も扶助料も何も無いので御座います。それで日常の生活にも困りまして、戦さの為に手や脚を無くした者が街の角に立って乞食をして居る、或《あるい》は目を無くした者は犬を前に歩かし、犬の手引きに依ってとぼとぼと道を歩いて居ります。洵《まこと》に祖国の為に身命を抛《なげう》って勇戦奮闘した勇士が斯の如き目に遇って居るのを直接見まして、実に今日尚《なお》共に当時を考えますると、目頭が熱くなるので御座います。或る地方では遂に強制結婚と云うこと迄行われました。即ち数に於て余って居る女を此の廃兵に強制的に結婚をさせて、此の世話をさせると云うことが実際に行われたので御座います。

渡辺が語る敗戦国の実情はそれが実際に見た光景であるだけに、具体的で実感がこもっている。祖国のために命をかけて戦った軍人が戦後みじめな境遇に置かれていた状況など、渡辺も同じく軍職にある身としては相当なショックだっただろう。この後、渡辺はドイツでは配給も不足している様を具体的な数字で示し、さらに部屋が余っている家に政府が強制的に家のない者を住まわせるなどの措置をとっていることを紹介した上で、「しかし」と続ける。

戦争の犠牲の如何《いか》に悲惨なものであるかと云《い》うことは今申したことで大体判断がつくことと思いまするが、然《しか》らば負けたものだけが斯《かく》の如く悲惨な状態にあるのかと云いますと、戦争に勝ったものも頗《すこぶ》る難儀な状態にあって、それが結局唯《ただ》今の世界不景気の原因になったとも云われて居《お》ります。或《あるい》は敗戦の結果独逸《ドイツ》、墺太利《オーストリア》、土耳古《トルコ》の如きは革命が起《おこ》り、社会の秩序は紊《みだ》れ、道徳は地に委《い》する。実に有形無形の損害は口でも筆でも是《これ》を現わすことが出来ない程度になって居ったので御座《ござ》います。此《こ》の悲惨な状態を見て一時に戦争の忌《い》むべきもの、戦争は悪いものと云う観念が高まりまして、此の結果が或は国際連盟となり或は不戦条約となり、或は軍縮会議となって、世界各国の為政者並《ならび》に学者等が戦争の絶滅若《もし》くは制限と云うことに非常に骨を折られ、又《また》現在も骨を折りつつあるので御座います。併《しか》しながら是等《これら》の色々の連盟や条約やら戦争を或程度迄《まで》制限することは出来まするが、絶対に絶滅することは不可能だと云われて居り、又不可能であるので御座います。即ち戦争が善いか悪いかと云うことは議論で御座りまするが、戦争が実際に有ると云うことは事実で御座ります。

渡辺は、戦争の悲惨さについては十分に理解しており、それが敗戦国のみならず、戦勝国にまで後遺症を与えるということもきちんと書いている。悲惨な戦争を経験した結果として人々の厭戦気分は高揚し、世界中の学者や政治家が戦争の撲滅を目指して苦労している。「戦争がなくなれば」という思いは、渡辺も同じだっただろう。

しかし、同時に戦争の絶滅が不可能なこともわかっている。軍人である以上、理想は理想として、しかし実際問題として戦争がなくならないという現実は無視できない。

過去の歴史を見ましても、人類の歴史あって以来戦争は殆《ほとん》ど絶え間なく起《おこ》り、且《かつ》行われて居るので御座《ござ》います。アメリカ人のホーマーリーと云《い》う人の書きました本に、「世界の歴史あって以来三千四百年間に戦争の無かった年、平和があった年は三百三十年である。即ち一割に足りない。」と云うことを書いて居《お》ります。又《また》十九世紀の百年間にヨーロッパに戦争のあった年と平和の年との比例は凡《およ》そ三と一の比だと申して居ります。現に此《こ》の二十世紀に入りましてからでも、大きな戦《いく》さだけ申しましても、土耳古《トルコ》と伊太利《イタリア》の戦争、ヨーロッパ大戦、大戦後にも露西亜《ロシア》、波蘭《ポーランド》の戦さ、希臘《ギリシャ》と土耳古の戦さがあります。アメリカの如きも洵《まこと》に平和の本元の様《よう》に唱える人も御座いますが、建国以後百五十年間に十九回約百年間戦さをやって居ります。我が東洋に於《お》きましても最近五十年間に清仏戦争、北清事変、日露戦争、其他《そのほか》支那《シナ》に於きましては年々の如く内乱戦争が行われて居る。斯《かく》の如く歴史は戦争は決して絶滅するものではない、と云うことを教えて居るかの様に思います。

ここで渡辺は得意の学殖を生かし、戦争が人類史始まって以来絶えたことがない、ということを縷々《るる》述べていく。歴史が始まってから、平和な期間はわずか十分の一に過ぎず、十九世紀のヨーロッパでも平和な期間はおよそ三分の一しかないという。

こうした「事実」を観察すれば、渡辺の言うように「戦争の絶滅」が不可能であることがよくわかる。

戦争の原因

次に、渡辺は戦争の原因について言及する。

然《しか》らば其《そ》の戦争は何に依って起《おこ》るかと申しますると、色々の原因は御座《ござ》りますが、近代の戦争に於《お》いて一番重要なる原因は経済上の関係で、第二番には民族間の反感、即ち民族間の感情の相違、此《こ》の二つが一番主なるものと見られて居《お》ります。第一の経済上の関係に付きましては、世界に国を成して居るものが経済上の平均を得て居らぬのが原因で御座います。此の点から申しますると、我日本の如きは国際間の無産者で御座います。土地が狭く、人口が多く、食料が不足し原料が乏しい。一平方粁《キロメートル》の住民を比較して見ますると、我日本では百六十五人を算しまするのに、アメリカ合衆国の如きは其の十分の一にも達しない僅《わず》かに十六人。イギリスの領土のオーストラリヤの如きは僅かに一人と云《い》われて居ります。即ち此の人口問題、食料問題、原料問題、若くは其の産物の販路、即ち市場の争奪と云ふことが戦争の一原因となりまして、近時に於《お》ける戦争の原因は殆《ほとん》ど是《これ》が皆重要なる部分を占めて居ります。例えば日露戦争の如きも色々の説明が其の原因に就《つい》てせられまするが、最も重要なるものは我国の開国進取、海外進出、経済上の原因が重きをなして居るとも云われます。又《また》ヨーロッパ大戦の如きもイギリスとドイツの経済上の角逐《かくちく》が遂《つい》に此の大戦を起したとも云われて居ります。

渡辺は、戦争の原因の第一に「経済」を挙げている。「経済上の平均を得て居らぬ」すなわち経済が不平等であるから戦争が起こるという。例として日本を挙げ、一平方キロ中に百六十五人が住まなければならない日本に対し、アメリカはその十分の一以下、オーストラリアではさらに少ない、という。日本はこれらの国に比べて人口に対する土地が少なく、発展すればするほど、どこかに土地を求めなければならない。実際に、人口問題や食料問題の解決のため、満洲へ少なくない農民を送り込んでいる。

次に民族間の反感、是《これ》も亦《また》例が御座《ござ》います。例えば普仏戦争前後に於《お》けるドイツとフランスの民族観念の乖離《かいり》。今度の世界大戦前に於けるイギリスとドイツの民族的感情の背反が原因の一つと云《い》われて居《お》ります。斯様《かよう》に民族的の感情が乖離致しますると、如何《いか》に善意を以《もっ》て仕事を致しましても対手《あいて》の国民はそれを悪意に解釈致します。是等《これら》の原因から現在の満蒙問題を考えて見まするると、満蒙は実に我帝国の為《ため》には、経済上は勿論《もちろん》、国防上、歴史の上から申しましても帝国の名誉の上から申しましても、易々《やすやす》と此《こ》の権益を対手に渡すべき土地ではないので御座います。実に満洲には吾々の先輩が約二十万血を流して居りまする。満鉄の枕木の一本々々には大和民族の血が沁《し》んで居るので御座います。

是を易々と渡す訳には行かない。今朝の東京日々新聞に頗《すこぶ》る簡単によく其《そ》の事情を述べて居ります。

二十億円の軍費二十万人の血税を払い十五億円の投資を有し、更《さら》に守備兵費に年々一千五百万円を費《ついや》し、また文化施設に巨万の富を投じて居るのに、邦人は朝鮮人を加えて僅《わずか》に百万に過ぎぬ。支那《シナ》の排日経済政策は著《ちゃくちゃく》々として功を奏し、企業も貿易もどしどし蹂躙《じゅうりん》されるに至ったのである。彼等の対日態度は最早《もはや》ワシントン会議前後の如き不平等条約撤廃とか、利権回収とかいう概念的性質のものでなく転じて実質的のものに進み、日本人の経済的基礎を根本から覆《くつが》えそうとして居る。国民は果して是を座視することが出来るであろうか。

是は東京日々新聞に書かれたもので御座います。

渡辺が二つ目にあげる戦争の原因は「民族」だ。これは、現在も世界各地で民族紛争が絶えないことを考えれば、その通りであるといえよう。そして、民族間の感情がこじれると、相手の行動を悪意でしか見ないようになる。

ここで渡辺は、満蒙問題に話をつなげる。新聞記事を引用しながら、自らも参加した日露戦争において多くの人命と莫大な税金をつぎ込んだ満蒙は、大日本帝国の名誉と経済にとって欠かすことのできない存在だという。

日中関係を悲観

渡辺は中国との関係について続けるが、両国の友好については悲観的な見方をしている。

又《また》日支の感情問題に付《つい》て申しますると、我日本では久しい前から或《あるい》は共存共栄、又は同文同書［漢字や漢籍の共有］、唇歯輔車《しんしほしゃ》［密接不離の関係］、色々の親善の言葉を使い支那《シナ》に対しまするが、支那の方では一向是《いっこうこれ》に応じませぬ。又支那民族と日本民族とは数千年来養《やしな》い来《きた》った民族性が全然違うので御座《ござ》います。今回中部支那に非常な大水害がありましたので、畏《かしこ》くも　皇室に於《お》かせられましても多額の御内帑金《ごないどきん》を救恤《きゅうじゅつ》として御遣《おつか》わしになり、又民間の日本人は洵《まこと》に可愛想であると云《い》うので義《ぎ》捐金《えんきん》を募集し、金円或《あるい》は物品を以《もっ》て彼等を救恤することになりました。是《これ》に対して今の支那の輿論《よろん》を代表する新聞が果してどんなことを言って居《お》りますか。是は本日七日其筋《そのすじ》で調べたものであります。簡単に御紹介致します。

満洲方面、我が　皇室の御憐恤《ごれんじゅつ》と朝野《ちょうや》の同情に関しては僅《わず》かに電報記事を掲げしのみにて、何等感謝の記事を掲げたものなし。

天津方面、我が　皇室の御賑恤《ごしんじゅつ》並《ならび》に朝野の同情に関し当地の新聞の大部は八月二十二日、単に「ニュース」として五号活字を以て二三行小さく掲載せるのみ。

北京（北平）方面、当地支那新聞は日本　皇室御下賜金に関し　皇室の御同情を感謝し且《か》つ敬意を表せるもの少からざる、其《そ》の中或《ある》新聞は「大震災の時、張作霖は二十万元を寄附せり」と書き、又北平新報は　皇室の十万元より日本労働者の寄附せる五十円を感謝す、との論説を掲載せり。

済南方面、単に日本よりの電報なりとして簡単に書いて居るだけである。

上海方面、一般に簡単に日本水害に義捐《ぎえん》すとの電報記事を掲載するに止まって居る。

南京方面、政府の要人連は表面感謝の辞を述べあるも、党部方面冷静一般民衆も直接被害なき為《た》め無関心の情態なり。新聞の論調は唯御下賜《ただごかし》の事実、並に日本に於て近々慰問品の募集等との一部を極めて簡単に掲載するのみにて、特に感謝の意を表せるものなし。

大体に於て斯《こ》う云《い》う景況で、我言論界一部の評論の如く日支交際の根拠として日支間の国交の曙光《しょこう》を期待するが如きは到底望み難い所であろう。


日本では日中の関係は「唇歯輔車」と言われてきたが、中国の方は一向にこれに応じようとしない。何より、日中は長い歴史の中で養われた民族性が違いすぎるという。

渡辺は例として、中国で起きた水害に対し日本が送った義援金について、新聞がどのように扱ったのかを取り上げている。渡辺によれば、新聞ではほとんど取り上げられず、記載されたとしてもほんのわずかにとどまっているという。これでは、我が国の言論界が言うように、日中の友好など望むべくもない。

このように、渡辺は日中の友好に関してはかなり冷めた見方をしており、中国に対してはいささか突き放した印象を持っていたようだ。もし渡辺が死なずに昭和十二年に起こった日中戦争に対処するとしたらこうした中国観はどのように作用しただろうか。

さて、航空本部長兼軍事参議官となった渡辺は、その後陸軍三長官の一角である教育総監に就任する。後述するが、渡辺が教育総監になった時、世間からは驚きをもって迎えられたようだ。それだけ、渡辺が目立たずに軍務に精進してきたということだろう。何もなければ軍事参議官という名誉職で終わり、そのまま帰農していたかもしれない。

しかし、時代はそれを許さなかった。昭和動乱の激流は〝目立たぬ武人〟渡辺錠太郎を引き寄せ、やがて彼は軍人としての全存在をかけて、この流れに棹差《さおさ》すことになる。

第五章　派閥抗争の時代

参謀総長を務める閑院宮載仁親王（手前）とともに写真に収まる渡辺（右端）。林陸相を含めた陸軍三長官は皇道派に対した（「渡邊錠太郎大将関係資料」収録写真）

クーデター未遂事件

話は少し前後する。渡辺がまだ台湾軍司令官だった昭和六（一九三一）年四月一日、東京で師団長会議が開かれた。この時、菱刈隆《ひしかりたかし》関東軍司令官、林銑十郎《はやしせんじゅうろう》朝鮮軍司令官、そして渡辺錠太郎台湾軍司令官が、新橋にある鳥料理屋に招かれる。招待したのは、陸軍大佐、橋本欣五郎《はしもときんごろう》。一介の大佐が、三人の大・中将を呼び出して、一体何をしようというのだろうか。

> そして［橋本は］三月事件が失敗したから、こんどは満州で直接事を挙げねばならぬと、怪弁を揮《ふる》って三大将を説いた。林はすぐ賛成した。もっともじゃ。貴官らに言われるまでもなく、われわれもそれを痛感していると、大きなドジョウひげをひねって承知した。渡辺は軍人は陛下の命令以外に勝手な行動をすべきものじゃないと、頭からはねつけた。渡辺と議論しては橋本の怪弁も歯が立たない。菱刈は不得要領、タヌキの本性を発揮して、賛成か反対かわけのわからぬことを言う。金谷《かなや》［範三《はんぞう》陸軍大将］の次には渡辺こそ参謀総長にと、買い被っていた橋本はすっかり興覚めして「あれは駄目だ」とサジを投げ、林に対しては「肚《はら》と口とは別々の奴だから、こちらの勢いさえよければ引っ張れる」と甘く見た。（高宮太平『軍国太平記』）

ここで橋本が口にした「三月事件」とは、秘密結社「桜会《さくらかい》」を結成した橋本ら軍の一部将校と大川《おおかわ》周《しゅう》明《めい》ら民間右翼が共謀し、同年三月に起こそうとしたクーデター未遂事件のことである。時の陸軍大臣・宇《う》垣《がき》一成《かずしげ》を首班とする軍事政権の樹立を画策したが、宇垣が途中で変心して、結局は未遂に終わった。未遂とはいえ、クーデターという重大な事件を計画したにもかかわらず、橋本らの処分は極めて軽微なものだった。そのため橋本は、なおもクーデターを諦めていなかったのである。

だが、三人の司令官の中で、ただ一人渡辺だけは、橋本の提案を一蹴した。血気に逸る橋本が「『あれは駄目だ』とサジを投げ」たというから、取り付く島もなかったのだろうと思われる。すぐに賛成して「もっともじゃ」と応じた林や、「賛成か反対かわからぬことを言う」菱刈との違いが印象的である。

時代はしかし、橋本らが企図した方向へと動いてゆく。

この年の九月十八日、柳条湖事件が発生し、満洲事変へと発展した。陸軍は、まさしく橋本の怪弁どおり「満州で直接事を挙げ」たのだった。さらに、この満洲事変について「不拡大方針」を執った若槻《わかつき》礼次《れいじ》郎《ろう》内閣に対し、桜会と大川らは再び政権転覆を目論み、のちに「十月事件」と呼ばれるクーデターを試みる。若槻首相を暗殺し、代わりに荒木貞夫《あらきさだお》中将を首班とする軍事政権を樹立しようと計画したが、事前に発覚し、橋本らは検挙された。それでも、やはりその処分は譴責《けんせき》などにとどまった。結局その翌七年には、

宇垣一成元陸相（戦後は参議院議員）（国立国会図書館）

林銑十郎朝鮮軍司令官（のち陸相・首相）（国立国会図書館）

ていく。

若槻首相から交代した犬養毅《いぬかいつよし》首相が暗殺される五・一五事件が起き、さらに二・二六事件へとつながっていく。

橋本らだけでなく、のちに渡辺と敵対する皇道派の荒木や真崎甚三郎《まさきじんざぶろう》、そしてその皇道派と対立して殺害された永田鉄山《ながたてつざん》を含め、当時の陸海軍ではいわゆる「革新」「昭和維新」運動に参加する人々が少なくなかった。その動きは軍だけでなく民間も同様で、恐慌、農村の窮乏、統帥権干犯など、様々な問題が社会を覆い、解決策を求めて種々の運動が起こった。

中には「テロ」という実力行使に至るものも少なくなかった。大正十（一九二一）年四月には首相の原敬《はらたかし》暗殺、昭和五年ロンドン海軍軍縮条約に関して統帥権干犯問題が起こり、同年十一月に浜口雄幸《はまぐちおさち》首相が東京駅で銃撃され、のちに死亡。それからクーデター未遂事件である前述の三月・十月事件、井上日召《いのうえにっしょう》率いる血盟団によるテロ、海軍士官による犬養首相襲撃（五・一五事件）、永田軍務局長刺殺（相沢事件）、そして渡辺が犠牲になった二・二六事件と、数々のテロや未遂事件が起こった。しかも、国外では張作霖《ちょうさくりん》爆殺事件、柳条湖事件から満洲国の成立、上海事件など、中国大陸での事件も多発した。これら国内外の事件は決して別個のものではなく、複雑に絡み合い、徐々に歴史を動かした。

その中にあって、渡辺は無用なことを考えず、ただ一途に「軍人は陛下の命にのみ従う」との原則を堅持した。現代史家の秦郁彦《はたいくひこ》はこの当時の軍の風潮を「政治的軍人が肩で風を切って横行した昭和陸軍」と評しているが（秦郁彦『昭和史の軍人たち』）、そんな中にあって渡辺の存在は目立たなかった。橋本の誘いを一蹴したように、渡辺にとって「革新」や「昭和維新」などの政治的な活動は、軍人としてあるべからざることだったのだろう。

実際、渡辺はこれらのテロやクーデター騒ぎには無関係に近かったようだ。二・二六事件以外は調べても渡辺の名前はほとんど見当たらず、陸軍内でもどの勢力についたとか、派閥に所属したといった記録は確認できない。だからこそ、渡辺が教育総監という要職に起用されたことは意外でもあり、しかもそれが真崎甚三郎という極めて「政治的」な軍人の後任だったから、なおさら大きな波紋を呼んだのだろう。

では、なぜ派閥にも属さず、政治的な動きからは距離を置いていた渡辺が、「昭和維新運動」のクライマックスともいえる二・二六事件で殺害されることになってしまったのか――。

それは、当時の日本が置かれていた時代状況とも密接につながっている。

「統帥権干犯」

世界初の「総力戦」となった第一次世界大戦において、日本は当初あまり関係がなかった。欧州ではイギリス・フランス・ロシアとドイツ・オーストリアとが戦端を開き、一時フランスの首都パリは戦火に晒されるまでになる。やがて日本は、日英同盟の関係からドイツに宣戦を布告し、中国にあったドイツの拠

荒木貞夫陸相（国立国会図書館）

真崎甚三郎参謀次長（共同通信社）

点青島《チンタオ》要塞を攻略する（大正三年十一月）。

その一方で、大正六（一九一七）年ロシアでは革命が起こり、帝政が崩壊。革命指導者のケレンスキーを経てレーニンが実権を握り、初の共産主義国家が誕生する。翌年にはドイツでも革命が起き、ヴィルヘルム二世が退位し、翌年ワイマール憲法が制定。ベルサイユ条約が結ばれ、各国に甚大な被害を与えた世界大戦は終結した。日本は戦勝国の一員となり、大正九（一九二〇）年に設立された国際連盟では常任理事国の仲間入りを果たした。もちろん、アジアで形の上でも欧米と肩を並べたのは、日本が唯一である。

しかし、同時に様々な問題も噴出していた。昭和四（一九二九）年にはニューヨークの株式暴落が起き、これがやがて世界恐慌へとつながる。日本では、大戦終結後から不況が始まっており、昭和二年には、時の蔵相片岡直温《かたおかなおはる》が「渡辺銀行が潰れた」と失言してしまったために取り付け騒ぎが始まり、顧客が銀行に押し寄せたせいで多くの銀行が潰れてしまった。金融恐慌と呼ばれる。

このときは、田中義一《たなかぎいち》（政友会総裁、陸軍大将）内閣の蔵相高橋是清《たかはしこれきよ》（渡辺と同じく二・二六事件で殺害）によって、なんとかこの騒動を収めたものの、田中内閣は中国で軍閥の張作霖爆殺事件の調査に関わる不手際が原因で総辞職した。次に成立したのが浜口雄幸による民政党内閣である。

この浜口内閣で持ち上がったのが、ロンドン条約締結に関する「統帥権干犯問題」だった。いわゆる軍縮についての話し合いであるロンドン会議では、軍令部（海軍の統帥を司る）は米英に対して補助艦（巡洋艦など）の比率を七割確保することを絶対の条件とした。しかし交渉は難航し、結局は比率を守ることよりも条約の締結を重視し、七割にわずかに足りない六割九分で妥協することになった。首席全権の若槻礼次郎（前首相、のちに再任される）は調印を主導したため、反対する海軍軍人から恨みを買った。

条約の調印を終わったその晩、私は同僚および随員の全部、約七十人を、私の泊っていたグロブナー・ハウスに招待して、慰労の晩餐会を開いた。食後、隣室で煙草を喫ったり、談笑したりする。そこで条約に不満である軍人たちが、こもごも私のところへ来て、不満を訴えた。こんな条約で、どうして国家を護ることが出来るかという。私はそれは覚悟の上で、一一《いちいち》それに応答していると、中には激昂して、鼻血を流している者もあり、不穏な空気がみなぎっていた。(若槻礼次郎『明治・大正・昭和政界秘史』)

また、のちに大蔵大臣となる賀屋興宣《かやおきのり》も随員として参加していたが、彼も海軍と対立し、「全海軍は鉄拳をもって賀屋を制裁する」と、凄まじい脅しを受けていた。このとき賀屋を脅迫したのがほかでもない、のちに連合艦隊司令長官として真珠湾攻撃を指揮した、山本五十六《やまもといそろく》その人であった(テレビ東京編『証言・私の昭和史1』)。いかに猛烈な反対があったかよくわかる。

こうしてなんとか調印はなったものの、国内ではこれに反対の声が渦巻いた。反対の急先鋒は軍令部長の加藤寛治《かとうひろはる》、次長の末次信正《すえつぐのぶまさ》らの軍令系統だが、彼らは新たに条約締結を「統帥権干犯」として問題にしだしたのである。

大日本帝国憲法の第十一条には「天皇は陸海軍を統帥す」、第十二条には「天皇は陸海軍の編制及《および》常備兵額を定む」とある。十一条は陸海軍統帥部(参謀本部、軍令部)が天皇を補佐して行使される大権の一つとして、内閣の介入を許さないとされた。それに対して十二条は内閣の事項と考えられていたが、軍令部はこれを拡大解釈して利用し、兵力量の決定は統帥事項に重要な関係を持つとして、政府がこれに介入するのは「統帥権の干犯」であるとして問題にしたのである(畑野勇「ロンドン海軍軍縮条約と宮中・政党・海軍」筒井清忠編『昭和史講義』所収)。

軍令部長の加藤は、昭和五(一九三〇)年五月十九日に条約に関して国防の任を全うできなかったとして「骸骨《がいこつ》を乞う（辞職願い）」と上奏しているが、その中で〈大元帥陛下の統帥大権を擁蔽《ようへい》［ふさぎおおい］し奉《たてまつ》るのみならず〉と、政府の仕儀を批判している（坂井景南『英傑加藤寛治』）。しかし、昭和天皇自身は決して条約に反対していたわけではなく、むしろ締結を希望していた。

それでも、「統帥権干犯」という言葉は以後歴史の表舞台に出るようになる。現代史家の秦郁彦は〈一般には馴染みの薄かった統帥権という術語がクローズアップしたのは、このときが最初であったろう〉と、ロンドン条約をめぐる紛糾について指摘している（秦郁彦『統帥権と帝国陸海軍の時代』）。実際に、敗戦までの日本はこの「統帥権」をめぐる争乱が少なくなく、いくつかのテロ事件も「統帥権干犯」を理由として決行されている。しかし、昭和を揺さぶる問題は、これにとどまらなかった。

政治への不信

浜口雄幸首相は、ロンドン海軍軍縮条約締結に際して軍部の反対を押さえ込む手腕を発揮し、これを締結・批准に導いた。しかし、経済政策の面では大きな失敗を犯してしまう。

昭和四（一九二九）年十月のニューヨーク株式暴落に始まった世界恐慌は、翌年一月に浜口内閣が行なった金解禁によって日本へも波及した。先述した片岡直温蔵相の失言に始まる金融恐慌からやっと脱していた日本だったが、これで再び大きな打撃を受けてしまう。物価は暴落して工場は倒産、失業者は三〇〇万人に及ぶとされた。

影響がより深刻だったのは、東北の農村だった。この年は大豊作だったが、それがかえって米価の暴落を招いた。当時、米一石（百升＝約百五十キログラム）を生産するのにかかった金額が全国平均で年に約二十六円、しかし相場が十四円ほどを上下していたというから、大きな赤字となってしまう。岩手県のある小作農家は収入が百三十円なのに対し、支出が四百九十円もかかったという（昭和五年度）。赤字分は借金で埋め合わせ、できなければ農家にとって必要な馬を売りに出し、それもできなくなると娘を売らなければならなくなる。私娼窟に売られる娘はまだ十代半ばで、すぐに帰れるとの甘言で前借り三～五円程度の金で売られてしまうような状況が常態化していた（須山幸雄『西田税　二・二六への軌跡』）。

浜口内閣の金解禁政策を批判していた経済評論家の高橋亀吉《たかはしかめきち》は、戦後次のように述べている。

とにかく、物価は暴落するし、輸出はそれでもふえない。特に農村は大変だったんです。つまり金融だとか、破産とか、そういう段階を通り越していた。疲弊です、非常な。ですから、この後の五・一五事件（昭和七年）や二・二六事件（昭和一一年）の発端は、やはり金解禁にあったといっても、私はいい過ぎじゃないと思うんです。（『証言・私の昭和史1』）

金解禁を担当したのは浜口内閣の蔵相井上準之助《いのうえじゅんのすけ》だが、井上はこの件で恨みを買い、五・一五事件の直前に起きた血盟団のテロに倒れている。

それだけではない。国民の怒りをさらに煽ったのは、次々と明らかになる政治家の腐敗であった。昭和元（一九二六）年には松島遊郭移転にまつわる疑獄事件、三年には東京市会四大疑獄、翌年九月に五私鉄疑獄が起き、この事件では前鉄道大臣の小川平吉《おがわへいきち》が収賄の容疑で起訴されている。ついで賞勲局（勲章を与える部署）局長が賄賂を受け取っていた売勲事件、陸軍大将山梨半造《やまなしはんぞう》が収賄の容疑で逮捕されるという大事件が起こった。国民の窮状を横目に、政治家や資本家の汚職は目に余る様相を呈した。これが一部の国民を憤激させ、過激な実力行使を呼び込んだ。

こうした世相に憤慨して実力行動を指導した代表的人物の一人に、血盟団の井上日召がいる。日召は名前からわかる通り寺の僧侶（日蓮宗・護国堂）で、二・二六事件の関係者とも交流があった。日召は、自伝の中で当時の社会状況に対してこう憤慨している。

当時は政党全盛の時代であった。政友会と民政党と、二大政党が対立して、交互に政権を獲得していたが、どちらが内閣を組織しても、政治はちっとも巧く行かなかった。それは、彼等が党利党略を考える外《ほか》に、毫《ごう》も国利民福を慮《おもんばか》らなかったからである。彼等は国民大衆の生活を犠牲にして、財閥に奉仕した。そうすることによって、自家の権益を擁護し得たからである。（井上日召『井上日召伝』）

続けて日召は、資本家の利潤追求によって労働者、農民、中商工業者が酷く困窮していると批判し、労働争議と小作争議の頻発、そして前途に希望を失った庶民が退廃的な文化にふけることで「三千年来の良俗美風」が地に落ちた、と嘆く。

こうした国状は、畢竟《ひっきょう》するに同胞愛を持たぬ政党・財閥の罪責に非《あら》ざるはない。弊《へい》は更《さら》に元老・重臣らの特権階級に及んでいた。彼等は政党・財閥の非を監視是正する立場にありながら、国家に負える重責を忘れて、財閥と婚を通じ、利を共にして、結託いたらざるなく、理を非に曲げて最高国務を謬《あやま》り、上は聖明《せいめい》［天皇の知徳］を蔽《おお》い奉《たてまつ》り、下は国民の希望を蹂《ふみにじ》った。為《ため》に君民の間は阻隔《そかく》され、国民は自らの苦悩を何処《どこ》に向かって訴えんか、その術《すべ》を失った。（前掲書）

日召らにとって、政治家や財閥はもちろん、天皇側近にある元老重臣もまた〝敵〟だった。「上は聖明を蔽い奉り」とあるように、天皇と国民の間にあって両者を隔《へだ》てていると考えられたのである。多くのテロリストが日召の怒りと似た衝動に突き動かされ、また大義名分とした。

例えば、のちの二・二六事件で主導的役割を果たした磯部浅一《いそべあさいち》は、昭和四年ごろ、友人に対して激しく時勢を痛憤する言葉を漏らしている。


その頃は磯部と料亭の荒川で酒をくみ交わしながら、いつものように磯部の議論を聞いたものだ。財閥、軍閥、特権階級、それに政党は極度に腐敗し、国家に害毒を流し、国民を苦しめている。今我々が起ち上って、奴等の息の根を止めねば、日本の将来は危い。日本では昔から下級武士が革命をやって国運を切り開いてきた。

源頼朝は武家政治を開いたが、下積みの田舎武士だった。建武中興の楠木正成もそうだ。明治維新も薩摩や長州の下級武士の力で成った。昭和維新は俺たち下級将校の力でやり遂げねばならぬ。

そして、天皇陛下の大御心《おおみごころ》による仁慈《じんじ》の政治をとり返さねばならない。この国民の苦境を救うものは、もはや陛下の大御心だけだと、磯部は涙を流しながら語ったものだ。陛下のおん為《ため》ならいつでも生命を捨てる覚悟だと、磯部はつねに語っていた。（須山幸雄『二・二六事件　青春群像』）

「天皇」という言葉を除けば、共産主義的な革命家の言葉と見えなくもない。つきつめて言えば、「国民はみな陛下の赤子であり、平等である」ということになる。

こうして政党や財閥、重臣の腐敗に対して憤る青年将校に対し、軍の上層部にいる軍人たちの派閥争い、そして中堅を担うエリート軍事官僚らの軍制改革への動きが絡み合い、やがて衝突へと至るのである。次は、永田鉄山に始まる軍制改革と派閥争いについて見て行きたい。

「改革」への誓い

その有名な会合が行なわれたのは、ドイツにある保養地（温泉地）バーデン・バーデン。集まったのは、永田鉄山、小畑敏四郎《おばたとしろう》、岡村寧次《おかむらやすじ》の三人。世に言う「バーデン・バーデンの密約」である。

三人はいずれも陸軍士官学校の同期生（十六期）で、小畑はのちに国務大臣となり、岡村は支那派遣軍総司令官（陸軍大将）まで昇りつめる。そして永田は、「永田の前に永田なく、永田の後に永田なし」と呼ばれるほどの逸材で、将来の陸軍を背負って立つ人間と見られていた。士官学校を首席で卒業したことからも、その有能さが見てとれる。時に、大正十（一九二一）年のことだった。

当時、三人の少佐は、ここで何を話し合ったのだろうか。当事者の岡村の日記には、〈七時過ぎ小畑と共に出て伯林《ベルリン》発　途中囲碁をなしつつ午後一〇時五〇分バーデン・バーデン着　永田と固き握手をなし三名共第一流ホテルステファニーに投宿　快談一時に及び隣客より小言を言われて就寝す〉とあり、二人で永田を訪ねて話が盛り上がった、とだけ記載されている（舩木繁『支那派遣軍総司令官　岡村寧次大将』）。詳しい内容はわからない。

ただ、戦後になって岡村は、政治学者の中村菊男《なかむらきくお》に対して当時の話の内容をこう語っている。

そのときは満州問題なんかという他国のことはいっさい考えませんで、陸軍の革新ということを三人で考えたんです。そのときは本気になりました。その革新という意味は、正直にいって、第一は人事がそのころは閥《ばつ》なんですね。一種の長州閥で専断の人事をやってるのと、もう一つは軍が統帥権によって、国民と離れておった。これを国民とともにという方向に変えなければいかん、三人で決心してやろうといったことは事実です。ヨーロッパに行ってその軍事状況を見たものですからね。三人とも少佐時代です。これが始まりなんです。（中村菊男編『昭和陸軍秘史』）

岡村によれば、長州閥の打倒と軍・国民の乖離をなくすことがこの時の会合の結論だったということになる。周知のように、長州と薩摩は明治維新の主役だったが、その弊害として両藩が政府内に派閥をつくり、他者を排斥する傾向があるという見方があった。彼らはそれを打倒しようというのであった。

二つめの「国民とともに」というのはやや曖昧だが、『秘録　永田鉄山』（永田鉄山刊行会）によれば「軍制改革（軍備改変、総動員体制確立など）」となっている。「総動員体制」とは渡辺錠太郎が第一次大戦を調査研究して得た結論と同じく、これからの新しい戦争の形として想定されたものだ。

特に永田鉄山は「総動員体制」の確立に熱心で、いくつもの論文や講演でこれを訴えている。例えば、バーデン・バーデンの密約の前年（大正九年）に行なわれた講演会では、次のような指摘をしている（川田稔編・解説『永田鉄山軍事戦略論集』）

永田鉄山参謀本部第二部長（のち軍務局長）（近現代PL／アフロ）

小畑敏四郎参謀本部第三部長（近現代PL／アフロ）

将来もし戦争が起こるとしたならば、その場合には真に国を挙げて抗敵する覚悟が必要であり、これがためにはいわゆる国家総動員なるものを行なって、ありとあらゆる国内の諸資源諸施設を戦争遂行の大目的に向けて指向傾注する準備を確立しておくことが必要である。

この「総力戦」に向けた体制、すなわち「国家総力戦」を戦えるように軍を改革するのが永田の願いであった。

ただし、バーデン・バーデンの密約の内容のうち、「長州閥の排除」については異論もある。当時すでに長州閥はさほど幅をきかせておらず、明治期に比べてその影響力はかなり低下していた。また、永田は長州閥の大物の一人である田中義一にも気に入られており、あえて長州と対立する必要はなく、「長州閥打倒」というのは主に岡村や小畑が唱えたもので、永田は軍を一丸とする必要性と本来の目標である「国家総動員体制の確立」のためにこれに乗ったのではないか、という見方もある（森靖夫『永田鉄山』）。たしかに、「打倒長州閥」というのは長州の力が弱まってきていたからこそ言えたことなのかもしれない。

ともあれ、ここで意気投合した三人は、やがて東條英機《とうじょうひでき》や板垣征四郎《いたがきせいしろう》などのちに陸軍を率いる中核的なメンバーを加え、昭和四年に「一夕会《いっせきかい》」という団体を結成する。ここから陸軍改革の大きなうねりが始まる。

三人の大将

とはいえ、「陸軍改革」という大きなことを、いきなり少佐程度のメンバーだけでできるはずもない。永田らは長州閥に属さない有力と見られる将軍たちを担ぎ出そうと考えた。彼らが支援すると定めたのが、荒木貞夫、真崎甚三郎、林銑十郎だった。

荒木は明治十（一八七七）年東京生まれ。この年はちょうど西南戦争が起こり、西郷隆盛《さいごうたかもり》が城山で自決している。士官学校は九期生で、日露戦争には大尉で参加している。大正十四（一九二五）年には第一（作戦）部長の要職につき、昭和六（一九三一）年に陸軍大臣、同八年には陸軍大将となっている。

真崎は明治九年佐賀県生まれで、士官学校では荒木と同じ九期生。荒木が陸軍大臣の時に参謀次長となり、昭和八年大将、翌年には教育総監になる。真崎の後任の教育総監が渡辺錠太郎であり、真崎の更迭が渡辺襲撃の原因にもつながってくることから考えれば、その生死に深く関わっているといえる。

そして林は石川県出身で、前述のとおり渡辺と士官学校の同期生である。陸軍大将になり、陸相を経験しただけでなく、昭和十二年には首相にまでなっている。三人の中では最後まで表舞台に立っていた。

この三人については、少将時代の永田が次のように語っている。

荒木、真崎、林、この三大将は、いずれも私《わたくし》のない実に立派な人達で、この大将各自の間はお互《たがい》に諒解もあり、おのずから三人は一致した行動に出ることができる。で、これらの人の中の一人ならば、いずれを陸軍の首脳者にしても、上下一般を通じて信望があるから……というのは、即ち私のない人達であるから統制が充分とれるが、もしこれ以外の人だとやはりかれこれ因縁もあり、今日までのいろんな事柄によって全部が挙げて信頼するということにはいくまい。［中略］
まず、荒木大将自身はまことに神様のような立派な人だけれども、大将には所謂《いわゆる》股肱《ここう》［最も頼りにする腹心］と頼むような部下があり、また『荒木でなければならん』とどこまでも主張する頗《すこぶ》る偏狭な人が比較的多く取巻いているために、ある意味から言うと、取巻きによってまた他から誤解され易い。簡単に言えば、軍人以外の人でも極右の連中が荒木さんに近づく傾向がある。次に林大将には股肱と頼むような人はなく、相談相手にするような誰と決まった人もない。またよく判る人で、人の言をよく容れる。ただ惜しむらくは、やはりその周囲に集まる者は政治ブローカーが非常に多い。そのために非常に誤られ易いが、しかし非常によくものの判る人で、実に立派な大臣だと自分は思う。林大将が大臣になったらば自分なんかも中央に持って行かれるというように……つまり自分が林派であるかのように言う人がある。自分は林大将には一度しか会ったことがない。しかもそれも三十分ばかり話したきりで、その後近づいたことはない。最後に真崎大将に至っては全く子分のない人である。しかしこの三大将のいずれが大臣になっても、陸軍が動揺するということは決してない。即ち三大将の中の一人がなればいいのだ。（原田熊雄『西園寺公と政局　第三巻』）

それぞれ欠点を挙げつつ、永田が彼ら三人を高く評価していたことがよくわかる。永田の分析は、三人の特徴をよく捉えている。彼ら三人はそれぞれ陸軍のトップとなり、時代を彩ることになるのだから、永田らの見立ては正しかった、ということになるだろう。

しかし、荒木、真崎、林の三人はその後袂《たもと》を分かち、合わせて永田は同期の小畑と激しく対立する。そして、当の永田自身がその派閥争いの中で命を落とすことになる。その経過を語る前に、永田の死と大いに関係があるいくつかの事件について見ていきたい。

三月事件

永田らが一夕会を結成したことに刺激されて、軍内部にはほかにいくつかの団体ができた。

昭和五（一九三〇）年九月にできた「桜会」もそのひとつで、中心となったのは、前述した参謀本部ロシア班長橋本欣五郎だった。彼らもまた「国家改造」を目指し、同年十月には「趣意書」を発表する。

橋本らは井上日召の回想にあったように政治家の腐敗を嘆き、彼らが「上は聖明を蔽い、下は国民を欺」いていると痛憤し、ロンドン条約によって海軍が汚され、その「毒刃」は今度陸軍へと向けられようとしている、と危機感を煽った。国民の精神は地に堕《お》ちて退廃した文化が蔓延《はびこ》り、外交では外国の鼻息をうかがうのみ、と断じて高らかにこう宣言する。

以上の内治外交上の行詰《いきづま》りは、政党者流が私利私欲の外《ほか》、一片奉公の大計なきに由来するものにして、国民は吾人《ごじん》と共に真実大衆に根幹を置き、真に天皇を中心とする活気あり、明かなるべき国政の現出を渇望しつつあり、吾人固《もと》より軍人にして直接国政に参画すべき性質に非ずと雖《いえど》も、皎々《こうこう》たる報公の至誠は折に触れ、時に臨《のぞ》みて、其《そ》の精神を現わし、為政者の革正、国政の伸展に資するを得べし。吾人茲《ここ》に相会して国政の衰運を慨《がい》し、自ら顧《かえり》みて武人の操守《そうしゅ》［節操］を戒《いまし》むる所以《ゆえん》も、此《こ》の埒《らち》外《がい》に出ずるものにあらざるなり。

この趣意書について、高宮太平は次のように解説している（高宮『軍国太平記』）。

この作文によれば「吾人固より軍人にして直接国政に参画すべき性質に非ず」ということを知りながら、「皎々たる報公の至誠は折に触れ、時に臨みて、其の精神を現わし、為政者の革正、国勢の伸展に資する」というあたり、「自ら顧みて武人の操守を戒む」るだけのものでなく、何か他に画策するところがあったに違いない。

まさしく、桜会の目標とするところは「クーデター」であった。

事件が発覚したのは、翌昭和六年三月。よってこの事件は「三月事件」と呼ばれることになる。先述のように、橋本ら桜会のメンバーは、時の陸相宇垣一成を首相とすべく、軍による武力蜂起を計画していた。計画には桜会のメンバーほか、小磯国昭《こいそくにあき》軍務局長（のちに首相）、二宮治重《にのみやはるしげ》参謀次長（のちに文部相）、建川美次《たてかわよしつぐ》参謀本部第二部長らも関係し、さらには民間右翼の大川周明も加担していた。具体的には、大川が大衆を動員して国会を包囲して当時の浜口内閣に辞職を迫り宇垣を擁立する、というものだった。この包囲には警戒の名目で軍も動員されることになっていた。しかし、計画は事前に発覚してつぶれ、事をうやむやにしたい軍によって橋本らはきわめて軽微な処罰を受けたにとどまった。事件自体はこうして一滴の血も流れずに終わったものの、ここに永田鉄山が重要な役割を持って絡んでくる。

当時永田は陸軍省の軍事課長だったが、上司は軍務局長、すなわち宇垣擁立に動いた小磯国昭だった。小磯は永田にある計画を依頼したのだが、その計画というのが宇垣の権力奪取についての方策だった。つまり、小磯は永田にクーデターの筋書きを依頼したことになる。

後年、新聞記者の高宮太平は、小磯から直接その時の模様を聞いている。

あの事件［三月事件］で一番気の毒をしたのは永田だった。ある日永田に、こういうことをやった場合に、軍としてはどういう措置をとったらよいかと尋ねた。そのとき永田は口辺《こうへん》に微笑を湛《たた》えて、それは局長の架空の話ですか、それとも現実の問題ですかと問い返すのだ。その顔色を見て、ははあ永田は知ってるなと感じたので、左様《さよう》、架空なようでもあり、現実のようでもある。まあ例えば自分がその中心となってやるとした場合に、どうしたならばよいか、君一つ考案してくれないかというと、それはいけません、凡《およ》そ非合法的な方法で政権を握ろうなどとはもっての外《ほか》です。中、南米あたりの常習的な革命騒ぎなら、面白いともいえましょうが、日本で、しかも軍が中心になって、クーデターをやるなど、成就《じょうじゅ》もしませんし、たとえ一時成功してもすぐ壊れます。軍が壊れます。自分はそういうことは断じて同意するわけには参りません。実は先ごろから、何か変な噂が立っておりますので、一度局長に伺ってみようかと思っていましたが、どうも局長も御関係のような話も聞くし、まさかと思って黙っていたのです。もし事実ならお止めなさいと、ひどく手厳しい意見を具申する。しまった。最初から永田によく旨を含めておくのだったと気がついたので、全部ありていに話したのだ。そして君一つ具体案を作ってみてくれ、それによって研究し、駄目ならよすさと頼むと、それも頑強に断っていたが、強いて頼むと、それでは小説を書くつもりで書いてみましょうと承知してくれた。

二、三日経って、局長、小説を書きましたと持ってきたのを見ると、いい案だ、これで研究してみようというと、立案者の永田が、これはここにこういう欠陥がある。ここにこういう支障があると指摘する。考えてみれば成程《なるほど》そうだ。それなら、そこを補う方法はないかというと、ないという。まあ暫《しばら》く預かっておこうと、何日か自分の机のひき出しに入れておいた。(高宮『軍国太平記』)

小磯の回想によると、永田は頼まれて仕方なく書いただけで、決して首謀者ではなかった。ところが、小磯はこれを返す時にまだ未練があったらしく(あるいは、何か深謀遠慮があったのかもしれない)、永田には破棄しないように頼み、永田はそれをそのまま金庫にしまいこんで忘れてしまったのだった。

この計画書は実物が残されており、永田の特徴的な筆跡と共にその内容を知ることができる。まず、「陸相拝謁《はいえつ》要領(宇垣内閣招来の為《ため》の)」と題された文章が記される。

一、上奏の要務を設《もう》く

例えば人事局をして将官人事の内奏を必要とする一案を作製せしむ

二、官房又《また》は補任課をして侍従武官（侍従に非ず）を介し拝謁を願出づ
侍従を介するを本則とするが如きも帷幄《いあく》上奏《じょうそう》の場合は便宜上侍従武官にて可なり（町尻《まちじり》［量《かず》
基《もと》］又は阿南《あなみ》［惟幾《これちか》］を用うるを要す）
三、万一侍従等が宮内大臣其他《そのほか》と策応し拝謁日時の遷延《せんえん》を企《くわだ》つるが如き場合には侍従武官長をして
陸相に代り之《これ》を弾圧す
宮内諸官は上奏の権能ある者の参内上奏を阻止するを得ず　前項遷延を図ることは考慮し置くを
要す
四、上奏の場合立会者なきを本則とするも陸相の上奏の場合武官長立会《たちあ》うことあり　予《あらかじ》め武官長に
諒解を経《へ》立会わしめさることとす

これは陸軍大臣が天皇に拝謁するための方策についての提案であり、これ自体に特に問題はない。続けて「内閣更迭（正常の方法に依る宇垣内閣成立の場合）」として、具体的な宇垣内閣組閣の方策が展開される。

内閣総辞職の場合
1　総理若《も》しくは総理代理より閣僚全部の辞表捧呈《ほうてい》
2　引続き政務を執るべき旨の御沙汰拝受
3　宇垣陸相に後継内閣総理の大命降下
4　組閣準備
宇垣陸相自ら転役の手続きを行う
（桂《かつら》太郎《たろう》、加藤《かとう》友三郎《ともさぶろう》の如く特に現役に列せらるる場合は此《この》限りに非《あらざ》るも此のことは現代の

政治理念に照し採らざるを可とす）
5　大命拝受

総理辞職の場合
先例　原［敬］総理遭難――高橋是清大命拝受
加藤［友三郎］総理薨去《こうきょ》――若槻《わかつき》礼次郎《れいじろう》同右
雁首《がんくび》の交換は国家の為《ため》にも宇垣陸相の為にも不利なるを以《もっ》て総理単独辞職は極力之《これ》を阻止し総辞職に導くを要するも万一陸相民政党内閣の首班に列せんとする場合の組閣手順左の如し
1　宇垣陸相に後継内閣総理の大命降下
2　宇垣陸相辞表捧呈――総理又は首相代理より後任陸相奉薦
3　新陸相親任――新陸相より宇垣大将の転役内奏及《および》上奏
4　大命拝受
備考　1　宇垣大将転役の手続は宇垣陸相辞表提出と同時に行うも可
2　右列記の手順中2、3は同時に処理せらるることとす

合法的時局転回方策
一、出兵を要する事態発生せば陸相は臨時閣議を要請し引責総辞職を行わしむ
衆議聴従《ちょうじゅう》［意見に従う］せざる場合陸相は断乎《だんこ》辞表を呈出し闕下《けっか》［天皇の御前］に伏奏《ふくそう》［ひれ伏して奏上］し総辞職の已《や》むなきに至らしむ

二、陸相西園寺《さいおんじ》［公望《きんもち》］元老に面接し超然内閣の要を説き其《そ》の首班に平沼騏一郎《ひらぬまきいちろう》を推挙す
要すれば事前に原田《はらだ》［熊雄《くまお》／西園寺の秘書］を介し旨を通す
三、西園寺聴従せざるに於《おい》ては陸相は直《ただち》に参内《さんだい》闕下に右の旨を伏奏す
四、陸相に時局収拾の大命降下の場合は謹《つつしん》で御承《おう》けを為す
五、平沼又は宇垣内閣の閣臣並《ならびに》政綱別紙の如し
六、内閣成立と同時に宮内大臣の更迭《こうてつ》を奏請す
七、議会解散
事成らざる場合陸相は軍職を退き専《もっぱ》ら在郷軍人及《および》青年統率の任に就《つ》き別途国運転回策の歩武を進む（菅原裕『相沢中佐事件の真相』）

この計画書に何ら過激な部分はない。永田の評伝を書いた森靖夫《もりやすお》も〈少なくとも、この意見書だけでは永田が「軍事クーデタ」計画に関与した証拠にはまるでならないのである〉と断じている（森『永田鉄山』／永田と派閥抗争については拙著『永田鉄山と昭和陸軍』を参照）。しかし、永田の意思がどうであったにせよ、この意見書は文字通り永田の命取りとなってしまったのだった。

永田と小畑

永田らが結成した一夕会はその後も活動を続けた。彼らが支援すると決めた三人のうち、まず荒木貞夫が陸軍大臣の要職に就く。昭和六（一九三一）年十二月、「憲政の神様」と言われた犬養毅の内閣である。そして陸相は人事を司る。荒木は次々と自分に近い人物を重用した。

主なものを挙げると、参謀次長に真崎甚三郎、憲兵司令官に秦真次《はたしんじ》、人事局長に松浦淳六郎《まつうらじゅんろくろう》、軍務局

長に山岡重厚《やまおかしげあつ》、参謀本部第三部長に小畑敏四郎、第二部長に永田鉄山など。真崎の上には皇族軍人である閑院宮《かんいんのみや》載仁親王《ことひとしんのう》を置いたが、皇族であるため責任を伴う実務に携わることはなく、真崎が実権を握った。

このように一夕会の野望は一見、順調にいっているように見えたが、亀裂は静かに入り始めていた。原因は、永田と小畑の戦略論の相違にあった。両者の対立の争点は、対ソ連に関するものだった。

小畑の戦略論は、簡単に言ってしまえば「対ソ早期開戦論」だった。陸軍にとって、日露戦争以後もソ連（かつてのロシア帝国）は相変わらず最も警戒を要する相手だった。加えて、満洲事変によって日本の満蒙への影響力が増加し、ソ連は日本への警戒を強めている。

　このような認識を前提に、それに対処するためには、そのような条件が整う以前に、ソ連に一撃を加え、極東兵備を壊滅させる必要がある。そう小畑らは考えていた。そしてそのために、一九三六年（昭和一一年）前後の対ソ開戦を企図していた。これは、ソ連の第二次五ヵ年計画完了による国力充実以前に、極東ソ連軍に打撃を与えようとするものであった。（川田稔『昭和陸軍の軌跡』）

対して、永田はソ連の準備がそれほど早く整うとは考えておらず、対ソ開戦の時期を早々に決定してしまうのは誤りだとしていた。

　すなわち、第二次五ヵ年計画が完了すればただちに戦争力が充実すると考えるのは、ソ連内部の事情や産業発達の状況などから妥当ではない。第二次五ヵ年計画の完了後数年を経過しなければ、戦争遂行の力を発現するには至らない。また、現在の国際情勢は、日本にとって有利なものではなく、満州国の迅速な建設が焦眉の課題である。（川田前掲書）

この永田と小畑の対立は、単なる両者の仲違いでは済まなかった。陸相の荒木は小畑の作戦に関する才能を非常に評価しており、小畑の話に耳を傾けることが多かった。永田が参謀本部第二部長の頃、あまりに荒木が小畑を重用するのを気にかけ、同じく一夕会に所属していた土橋勇逸《つちはしゆういつ》が見かねて、〈私は荒木さんに対し、一夕会の分裂を悲しみ、その分裂に拍車をかけているのは、大臣が小畑さんたちの意見ばかり取り上げて、永田さんたちの意見を尊重しないため〉と進言するほどだった（土橋勇逸『軍服生活四十年の想出』）。

ここで少し、荒木貞夫について触れたい。荒木という人物は青年将校に人気があり、〈今の青年将校は維新前後の志士のようなものだ〉と言って持ち上げることがあった（高宮『軍国太平記』）。このような態度は青年将校の気を引く一方で、彼らを増長させてしまう。また、それまで「国軍」と称していたのを「皇軍」と呼び、その呼び名を広げたのも荒木だった。額田坦《ぬかたひろし》は荒木を「非凡な精神家」と評するが（額田『人事局長の回想』）、こうした部分も青年将校に人気があったようだ。

しかし、土橋が心配したように人事にかなり偏りがあり、それが永田と小畑の対立をより一層険悪なものにしてしまう。「皇軍」という言葉を頻繁に使う荒木や真崎、彼らに近い小畑などは「皇道派」と呼ばれるようになり、それに対して合理的な立場で軍の改革を進める永田ら（東條英機、武藤章《むとうあきら》、片倉衷《かたくらただし》など）は「統制派」と呼ばれるようになる。両者は、永田と小畑の対立を起点に、ついに決定的な決裂を迎えることになる。

皇道派の凋落

永田と小畑の対立が表立って現われたのが、東支鉄道をめぐる買収問題だった。東支鉄道は満洲にあるソ連が経営する鉄道のことで、永田が第二部長時代の昭和八（一九三三）年五月に、ソ連側が駐ソ日本大使を通じてその買収を持ちかけたのが始まりだった。当時外務省欧米局長だった東郷茂徳《とうごうしげのり》（のち外務大臣）は、かねて知り合いの永田に買収の必要性を説いた。

同少将は予《かね》てから「ソ」連との衝突は回避するを可とすとの意見を保持していたので、直《ただ》ちに予《よ》の説に賛成し、陸軍内部より促進すべきことを約した。（東郷茂徳『時代の一面』）

永田は東支鉄道の買収によって満洲国の建設を促進し、さらに日本の工業を間接的に成長させようとしたという。しかし、小畑らはこれに強く反対する。

永田は北満州の鉄道をバカげた値段でソ連から買うばかりではなく、軍需工業の昂揚を名目として、この金（国税によってえた国民の汗の結晶）を、企業財閥にばらまき、彼らと組んで、その生産利潤に貢献せんとする。しかもソ連に送られた製品や資材は、かえってソ連の軍事力を充実せしむることになり、またそれによって造られた国境のトーチカ陣地は、やがていつの日か日ソ戦となるとき、わが将兵の血をもって攻撃せねばならないものである。（高橋正衛『昭和の軍閥』）

しかし陸軍の大勢は永田の意見に傾き、結果として満洲国が東支鉄道を買い取ることでこの問題は決着した。荒木や真崎も小畑と同意見だったので、両者の亀裂はより深いものになった。

永田は昭和九（一九三四）年三月、陸軍省軍務局長となる。軍務局長は陸軍大臣を補佐して軍の政治的側面を取り扱う非常に重要な部署であり、国政にも影響力を及ぼす。「総力戦」への備えを重視する永田にとって、ふさわしい立場と言えた。
永田をこの地位につけたのは、新陸相となった林銑十郎だった。実はこの年の正月、酒の飲み過ぎで体調を崩した荒木が肺炎となり、陸相の地位を辞任してしまったのである。ずいぶんとあっけない終わり方だったが、実は陸軍内部で荒木はすでに信望を失っていた。その前年（昭和八年）に、陸軍の予算について海軍大臣の岡田啓介《おかだけいすけ》（のちに首相となり、二・二六事件で襲撃対象となる）に説得され、一〇〇〇万円を譲ってしまったのである。部下たちは、この一件で荒木の手腕に失望する。当時の軍務局軍事課予算班にいた西浦進《にしうらすすむ》などは、荒木の譲歩についてこう心境を述べている（西浦進『昭和陸軍秘録』）。

こういうのが私ども自分で今度はこの間も申し上げたように予算を担任しておって、自分達で苦労して大蔵省と折衝して来た当時としては一〇〇〇万円というのは大きな金ですから、こいつを海軍に譲れなんていうと、それはもう恨み骨髄に徹するわけですね。

加えて、えこひいきの皇道派人事も陸軍部内の信望を失わせるのに十分だった。そう考えると、荒木の陸相時代は肺炎がなくともそれほど長くは続かなかったと思われる。あるいは、それを感じた荒木自身が病気を口実に身を引いたのかもしれない。
ともあれ昭和九（一九三四）年一月、荒木は陸相を退き、軍事参議官となった。後任の林は教育総監からの横滑りだが、当初荒木は、自身の盟友である真崎を陸相に据えようとしたらしい。ところが、参謀次長だった真崎の陸相就任に対し、上司だった閑院宮参謀総長が強く反対した。当時は陸軍三長官（参謀総長、陸軍大臣、教育総監）の人事は三長官一致が慣例（省部協定）となっており、また皇族である宮の意向は無視もできなかったのだろう。宮は真崎が自分を無視して勝手に振る舞うことにかなり腹を立てていたようで、以後も真崎と敵対的な立場をとる。

この後、渡辺とも対立を深めることになる真崎甚三郎とは、どのような人物だったのか。

真崎が荒木と同期であることは先述した通りだが、二人の性格はある面で対照的だったようだ。真崎の評伝を書いた田崎末松《たざきすえまつ》は、両者を次のように比較している。


荒木は東京育ちの陽性、あの印象的の美髭《びし》の下から流れでる軽妙とさえ思わしめる能弁は、人を惹きつける魅力をもっている。

真崎は陰性である。無髭《むし》の口から吶々《とつとつ》として語る佐賀弁の風格は重厚であり、ときとしては一種の妖気さえ発することもある。

真崎は荒木のタレント性を十分に評価して、つねに彼を表面に押し出すことに満足している。荒木は真崎の実力を高く評価して信頼しきっている。（田崎末松『評伝　真崎甚三郎』）

こうして二人はお互いを補い合いながら、陸軍の実権を握るに至った。特に真崎については、「影の実力者」といったイメージがあったらしく、「荒木は真崎のロボットだ」とまで評されたという（額田『人事局長の回想』）。

また、真崎は意図的に若者の人気を取ろうとしていたようで、次長の頃は毎日少佐や大尉といった若手将校と昼食を共にしていた。しかし、かなり横暴に振る舞っていたようでもあり、教育総監になってから、直属の部下でもない松浦淳六郎人事局長を呼びつけ、人事に口を挟んでいたとも言われる（額田前掲書）。当然、真崎と対立している者にとっては面白くはなかっただろう。

ともかく三長官の一角に留まり、勢力を保持した皇道派であったが、林を陸相にしたことが大きな誤算となった。そしていよいよ、渡辺が同期生の林を助けて陸軍を浄化すべく、派閥抗争の渦中に身を投じることになる。

第六章

激流に抗して

THE YOMIURI SHIMBUN

夕刊
讀賣新聞

陸軍三長官重大會議

輕擧妄動斷乎許さず
軍紀肅正、統制を強化
總長宮全幅の御支持

急遽師團長會議

陸相首相に報告
◇あす閣議を前に

山西省主席
閻氏兼任

英國對伊石炭禁輸

昭和10年8月、永田鉄山軍務局長が執務室で暗殺された（相沢事件）。軍紀粛正の強化を伝える読売新聞（昭和10年8月15日付夕刊）

皇道派の一掃

実は、もともと林銑十郎《はやしせんじゅうろう》には、荒木《あらき》陸相や真崎《まさき》教育総監に対して含むところがあった。

犬養毅《いぬかいつよし》首相が暗殺された昭和七年の五・一五事件で、荒木の進退問題が持ち上がったことがある。事件の首謀者（古賀清志《こがきよし》、三上卓《みかみたく》ら）は海軍士官であり、現役の陸軍軍人は参加していなかったが、士官候補生がメンバーに含まれていたのである。首相が暗殺されたのであるから当然内閣は倒れ、荒木も責任をとって辞職しようとした。そこで後任陸相として、当時朝鮮軍司令官だった林を本土に呼び寄せた。林も陸相を打診されるものと考えて、抱負などを語って意気揚々と朝鮮を後にする。

ところが、林が日本に来てみると情勢は変わっており、荒木の一派から陸相就任を辞退するよう、様々な形で圧力をかけられてしまう。結局、林はこの圧力に屈した。表向きでは、荒木から陸相就任を打診された林が辞退して荒木が留任した形となったが、林にしてみれば、大恥をかかされたのだった。荒木の側にも、その引け目があったのか、今度こそ林の陸相就任となった。

しかし、林のすぐ下にいる陸軍次官は皇道派の柳川平助《やながわへいすけ》であり、憲兵司令官の秦真次《はたしんじ》、軍務局長から横滑りした整備局長の山岡重厚《やまおかしげあつ》もまた皇道派だった。何と言っても、教育総監には真崎がいる。こうした陣容にあっては、荒木もそれほど心配していなかったのかもしれない。

一方の林には永田鉄山《ながたてつざん》がおり、そして何より渡辺がいた。これまで見てきた通り、派閥抗争や軍の改革運動について、「渡辺錠太郎」の名前はほとんど出てこない。一度、橋本欣五郎《はしもときんごろう》の誘いを一蹴したきりで、陸軍内の権力をめぐる闘争では目立った動きは見られない。それが、友人を助けるために、図らずも権力抗争の渦中に足を踏み入れることになった。

「軍人は陛下の命令以外に勝手に行動すべきものじゃない」と橋本の誘いをはねつけた渡辺にしてみれば、

荒木や真崎が人事を壟断し、青年将校たちの政治的活動を悪化させている状況は、見過ごすことはできなかったに違いない。林から相談を受けた渡辺の心境を、高宮太平《たかみやたへい》が書き残している、

心からなる憤りを覚え、国軍を毒するもの真崎等《ら》の皇道派に如《し》くものなしと、これと一戦を交えることを決意したのである。（高宮太平「暗殺された二将軍」）

渡辺は林を助けるに際し、細心の注意を払った。憲兵司令官の秦が皇道派であることから、情報の漏洩を警戒したようである。高宮は両者の打ち合わせについて事情を知っていたようで、「恐らく筆者以外に知る者は多くあるまい」と前置きして、実情を明かしている。

林の自宅は渡邊の荻窪のうちから徒歩で十五分行程、林は［週日は三宅坂の］陸相官邸に起居していたが、週末には［杉並区］天沼《あまぬま》の自宅で静養する。週末でなくとも暇があれば五月蝿《うるさ》い官邸から抜け出して自宅にいたものだ。大臣がいない時は自宅の方には憲兵もいないが、帰れば護衛について来る。けれども林のうちは手狭で憲兵を泊めることが出来ないから夜晩くなれば帰り朝出て来る。これは護衛として身辺を警戒してくれている筈だが、実際は秦の残党による林の行動監視である。だから面会人は一々《いちいち》あらぬ方面に報告され皇道派に利用される。これでは公然と会うことが出来ない。電話も亦《また》チャンと交換局にスパイが放ってあって、迂闊《うかつ》な話は出来ない。

こういう次第だから渡邊と林は夏ならば五時頃起きて訪問しあう。浴衣がけで洋杖《ステッキ》一本、これなら誰しも怪しみもしない朝の散歩姿。二人は重要な打合せは全部この手でやっていた。筆者がよく六時から七時前に訪ねると『おお今帰った所だ』と渡邊は朝食をすまして応接室に出て来たものである。

（前掲記事）

渡辺は、あくまで慎重に行動した。実際のところ、渡辺は林から相談されたから急に皇道派のやり方を問題にしたのではなく、林が教育総監になった時から彼に警告を発していたという。

「君［林］は非常にむつかしい時期に中央に還った。三長官の一員になったのだから同期生としてはこれくらい喜ばしいことはないが、然《しか》し尋常一様の決心ではこの難局は乗り切れないぞ。君の従来の経歴から見れば世間では君を中正公平なる立場にある者と思っているし、荒木や真崎は我党の士と思っている。自分は君の性格から一党一派に偏する者でないことを信ずるが、今すぐにその旗幟《きし》を鮮明にして皇道派を急追するような態度をとってはいけない。

彼等は皇道派こそ軍の枢軸であり、自分たちは皇軍の真の根幹であると信じている。彼等の思想の中には参酌《さんしゃく》すべきものもあるが、余りにも軍以外の国家機能というものを無視している。国家が本体で軍はこれを外侮《がいぶ》から護るものだ。［中略］

それから少数の者が実権を掌握して久しきに溺《おぼれ》れば必ずその内容が腐敗して来る。宇垣［一成・陸相］時代にその傾向の見えたのは君も知っている通りだ。その腐敗を一掃し清新の気を注入するのはよろしい。けれどもそれも急激にやるとまた反動が来る［中略］。荒木や真崎のやっていることを静観していると、どうも危くてしようがない。殊《こと》に若い者を煽《おだ》てあげて人気取りの具に使うと、必ず下《げ》剋上《こくじょう》の風を誘致する。軍紀は紊《みだ》れる。そうなれば外《ほか》のことと違って手のつけられないようになる。（中略）事功を急がずあくまで荒木を立てながら無理をさせぬようにすることは非常な難事だ。而《しか》もこの難事は君以外に当り得る者はないのだから、どこまでも自重して進んで貰《もら》いたい。」（前掲記事）

それだけではない。高宮の同記事によると、渡辺は荒木の陸相が長く続かないことを見越して、閑院宮《かんいんのみや》と連絡を密にする形で荒木の後任に林を出す工作を始めていたという。そして荒木が林に陸相就任を進めたのは「恐らく断るだろう」という目算だったといい、林は「一晩考えさせてくれ」と返事を保留にした。そしてその「一晩」の翌朝七時前、林は渡辺を訪ねて陸相の件について話し合った。その直後の渡辺を高宮は取材している。

その日のおそらく八時ごろだったろう。筆者が渡邊邸を訪ねると『今林が帰った、必ず受ける』という。号外出しても構わないかと念を押すと、荒木との会見の時間を見計らって、過早《かそう》に出してはいかぬといい、林の後任には真崎を廻すという。更《さら》に閑院宮にも既にこの旨は通じてあることまでつけ加えた。（前掲記事）

こうしてみると、林の陸相就任には渡辺が相当に手を回し、下地を作ったことがわかる。これでは林があまりにも主体性のない人物のように映ってしまうが、実際、同時代の人からは林の評判はあまりよくなかった。

寡言沈毅《かげんちんき》、越境将軍とも謳《うた》われ首相にもなったが実は政治力に乏しく、強運の人ではなかろうか。
（額田『人事局長の回想』）

林の性格には自主性がない。自ら熟慮し検討し決意し実行するというのでなく、常に他人に依存して生きて来た。(高宮「暗殺された二将軍」)

こうした人物評は、永田が林と共に推した荒木や真崎とはだいぶ異なる。しかし、別の見方をすれば、そんな性格ゆえ、周囲の実力者にしてみれば、「御《ぎょ》しやすい」と見られたのかもしれない。さらに林は、派閥抗争の渦中にあったにもかかわらず生き延び、それから三年後の昭和十二年、ついに首相にまで担がれる。しかし、それも石原莞爾《いしはらかんじ》の根回しによるものであるとされ、林内閣は半年ももたずに崩壊した。

ともあれ、この時の林は渡辺の強力な力添えを受け、皇道派の排除に手をつけることになる。

正念場

皇道派と対決するにあたり、林が重視したのは軍務局長であった。彼はここに永田鉄山を起用し、自らの相談役とした。永田もまた、統制が乱れた軍を立て直すべく全精力を傾ける。当時は荒木らの派閥の評判が世間的にも良くなく、新聞の論調も皇道派の排除に好意的であった(森『永田鉄山』)。

そして、陸軍の定期人事異動が行なわれる八月(昭和九年)、林軍政は皇道派排除に動き出す。陸軍次官の柳川平助は東京の第一師団長、憲兵司令官の秦真次は第二師団長へと出され、次官に橋本虎之助《はしもととらのすけ》、参謀次長に杉山元《すぎやまはじめ》が就任した。この人事は後世の歴史研究者にも「事務方としては手堅い人事」と評価されている(森同書)。

だがその後、永田にとって重要な転機となる事件が起こる。それが、同じく昭和九年の十一月に起こった「士官学校事件」だった。この事件の首謀者は、のちに「作戦の神様」として名を馳せる辻政信《つじまさのぶ》大尉(のち大佐、戦後政治家)である。この事件によって結果的に軍を去ることになったのは、当時陸軍大尉で陸大在学中だった村中孝次《むらなかたかじ》、そして最も過激な青年将校の一人だった一等主計(大尉に相当)の磯部浅一《いそべあさいち》。

辻は士官候補生の一人をスパイとして村中や磯部らの元に送り込み、彼らを煽った。そしてうっかり口先だけで実態の伴わない「クーデター」に言及したところを逮捕したのである。彼らの「計画」を陸軍次官の橋本に報告したのは辻のほかに憲兵大尉の塚本誠《つかもとまこと》、永田と同じく統制派の少佐片倉衷《かたくらただし》だった。

しかし、もともと中身のない事件だったため起訴は見送られ、磯部や村中は停職処分にとどまった。それでも、無実の罪を着せられた両者は納得できない。彼らは辻、片倉、塚本を誣告罪《ぶこく》で訴え、さらに「粛軍に関する意見書」という文書をばらまいて三月事件やそれに続く十月事件などについて告発した。これらの事件は当時軍内部のみで処理され、一般には知らされていなかった。軍当局はこれに動揺し、磯部と村中を免官にしてしまう。この両者にしてみれば、無実の罪で停職となったばかりか、結果的に軍を追放されたのであるから、軍を恨むのは当然だろう。

永田にとってついていなかったのは、この一件の背後で糸を引いていたのが永田である、と認識されてしまったことだった。当事者の一人であった片倉は戦後に永田の関与と陰謀について否定している（片倉衷『片倉参謀の証言』）。

よく永田鉄山軍務局長の指示により、私と辻とが謀議して事件をデッチ上げた、といわれるが、私は参謀本部部員であり、永田軍務局長は陸軍省の所属である。職務上、私は永田の指示や命令を受ける立場にはなかった。

ただし、辻が事件をでっち上げたのは事実であり、片倉も陰謀は否定するが、関与自体は認めている。永田がどこまで知っていたかは微妙なところではあるが、この事件が磯部らの憎悪を掻き立て、永田の殺害と、二・二六事件へのレールを敷く一因となったことは間違いなさそうだ。

明けて、昭和十年二月。今度は議会を舞台に、深刻な事態が持ち上がる。貴族院議員である陸軍予備役中将菊池武夫《きくちたけお》の発言により、いわゆる「天皇機関説」問題が持ち上がったのである。これは東京帝国大学名誉教授の美濃部達吉《みのべたつきち》、枢密院議長の一木喜徳郎《いちききとくろう》らの学説である「天皇機関説」が不逞なものであるとして攻撃されたことに端を発する。

天皇機関説とは、簡単に言えば「君主（天皇）は国家統治の主権者ではなく、国家という大きな肉体の一つの機関である」とする考え方で、美濃部自身はこの考えを、〈君主が国家の機関であると申せば、チヨット聞くと何だかわれわれの尊王心を傷つけられるような感じがいたすようでありますが、これは国家がひとつの団体であることから生ずる当然の結果であります〉と説明している（美濃部達吉『憲法講話』）。

事実、当初は美濃部のこの学説について世間的に大きな問題になることはなかった。美濃部が最高学府で教鞭を執り、貴族院議員に選ばれたことからしても、その学説が「不敬」と批判されるようなものではなかったことがわかる。

しかし、世論の圧力に負けた当時の岡田《おかだ》内閣は「天皇は統治権の主体」であるとする「国体明徴《めいちょう》声明」を出し、美濃部らの学説を退けてしまう。結果的に、貴族院議員であった美濃部は、軍部や右翼の猛批判を受けて議員辞職を余儀なくされた。そして、この「天皇機関説」問題が、のちに渡辺が襲撃される重要な要因となるのだった。

真崎更迭

昭和十（一九三五）年七月、陸相の林銑十郎はいよいよ重要な決断を下した。教育総監として残っていた、真崎甚三郎《じんざぶろう》の更迭である。陸軍の定期人事異動は三月、八月、十二月に行なわれるが、それまでに林は徐々に皇道派の排除を行なってきた。そしていよいよ、皇道派の最重要人物の排除に乗り出そうというのである。
真崎更迭の噂は、すでに三月頃から流れていたようで、真崎の元にもその話が届いていた。七月十日の真崎の日記には林との会見の内容が記されており、真崎によれば本人を含めた人事異動の内容がおおよそ噂通りであることを林から確認している。林はこの際に閑院宮の思惑であるということを強調していたようで、真崎の反発を買っている。

不逞の奴なり。予《よ》は之《これ》は大義名分の問題故《ゆえ》斃《たお》る迄《まで》争うと断言せり。（伊藤隆ら編『真崎甚三郎日記』）

陸軍三長官の人事は三長官一致で決める慣例となっていた。しかし、真崎が賛成しないことで、この慣例を適用することは不可能とされた。三日後の七月十二日も林は真崎を「党閥の首脳たるは陸軍内の世論なり」と述べ（『真崎日記』）、退任を迫った。だが、やはり真崎はこれに頷くことはなく、林は困惑の末に渡辺の意見を請うた。

渡邊に相談すると『断』の一字あるのみ。何を右顧左眄《うこさべん》するかと励声叱咤《れいせいしった》する。そして陸軍人事は三長官の合意によって決するというのは誤りである。陸相が発案し参謀総長、教育総監の意見を聴取すれば足る。已《や》むを得ない場合には陸相の独断専行でも違法ではないということを、歴史と理論とを以《もっ》て説明した。林もこれで漸《ようや》く決心がついた。（高宮「暗殺された二将軍」）

林の秘書官だった有末精三《ありすえせいぞう》によると、渡辺が「時々官邸にお見えになったのは昭和十年七月」の「教育総監更迭人事の前後だった」とのことで（有末『政治と軍事と人事』）、高宮が述べるように真崎の追放について打ち合わせを行なっていたのだろう。

事は決まった。七月十五日、真崎と林、そして閑院宮を含めた三長官会議が開かれる。ここで林は真崎の退任を迫り、さらに閑院宮も続く。〈別に弁論はなかりしも自分も此の際《こさい》一大英断をなす必要ありと思う、総監に代《かわっ》て貰《もら》うことは必要と信ず〉と、同意見であることを示した（『真崎日記』）。林の意見に賛同する形であるとはいえ、皇族である閑院宮からも、真崎は教育総監をやめるように促されたのである。それでも、唯々諾々と受け入れることはできない。

　真崎としては殿下御意《ぎょい》に副《そ》わざることは誠に心苦しく申訳《もうしわけ》なき次第なり、然《しか》れども天皇陛下の教育総監としては之《これ》に同意する能《あた》わず。（『真崎日記』）

あくまでも「陛下の教育総監」として踏ん張り、徹底抗戦を試みる。真崎は、「教育総監は陛下に直属する」、従って同格である陸相がこれを更迭するのは統帥権の干犯である、と言い出した。こうなると、林としてはやむを得ない。最後の手段として当日単独上奏を行ない、人事案は裁可された。かくして、皇道派最後の砦《とりで》であった真崎甚三郎も教育総監の地位を追われ、軍事参議官という名誉職的色彩の強い立場の専任となる。そして同日、出張中だった渡辺が電報によって呼び返され、教育総監となった。

しかし、事はこれで終わらなかった。荒木や真崎らの皇道派は巻き返しを図るべく、「切り札」を持ち出す。彼らと林・渡辺の全面衝突が起こったのは、七月十七日の非公式軍事参議官会議だった。

激突

この日、軍事参議官会議に集まったのは新教育総監の渡辺のほかに陸相の林、真崎、荒木、阿部信行《あべのぶゆき》、松井石根《まついいわね》、杉山元（参謀次長）、川島義之《かわしまよしゆき》、菱刈隆《ひしかりたかし》の九人。そして、参議官ではないが、永田も末席に連なる。林が挨拶をし、渡辺が就任に際しての言葉、さらに真崎が退任の言葉を述べたが、ここでこのたびの更迭について林を非難する言葉を述べた。

これを引き取り、荒木が続ける（高宮『昭和の将帥』／以下、軍事参議官会議の模様は同書から引用）。

「ただいま真崎大将の話を聞くと、陸相の措置ははなはだ失当で、統帥権干犯のおそれもあるように思われる。この点について陸相の明快なる御答弁を願いたい」

林はこれに対して反論する。

「真崎大将の陳述は事実と相違する点が多い。しかし、ここでその真相を申しあげることは、それこそ統帥権干犯になる。人事事項は決定するまでは重要なる秘密であり、決定後といえどもその経過を語ることはできない。ただ、申しあげておきたいことは、就任以来幾度かの人事異動をしたが、いずれも真崎教育総監は大臣の人事行政を掣肘《せいちゅう》［妨害］せられたということである。ところが、このたびの人事異動について教育総監とは腹蔵《ふくぞう》なく協議したにもかかわらず、自説を固持してややもすれば不穏な言葉さえ出し、しかもその内容がいつの間にか外部に漏洩されている。あえて真崎大将が漏洩されたとは言わないが、陸軍大臣の人事行政を妨害せられたのでは、到底その責に任ずることができないので、遺憾《いかん》ながら更迭《こうてつ》をしたのである」

対して荒木は、将官以上の人事は三長官協議が省部協定されており、天皇陛下にも上奏裁可されている、これを陸相が破るのは統帥権干犯である、と返す。ここで阿部、そして渡辺が加わる。

阿部　その決定はご裁可を仰いだものではないと聞いている。いわゆるあげおき上奏で、陛下に奏上しただけのものではないか。

渡辺　その問題（将官の人事問題）は山県《やまがた》［有朋《ありとも》］公が非常に心配されて、そういう協定をして将来あやまちのないようにしたもので、ただいま阿部大将の言われるとおりあげおき上奏となっている。

林　これについては、陸軍省でも参謀本部でも研究した結果、教育総監が辞任を肯《がえ》んじないときは、陸相、参謀総長会議の上辞任させてさしつかえないという結論を得ている。

荒木　杉山次長、果してそのとおりであるか。

杉山　さようであります。

「あげおき上奏」とは、とりあえず天皇に上奏するものの、正式に裁可されたものではなく、天皇はそれを聞き置く、というものである。この問題については、その後も多少のやりとりが続いたが、結局、片が付いた。

続いて荒木が持ち出したのは、部内統制に絡む派閥問題であった。問われた林が真崎の派閥的言動を問題にすると、真崎は論点をずらして軍務局長の永田鉄山について言及する。

真崎　派閥とか何とかいわれるが、それなら永田軍務局長はどうであるか。永田は宇垣陸相時代三月事件に関係し、陸軍の統制をみだしたのみならず、その後の言動はことごとく派閥行動に終止しているではないか。こういう者を側近において、自分らをとやかくいわれるのは本末転倒ではないか。

渡辺　ただいまは永田軍務局長の言動を議題としているのではない。問題を紛糾させるためならば別であるが、永田少将のことは、また別の機会に論議されてはどうだろうか。

この渡辺の言葉も流され、話は永田の三月事件の際の行動へと移る。

林　ただいまのお話だけでは、永田軍事課長［当時］が軍の統制をみだしたという事実は諒解できない。ことにそれほど悪い人物を荒木陸相は軍事課長として直接の部下に使い、進級させて参謀本部の要職につけられたのは何故《なにゆえ》であるか。当然相当の行政処分をすべきではなかったか。今ごろになって持ち出されることはすこぶる迷惑である。しかし、もし過去のことといえども、永田に非違があれば、これを糾明《きゅうめい》するのは自分の責任であり、場合によっては、永田の責任は自分の責任としてあえて回避するものではない。よって、抽象な攻撃をするより、具体的に示されたい。

これに対して真崎が持ち出したのは、小磯が永田に書かせた例の「小説」だった。

真崎　これは確かに貴官の執筆と思うが、間違いはないか。
永田　私の執筆したものに相違ありません。［中略］
真崎　証拠はこのとおり判然としている。かようなだいそれた計画を立案執筆した軍事課長を、そのまま不問に付し、こともあろうに陸軍軍政の中枢たる軍務局長に就任させるとは何事であるか。

前後のやりとりを読むと、林はどうやらこの件について全く知らなかったらしい。永田本人もこれを認めている以上、永田が書いたものであることに間違いはないので、その真偽を確かめるまでもない。決定的な証拠である。永田の直属の上司である林にとっては、極めて不利な状況に追い込まれたと言える。
しかし、ここで反撃に出たのが渡辺だった。

渡辺　ただいま回覧された書類は、確かに穏やかならざることが書いてある。しかも執筆者自身これを容認しているから、一点の疑念もない。このかぎりにおいてはあくまでも事実を糾明する必要があろう。ただし、これが軍事課長がその職責上策案したものであるならば責任を追及せねばならぬが、たんに個人の意見であるなら、公の席上で論議する対象とはならない。一覧したところどうも後者に属するもののように思われる。真崎閣下はどうお考えになるか。
真崎　渡辺閣下はこれは正規の書類ではない。正規の書類ならば局長、次官、大臣の決裁がなければならぬというご趣旨とうけたまわる。しかし、これは普通の書類とは違う非合法なるクーデター計画書である。上官の決裁印がなくても実質はりっぱな公文書である。
渡辺　自分はたんなる私文書、一種のほご［反故］と思ったが、ただいま真崎閣下は公文書、軍の機密文書とのご意見である。列席の諸官はこれをどう見られるか、念のためご意見をうけたまわりたい。
［中略］
荒木　念を押すまでもなく、これはりっぱな軍の機密書類である。
渡辺　疑念はあるが、荒木閣下の説にしたがってこれを機密公文書と認めよう。そこで改めてお伺いしたいが、軍の機密文書を一軍事参議官が私蔵しておられるのは、どういう次第であるか。機密書類の保管についてはそれぞれの内規がある。一部でも外部に持ち出されていたとすれば、正に軍機漏洩である。真崎参議官はいかなる経路で入手し、私蔵しておられたのであるか。ご返事いかんによっては、所要の手続きをとって糾明せねばならぬ。

この発言で形勢が一気に逆転する。渡辺は、荒木を上手く誘導して件の文書は「機密書類」との言質をとり、その所持自体が問題であることを指摘したのである。それでも荒木は抵抗を試みる。

荒木　その書類は軍事課長室の機密文書を収蔵している金庫の中にあったものだ。不穏な文書であるから、当時陸軍大臣たる自分のもとに提出せられ、自分も放置できないから、真崎参謀次長に廻付したものである。軍機漏洩などもってのほかである。

渡辺　書類が真崎大将のもとに廻付された経路はそれでわかった。しからば真崎次長は当時その下僚であった永田第二部長に対し、しかるべき行政措置をとられたであろうと思う。しかし、そういう措置をとられたという事実は寡聞《かぶん》にして知らない。恐らく大臣も次長も、不穏且《か》つ不埒《ふらち》なる文書とは思われなかったのではないか。また、公文書であれば参謀次長を罷《や》めるときには当然後任者への引きつぎがあるべきである。それをもなさず、軍事参議官となり教育総監となり、さらにまた軍事参議官となった今日まで私蔵し、この席に提出されたのはいかなる理由からであるか。憶測を逞《たくま》しうするならば、他日永田を陥れる材料にせんがため、ひそかに所持しておられたと解せられぬこともない。この点について、真崎参議官から明快なるご答弁を願いたい。

これで勝負はついた。荒木と真崎は黙り込んでしまい、反論できずに終わった。そして阿部信行の提案で、永田のメモは林の手に渡されたのだった。

渡辺「意見書」の激烈

以上の経過は、高宮太平の記すところに依っている。しかし、高宮は渡辺や永田を敬愛し、皇道派とは疎遠な関係にあった。渡辺の鮮やかな手並みが光るこの記述は、果たして信頼できるのだろうか。

渡辺にやり込められた側の一人である真崎の日記には、高宮が記したようなやり取りは記されておらず、荒木が三月事件について批判的に言及し、それで終わりになっている。これを読む限りでは、高宮が記述したような議論があったとは思えない。

実は、もう一人の当事者である荒木が戦後に記した回想では、経過や文言は異なるものの、高宮の記述と似通った部分がある。荒木が三月事件に関する永田の関与を示す証拠を突きつけ、林が沈黙したところで渡辺が口を開く（有竹修二編『風雲三十年』）。

「荒木参議官の出された品物は官物《かんぶつ》［官有物］ですか、もし官物ならば、それを私《わたくし》して持っているのはよくないと思う」

だいぶ言葉は柔らかくて短いが、高宮が記している渡辺の発言と主旨は同じようなものだろう。これに対しての荒木の発言は、こうなっている。

「考えてみなさい。もし、この物が私の手許《てもと》から離れていたらどうなるか。私はこのまま捨てて始末してしまうつもりでいた」

荒木の回想にはその後の渡辺のさらなる反撃の模様はなく、そのまま散会したような記述になっている。

永田のメモも、真崎ではなく、荒木が取り出したことになっている。これは、どう判断するべきだろうか。

その疑問を解くにあたって参考にすべき一史料として、渡辺が書いた「意見書」なるものが存在する。『検察秘録　二・二六事件Ⅳ』の「補遺ならびに解題」に収められたこの史料は、同解説によると昭和十一（一九三六）年一月頃に書かれたと思われ、手書きの草稿と成文が存在する。未発表だが、宛先は林の後任の陸相、川島義之とされる。

『軍紀は軍の命脈にして其《そ》の張弛《ちょうし》は勝敗の由《よ》りて岐《わか》るる所なり　而《しか》して軍紀の要素は服従に在り。』とは陣中要務令綱領の示す所たり　故《ゆえ》に我《わが》陸軍建設の初めより軍紀の振粛《しんしゅく》［引き締め］を以《もっ》て軍統率の根本義となし　苟《いやしく》も［もし］軍紀を乱る者あれば敢然之《これ》に制裁を加えたり

然《しか》るに最近に於《お》ける我陸軍々紀の状態は果して如何《いかん》ぞや　軍の楨幹《ていかん》［幹部］たる将校にして聖諭《せいゆ》［勅諭］に背《そむ》き法令を無視し公然政治を談じ国政の改革を論じて憚《はばか》らず　或《あるい》は党派を作り横断的連繋《れんけい》を為《な》して上長の命令に服従せず　上長も亦敢《またあえ》て之《これ》を制裁するの勇なく唯《ただ》世相の険悪に由るものにして如何とも為し難しとして之を放任しある実情に在り　之をして軍紀の弛廃《しはい》と言わずして何とか言わん

而して斯《かく》の如き軍隊を以《もっ》て一旦《いったん》外敵と戦わんか　勝敗の数智者《ちしゃ》を待《まち》て後《のち》知るべきに非《あらざ》るなり［中略］

渡辺がここで説いているのは、まさしく問題となっている青年将校の下剋上的風潮で、彼らはしきりと政治的談義を交わし、時に上官に反抗する姿勢すら見せていた。これでは軍紀の弛緩《しかん》甚《はなは》だしく、万が一の時に実力を発揮することなどできないとする。渡辺が当時何を憂慮していたのかが明快にわかる文だといえる。

昨年［昭和十年］七月流布《るふ》の怪文書中絶対に外部に発表を憚《はばか》るべき省部協定事項内容の一部を暴露し　又《また》大臣、総監の対話を発表せるものあり　何人《なんぴと》と雖《いえど》も其《そ》の暴露者は許すべからざる軍紀の破壊者なるを思わしむ

同十七日軍事参議官会同席上某《ぼう》参議官は公の性質を有する文書並びに爆発物を私宅に蔵しありて之《これ》を会同席上に持参し　永田局長攻撃の材料となし且《か》つ同席上談話の内容一部は怪文書に依《よ》りて世間に発表せられたり［中略］

而《しか》して何故《なにゆえ》に突如総監の交迭《こうてつ》［更迭］を実施せざるべからざるに至りたるやは少しく部内の情況に通じたるものの斉《ひと》しく了知《りょうち》する処《ところ》にして　約言すれば前総監は省部協定事項の一部を以《もっ》て将官同相当官の人事には陸軍大臣と同等の発言権ありとなし　極力自説を固執《こしつ》し　大臣の職責を干犯《かんぱん》［侵害］して人事上の施設を妨害し　三長官中二長官の同意を無視し　遂《つい》に大臣をして人事運用の職責を行うを得ざらしむるに至り　大臣は自己の職責上又陸軍々人統督《とうとく》の必要上所信を実行する為《た》めの障害を除くの挙に出でたるものにして　事の茲《ここ》に至るまで実に一年有余大臣は前総監の容喙《ようかい》［干渉］に依り人事上の所信を実行し得ざりしも能《よ》く之を忍び来たりたる余《あまり》　遂に忍ぶ能《あた》わざるに至りて此《こ》の交迭を実行したるものなり　而して大命に依り交迭実行せられ　之を以て大権干犯と云《い》うが如き不逞《ふてい》の言を出す余地あらんや

続けて渡辺は、皇道派に対する激しい批判を展開していく。将官以上の人事は三長官で決めるとする省部協定をバラしたこと、陸相の人事権に容喙し、あまつさえ「統帥権干犯」を持ち出して抵抗したことを、激烈な筆致で論難している。ここにある「前総監」とは無論、真崎のことにほかならない。

陛下の命令に絶対服従し一身を鴻毛《こうもう》の軽きに比し只管《ひたすら》忠節を尽《つく》すを本分とすべき将校にして官制、条例を無視し　特異の情況に於《おい》て作製せられたる省部間の内規を悪用し　大臣の職責を干犯《かんぱん》し且不逞《かつふてい》の言を為《な》す　之《これ》をしも許容せんか軍紀の維持決して望むべからず［中略］之を以て大権干犯なりと主張せる張本人は　速《すみやか》に其の責に任じ　進みて相当の制裁に服せざるべからず　若《も》し本人進みて責に任ぜざれば軍紀維持の職責を有する大臣は断乎《だんこ》として其《その》職権を使用すべし　若し大臣にして此《この》重大なる軍紀犯に対し何らの制裁を加えざらんか自ら軍紀維持の職責を辱《はずか》しむるものと言うべし

「不逞の言」「軍紀犯」という言葉が、渡辺の怒りのほどを示している。その上、陸相の川島にまで「これを罰しないなら、あなたは自分の職責を辱めていることになる」と、その矛先を向けている。

「意見書」の渡辺の口調は、高宮が描く参議官会議での渡辺の姿を彷彿とさせる。荒木の回想のように有耶無耶《うやむや》な終わり方であれば、渡辺がここまで自信をもって真崎らを批判するような意見書を書くことはできなかったと思われる。参議官会議で渡辺が荒木らを完膚なきまでに論破し、これに大きな不満を覚えた真崎らが青年将校らに様々な情報をもらしたのではないだろうか。誇張などはあるとしても、『昭和の将帥』に書かれた通りのやり取りでおおよそ合っている、と考えられる。真崎の日記や荒木の回想が私的要素の強いものであることに対し、渡辺の「意見書」は陸相に提出するための公的性格が強いものであることも、内容の正確さを裏付ける証左となるだろう。

また、憲兵として様々な事件を取り扱った経験のある大谷敬二郎《おおたにけいじろう》は、皇道派と反皇道派の証言が食い違っていることに触れながらも、次のように証言している。

当時、筆者の伝聞したところでは、永田を槍玉にあげて強く林の責任を追及したこと、更《さら》に渡辺によってこの証拠品の出所と所持を逆襲されて荒木、真崎の鉾先《ほこさき》も鈍ったことは事実だったようである。

（大谷敬二郎『昭和憲兵史』）

憲兵は、職掌がら情報収集に長けているので、大谷のもとにもその情報が届いていたのだろう。詳しい内容は不明ながらも、大まかな流れは高宮の著書と一致する。

また、この日の非公式軍事参議官会議については、侍従武官長である本庄繁《ほんじょうしげる》の日記（未刊行部分）にも多少の記載がある。日記によれば、この日の会議は「午后一時半より五時半」にわたって「総監更迭問題に絡み」大いに議論が交わされたという。相当激しい議論が行なわれたのだろう。そう考えると、細部の間違いや誇張はあるかもしれないが、概ね高宮の記す参議官会議の模様は正しかったとみていいのではないだろうか。

ともあれ、こうして皇道派の主要メンバーは陸軍中央から姿を消した。しかし、同時にそれは、合法的に「昭和維新」への道を絶たれた青年将校たちを、より一層蜂起に追いやることでもあった。

好評だった渡辺の抜擢

真崎から渡辺への教育総監交代は、好意的に迎えられた。

東京朝日新聞の昭和十（一九三五）年七月十七日付夕刊（発行は前日の七月十六日）一面には、「空前の大英断」と題して林による人事を称える記事が記載されている。

> 教育総監の更迭《こうてつ》は陸軍人事に一時期を画するものである、林［銑十郎］陸相は昨年一月就任後それまで兎《と》角《かく》歪曲《わいきょく》された観のあった人事を一年間位で正道に引き戻す積《つも》りで昨年の三月、八月、十二月に亘《わた》って異動を行ったがその間常に真崎［甚三郎］教育総監と意見を異にし本年三月の異動においても頗《すこぶ》る物足りない平凡なもので部内は挙《こぞ》って適材適所主義による高級人事の刷新を要望し若《も》し八月の定期異動で陸相がこれを断行し得ないようでは陸相の信望も地を払うに至りはせぬかと観られていた、この部内の情勢は意見具申の形を以《もっ》て強烈に陸相を刺激した十二日最初の三長官会議には陸相が提示した異動原案に対しその最も主力を注いでいた某師団長につき教育総監が真向《まっこう》から反対し遂《つい》に陸相は立場を失うに至った、これを見て杉山［元］参謀次長、橋本［虎之助］次官、今井《いまい》［清《きよし》］人事局長等《ら》の当局者及び某軍事参議官等は極力《きょくりょく》陸相を鞭撻《べんたつ》して原案遂行を勧説《かんぜい》し陸相も万已《ばんや》むを得ざれば教育総監更迭の決意を固めて十五日の第二次三長官会議に臨んだ
>
> 然《しか》るに一方真崎総監に同情を有する某軍事参議官及び顕職《けんしょく》にある某大将を始め在京将官中には林陸相に会見して総監支持陸相譲歩を慫慂《しょうよう》［督促］したり某所に会合して種々な策動をしたりしている事実が明瞭になると共にいよいよ陸相も肚を決めて十五日には総監にその勇退を求め参謀総長宮殿下の御同意を得て断乎《だんこ》更迭を決し直《ただ》ちに上奏御裁可を仰いだ訳である

林と真崎の間に対立があったこと、そして人事異動をめぐってとうとう真崎更迭を決意したことなど、大まかな流れは軍外部にも知られていたようだ。全体的に、林に好意的な記事になっている。続けて、渡辺が林と同期でこれまで陰から支援していたこともちゃんと書かれており、この記事を読めば、どのような対立構造になっていたか気がつく人はいたかもしれない。

三長官の一人を更迭してその所信を断行したということは陸軍としては殆《ほとん》ど空前といってもよい大問題で陸相としては満洲事変当時の越境問題以上の大英断であった、即ち今度の異動は軍内部の統制強化にあるが尚《なお》派閥の中に閉じ籠ってこの上妄動《もうどう》するにおいては更《さら》に大斧鉞《おおふえつ》［大鉈《おおなた》］が振るわれるようになるかも知れぬ、而《しか》して八月の定期異動は十七日渡邊辺新総監の旅行より帰京を待って改めて銓衡《せんこう》［審査］し上奏御裁可を仰ぐ段取《だんどり》とある、新総監の渡邊大将は陸相と同期で派閥に超然とした公正な立場にあって常に陸相を蔭から支持鞭撻《べんたつ》して来たので今後は人事についても妥当なる移動が行われることになろう、而して陸相今回の英断に対しては部の内外において頗《すこぶ》る好評のようである

この新聞記事は新総監である渡辺ではなく、林と真崎の確執とその結果の更迭を主としているが、その後に就任した渡辺についても好意的な論評がなされている。

対する渡辺は、この人事をどのように受け取ったのだろうか。

教育総監交代についての第一報が載った翌日の同紙には、「陸相に全幅の信頼」と題して、出張先の山陰から引き返した渡辺が大阪―東京の列車内で語った談話が掲載されている（東京朝日新聞昭和十年七月十七日付朝刊）。

全く寝耳に水だ、何しろ私はもう四五日間山陰の温泉や隠岐島の旅をする積《つも》りだった位で東京を発《た》つ時にもそんな話は全然なかったのだったから、あの温厚な林大臣としては余程の事があったじゃろう、此点《このてん》非常に重大な局面に立ち至ったものだ、然《しか》し伝えられるように林大臣と真崎大将が人事異動に関して衝突した結果からなったという点については私の立場としてどうしても全然その事実なしといいたい、それは軍としてあってはならぬことだ、だが事実問題として閥や党派が出来ているような

風に一般にとられてしまっているという点について残念というより外《ほか》に仕方がない

これまでの経緯から考えれば、「寝耳に水」というのは無論、嘘であり、当然渡辺は真崎の更迭を知っていたはずである。むしろ想像を逞しくすれば、渡辺がこの時期に山陰に出張に行ったのも、林と示し合わせての更迭劇であることを疑われないためだった可能性もある。

真崎大将個人について何も言い得ないが誰でも仕事をやり得る腕のあるものは動《やや》もすれば「ともすれば」やり過ぎるし、つい思っていることを突っ張るようになるものだからネ――本来人事異動は大臣が責任者で立案した上参謀総長、教育総監は只其《ただその》決定に参与するだけで何《なん》らの権限もないのである、だから今度の処置についてては大臣が自分の責任を全《まっと》うする上について障碍《しょうがい》があればこれも断乎《だんこ》として取り去るのは当然で、この点軍のために大いに喜んでいる

渡辺はさすがに表立って真崎を非難することはないが、「つい思っていることを突っ張る」と暗に真崎が強情であることを指摘し、林の人事権行使を「当然」として擁護している。

今度の更迭の結果について種々重大な影響もあることだろうが真崎大将を中心とする方面のことについては何も言えない、ただ実際にわしが総監になるものとすれば老骨ながら一意専心本分に励むのみである、教育畑は全然素人だが常から興味も関心も持ちぼつぼつ研究し航空本部長時代にも相当苦労をしたから御奉公出来る積《つも》りだ、林大臣とは士官学校時代同期で士官候補生時代も当時名古屋にあって歩兵第十九連隊の同じ営舎内に生活を共にしその後大学時代も一緒で参謀本部時代に部は違った

が連絡はありいわば分隔《わけへだ》てのない旧友で若《も》し今度本営に三長官として一緒に生活をやって行くについては非常に好都合である

全体的に、慎重に言葉を選んではいるが、真崎よりも林に理があることを明確にしている印象を受ける。

「目立たぬ武人」

さて、教育総監更迭はセンセーショナルに報じられたが、「渡辺新総監」就任の一報は世間にどのように迎えられたのか。七月十七日付読売新聞夕刊には、「陸軍三学者のピカ一　突如の大嵐で押しあげられた渡邊大将の横顔」のタイトルでその人物が紹介されている。

将軍は愛知県の出身で、本年六十二歳「学者の渡邊」で通っているだけに部内三学者のピカ一、学者肌の温厚な君子人として通っている。［中略］

少尉時代から有名な読書狂で月給の大半を書籍費にあて、汗臭い一張羅の軍服で押し通したという武骨なエピソードもある。

やはり渡辺の第一の特徴として挙げられているのは「学者将軍」とも称されたその泰然たる存在感だ。外見（服装）よりも中身（書籍）にお金を費やしたという話が読書家としての一面を一層際立たせている。このあたりは、幼少期のエピソード（服を破っても気にかけなかった）に通じるものがある。

しかし加えて〈その癖《くせ》大尉時代にはあの気むずかし屋の故山県元帥の副官を勤めあげたお人柄でもある〉との評言もあり、やはり当時から山県有朋の副官を務めるのがいかに困難であったかということがある程度は知られていたようだ。

また、前掲の評論家三鷹三郎《みたかさぶろう》による論考「渡邊大将と松岡洋右《まつおかようすけ》」では、渡辺を「目立たぬ武人」と評した上で、新教育総監への起用を次のように歓迎している。

新教育総監、渡邊錠太郎大将は、世間的に目立たぬ武人である。しかし目立たないということは、武人として恥ずべきことではない。それどころか吾々《われわれ》はむしろ歓迎する。軍人が兵隊以外の国民に号令して国家を引きずり回そうなどと考える御時世《ごじせい》が、若《も》しあるとしたならば、そんな時にコツコツと軍務に精励して世間に目立たぬ軍人が存在するということは、わるい感じはしない。軍人は戦時に目立ってくれればいい。東郷《とうごう》、乃木《のぎ》、武藤《むとう》等、軍神級の武人は、決して平時に勇名を轟《とどろ》かした軍人ではなかった。

三鷹は、渡辺を東郷平八郎《へいはちろう》や乃木希典《まれすけ》といった、当時の英雄クラスの将軍たちと並べて評している。武藤とあるのは、関東軍司令官などを歴任して元帥にもなった陸軍大将武藤信義《のぶよし》のことだろう。

渡辺についてこのような印象を述べているのは三鷹だけではない。毎日新聞で陸軍省詰め記者だった石《いし》橋恒喜《ばしつねよし》は、戦後ある座談会で次のように述べている。

私は航空を担当していたので、航空本部長時代によく渡辺のところへ行きましたが、この人は学者軍人で、何だか影が薄かったですね。あのころの軍人は大山《おおやま》［巖《いわお》］元帥のように、幕僚のいってくることに対して「うん、よし、よし」って、めくら判をパンと押すのが偉いと考えられておったから、あんな学者のような軍人は問題にされなかったんですね。私も、彼は軍事参議官ぐらいで終わるんだ

ろうと思っておりました。〈三宅正樹代表編集『軍部支配の開幕』〉

高宮太平も渡辺を〈学者肌のおとなしい将軍〉と評している（『昭和の将帥』）。渡辺と実際に接したことのある記者ですら、「影が薄かった」と形容しているのだ。かつて橋本欣五郎が渡辺、菱刈、林の三人を集めて「事を起こす」すなわちクーデターをけしかけた際、渡辺はこれを一蹴している。そうした時に、国家改造など軍務以外の政治的事柄について持論を述べたり実際に政治に介入したりするのが政治的な軍人といえるだろうが、渡辺はそのような行為を否定していた。それゆえに「影が薄かった」のだともいえる。

そして前出の三鷹は、「目立つ武人」真崎教育総監が「温厚の武人」林陸相によって更迭されたことは「国民にとってショッキングだった」と証言している。

しかし今度の教育総監更迭は国民にとってショッキングだった。それは新たに渡邊大将が出現したからではなく、目立つ武人真崎大将が、温厚の武人林陸相から強引に椅子をひきずりおろされたからである。陸軍三長官の一人がかかる強引的方法によって更迭されたことは異常のことであり、また定期異動の露払い的準備工作として三長官の一角が更迭せしめられたということも、陸軍始まって以来の空前の出来事だったのである。その複雑微妙深刻なる部内事情の波動の中に、吾《わ》が渡邊大将が教育総監の椅子にせり上がって来たのである。（三鷹「渡邊大将と松岡洋右」）

三鷹は、曖昧な言い方をしてはいるが、軍内部で何らかの争いがあったことを匂わせている。公然とは言えなくとも、派閥抗争が激化していることは、政府や軍、報道関係者の間では周知の事実だったのだろう。三鷹はこの交代を、率直な表現で記録している。

とにかくこれは陸軍人事に画期的の大事件で、流石《さすが》心臓の強い三宅坂《みやけざか》［陸軍省・参謀本部を指す］もこのクーデター的更迭には敵も味方もビックリした。

温厚の林、目立つ武人真崎、そして目立たぬ武人渡辺――三者の思惑が絡み合って行なわれたこの更迭劇は、軍の内外に衝撃を与えた。そうした中でも、三鷹のように、平時には目立たなかった渡辺を非常時の日本には相応しい人材だと評価する向きもあったのである。

だが、同期の林と共に陸軍改革に乗り出そうとしていた渡辺の前途に、早くも暗雲が立ち込める。

永田鉄山の死

昭和十（一九三五）年八月十二日午前十時少し前、帝国陸軍の中枢を震撼させる事件が起きた。当時軍務局長室で執務中だった永田鉄山軍務局長が、現役陸軍中佐に刺殺されたのである。犯人の相沢三郎《あいざわさぶろう》中佐は剣道の達人で、荒木・真崎ら皇道派に近い青年将校の一人だった。

直接の命令系統にない相沢が永田を訪ねたのはこれが二度目だった。一度目は七月十九日、真崎が教育総監を更迭されて間もない時期のことで、この時の相沢は永田に辞職を勧告しに来ている。相沢曰《いわ》く、陸軍大臣は〈輔弼《ほひつ》の重職にあられる〉、つまり天皇を補佐するものであり、その大臣に対して〈間違った補佐をする〉のは〈大御心《おおみこころ》を間違えて下万民《しもばんみん》に伝える〉ことになる、それゆえ永田の行為は「下克上である」というのだ（菅原『相沢中佐事件の真相』）。結局、両者の話は噛み合わず、有耶無耶《うやむや》のまま別れた。

しかし、相沢が自身の所属する福山の連隊に帰り、ある文書を手にしたことで情況は変わる。真崎更迭後の七月二十五日にばら撒《ま》かれた「軍閥重臣閥の大逆不逞」という怪文書が、教育総監の更迭は統帥権の干犯であると詰り、林を「八方美人式優柔不断の後入斎《こうにゅうさい》［他人の意見に動かされやすい人］」とし、その黒幕として永田を名指しして、その「反動革命」を激しく批判している。

両三年来、殊《こと》に永田［鉄山］少将が軍務局長となり後藤《ごとう》［文夫《ふみお》］が内相となって以来、政府軍部を中心とする施設の一切は維新派［＝皇道派］の弾圧、維新派の信念たる国体本義の否認である。策動暗躍の凡《すべ》ては彼等《かれら》閥族《ばつぞく》の権勢維持進んでは国家壟断《ろうだん》の完成の為《た》めのもののみである。［中略］

陸軍教育総監の更迭は一真崎大将排斥ではなく反動革命の一露頭に外ならない。皇国の非常時は外患に非ず、社会不安にも非ず、此《こ》の閥族のユダヤ的陰謀の進行そのものである。皇国国民の総蹶起《そうけっき》すべき秋《とき》は到来した。慎んで進路を誤るなからんこと、毫末《ごうまつ》［ごくわずか］の懈怠《けたい》［緩み］躊躇《ちゅうちょ》なからんことを祈るものである。（今井清一ら編『現代史資料⑷国家主義運動⑴』）

最後の部分は、もはや檄文といっていいだろう。永田が重臣や軍閥と組んで恐るべき陰謀を企み、国家を私物化せんとしている、と決めつけている。

同文書には、渡辺に対する批判も載せられている。林が真崎を更迭し、新教育総監として東京に呼び返された渡辺が汽車中で林の措置を当然と発言した新聞記事を引用し、こう詰っている。

彼は旅行出発前に陸相と後任内約を陰謀していた形跡あるのみならず信念に於《お》いて陸相と同腹の不敬漢であり、自ら総監たるの職責を知らざる人物である。

学者肌の君子人と云《い》われているが武蔵山《むさしやま》部屋などを舞台とし角力《すもう》趣味に隠れて姑息《こそく》な政治的暗躍を

するのみならず、右の如き放談をする如きは皇軍の風上に立つ底の人物に非《あら》ざる証明である。

これは批判というより、もはや中傷に近い。

しかし、こうした陰謀論や中傷に走るということは、裏を返せば彼らが追い詰められている証拠でもあった。実際、皇道派の横暴ぶりは国民の目から見ても評判は良くなかったようで、三鷹三郎は教育総監更迭までの林の人事を「隔靴掻痒的小刀細工《かっかそうようこがたなざいく》」と評し（三鷹「渡邊大将と松岡洋右」）、皇道派を追放できない林に対する批判を隠していない。その上で、真崎と代わった渡辺については「至高至平《しこうしへい》、派閥に超然と何らの色にも着色されず、四十年中正の道を歩いてきた」と高く評価している。

こうなると、皇道派にとっては挽回の方法は限られてくる。その結果の一つとして、永田暗殺事件を考えることができるだろう。

真崎らが外に漏らしてはならないことを漏らし、それが永田の死につながったとすれば、渡辺の命も安全ではない。それでも、渡辺は彼らを追及することをやめなかった。永田殺害後の八月終わりに開かれた参議官会議では、再び真崎を激しく問い詰めている。同じく参議官だった寺内寿一《てらうちひさいち》が、西園寺公望《さいおんじきんもち》の秘書である原田熊雄《はらだくまお》にその時の模様を語っている。

先日、軍事参議官会議で、渡邊大将が真崎大将に例の怪文書を突付《つきつ》けて、『この内容は、陸軍大臣と貴公以外に知っている者がないわけだ。で、陸軍大臣が口外しなければ、貴公が洩らしたに違いない。かくの如きものを出させただけでも、貴公は当然職を辞すべきである』と言って強く迫ったが、他の軍事参議官が『まあ、この際はそんなことを言わないで……』と言って収めた。結局、荒木、真崎を罷《や》める時に、林陸軍大臣も同時に辞めなければならないのではないか。（原田熊雄『西園寺公と政

局　第四巻』）

もはや、渡辺は真崎らとの敵対姿勢を隠そうともしなかった。他の参議官が仲裁に入らねばならないほど、強い調子で責任を問うている。永田が殺害された以上、遠慮などしている場合ではなく、いっそう自分が表に立って戦わねばならない、と考えたのかもしれない。翌年一月に川島陸相に宛てて書いた先述の「意見書」にも、軍内部の下剋上的風潮を改め、政治を論ずるのをやめさせて軍紀を取り戻さねばならない、との決意が強く滲み出ている。

その渡辺も、永田亡き後は「反皇道派」の中心的人物の一人として、彼らの攻撃を受けることになる。

「天皇機関説」をめぐる誤解

さらに渡辺に対する批判を過熱させるきっかけになったのが、前述した「天皇機関説」問題だった。

昭和十（一九三五）年二月十八日、貴族院の菊池武夫議員が美濃部達吉議員（東京帝大教授）の天皇機関説を槍玉にあげたことから始まったこの騒動の以後の経過をまとめると、次のようになる。

三月二十日　貴族院が国体明徴を訴える政教刷新決議を採択
三月二十二日　衆議院が国体明徴決議を採択
四月六日　陸軍の真崎甚三郎教育総監が機関説排撃と国体明徴の訓示
四月七日　美濃部達吉議員が不敬罪で告発される
四月九日　内務省が美濃部議員の著書三冊を発禁処分
四月以降　右翼団体と在郷軍人会を中心とする機関説排撃運動が全国に拡大

七月十五日　真崎が更迭され、後任に渡辺錠太郎を選定
八月三日　岡田啓介内閣が国体明徴声明を発表
九月十八日　美濃部議員が辞職
十月十五日　第二次国体明徴声明を発表

こうした中で同年十月三日、渡辺は名古屋の偕行社に第三師団の将校を集め、機関説問題に関連して訓示を行なった。そしてこの訓示が、大きな波紋を引き起こすことになる。

天皇機関説が不都合であると云《い》うのは今や天下の輿論《よろん》で万人無条件に之《これ》を受け入れて居《お》る。然《しか》し之《これ》は明治四十三、四年頃からの問題で、当時山縣［有朋］元帥の副官であった自分は其《そ》の事情を詳知して居る一人である。元帥は学者を集めて種々研究を重ねた結果、解決困難な問題として慎重な態度をとられ、遂《つい》に今日に及んだのである。

同じく国体問題でも南北朝正閏《せいじゅん》の如きは簡単に片付いたが、機関説問題は数十年来の難問題で到底解決するものではない。機関と云う言葉が悪いと云う世論であるが、自分は悪いと断定する必要はないと思う。御勅諭《ちょくゆ》の中に「朕《ちん》を頭首《とうしゅ》と仰ぎ」と仰せられている。頭首とは有機体たる人間の一機関である。

天皇を機関と仰ぎ奉《たてまつ》ると思えば何の不都合もないではないか。機関説排撃、国体明徴《めいちょう》を余り騒ぎ廻ること、殊《こと》に軍人が騒ぐのはいけない。云々《うんぬん》（森松俊夫「天皇機関説に非ず」）

この渡辺の訓示は、「教育総監が天皇機関説を支持した」として大問題になる。聞いていた将校の一部

がこれを印刷して配布し、全国から非難が殺到したのだった。歴史研究者の間でも、真崎の更迭に加えてこの名古屋での訓示が大きな要因となり、渡辺が二・二六事件の襲撃対象に加えられることになったとする見方が根強い。

しかし、後世の視点から訓示を改めて読み返してみれば、渡辺はここで至極冷静に天皇機関説をめぐる議論を整理してみせていることがわかる。

まず現状認識として今やすべての国民がこの説を「不都合」だと受け止めているとした上で、もともと明治四十年代に最初に天皇機関説が発表された当時から、山県有朋元帥は学者たちを集めて研究を重ねた末にこれを「解決困難な問題として」認識していたとし、渡辺自身も「数十年来の難問題で到底解決するものではない」と言明している。その心は、世論では天皇陛下を機関と見なす学説を不敬だとする意見がある一方で、天皇自身が勅諭の中で「朕を頭首と仰ぎ」と人体の一機関になぞらえており、それを否定するのもいかがなものかという思いがあったものと考えられる。

実際、同年四月に真崎が行なった機関説についての訓示に対して、天皇自身は不満を表明していることが侍従武官長である本庄繁の日記に記されている（四月九日）。

〔真崎〕教育総監の訓示を見るに

1　天皇は、国家統治の主体なりと説けり、国家統治の主体と云《い》えば、即ち国家を法人と認めて其《その》国家を組成せる或《あ》る部分と云うことに帰着す。

然《しか》らば所謂《いわゆる》天皇機関説と用語こそ異なれ、論解の根本に至りては何ら異なる所なし、只《ただ》機関の文字適当ならず、寧《むし》ろ器官の文字近からん乎《か》。（本庄繁『本庄日記』）

天皇にしてみれば、真崎らの説く主体説（主権説）と美濃部の機関説の意味するところは根本では違っておらず、ただ字句が相応しくないだけではないかという。つまり、機関説をわざわざ排撃する必要はないということになる（この後も天皇は真崎の訓示に対する疑問を縷々述べている）。

ゆえに渡辺は、自分たち軍人は山県元帥に倣って慎重な態度をとるべきであり、あまり騒ぎ立てないように訓示したのである。

それだけではない。この訓示について、渡辺は「自分は天皇機関説を支持しているわけではない」という趣旨の記録も残している。誰に宛てられたかは不明ではあるが、書簡の下書きと思われる草稿を軍事研究家の森松俊夫《もりまつとしお》が紹介している。文中に「本問題」とあるのは天皇機関説のことを指す。

天皇自身は「天皇機関説」排撃を訴える真崎の訓示に不満を表明していた（写真は、昭和8年大元帥の正装姿の昭和天皇）（毎日新聞社）

十月上旬名古屋衛戍《えいじゅ》地［名古屋の陸軍駐屯地］の某《ぼう》隊に於《おい》て本問題の研究を将校に要望し居《お》り且《か》つ研究資料として当時倒閣を以《もっ》て唯一の解決手段なりと主張せる印刷物に限定せられおるを承知し、現役将校が倒閣を目的とする印刷物を研究するは適当ならずと思考したる結果、之《これ》に注意を与え且《かつ》各隊長と懇談席上左の所懐を述べたり。

吾人《ごじん》将校の国体に関する信念は悉《ことごと》く確乎《かっこ》不動なりと信ず。然《しか》れども憲法第四条に於《お》ける「国の元首」なる字句の法理的解釈に至りては相当複雑なるものたらん。

吾人が本務の傍らを以てする研究にて容易に一定の解釈に到達すること困難なりと思惟《しい》す（明治の末年頃《ごろ》本問題に就《つ》き［天皇機関説に反対する］上杉《うえすぎ》［慎吉《しんきち》］博士より山縣《やまがた》［有朋《ありとも》］元帥に進言する処《ところ》ありて、元帥は側近並《ならびに》帝国大学教授等に就き意見を徴せられたる事あり）

故《ゆえ》に本問題の解決は一に陸軍大臣の処理に一任して其《そ》の統制に服し吾人は各々其《その》本務に専念するを可とする事

［中略］要は厳に陸軍大臣の処理に信頼服従し軍人殊《こと》に現役将校は軍の統制強化する為《た》め各人各個に言動せざるを可なりと信じたる結果に外《ほか》ならず候《そうろう》。

森松はこれについて〈恐らく各師団長宛《あて》かあるいは複数の親友宛であろうか。時期も昭和十一年一月頃と想像される〉と推測している（森松「天皇機関説に非ず」）。

もう一つ、世間に発表して誤解を解くべく声明文も用意していたらしい。

昨年春、天皇機関説排撃問題発生以来小生は本問題の処理を以《もっ》て我《わが》陸軍軍人軍属を統督《とうとく》し閣僚の一員として政務に参画する陸軍大臣の統制に服し一糸乱れざる進行を図るを至当と信じ（海軍は概《おおむ》ね能《よ》く統制されありと信じたり）

個人として本問題に関する所見を部外に発表せしことなし［中略］

而《しか》して上述の如く部外に対して愚見を発表せざりしと陸軍の統制上陸軍大臣の処理に一任するを可とする方針を取りたる結果　小生が本問題に対し頗《すこぶ》る冷淡なるが如き感想を周囲の者一般に抱かしめしことが一部の策謀者に小生を以《もっ》て天皇機関説論者なりと誣《し》うる動機を与うるに至らしめたるものと推測し（前掲記事）

要するに、渡辺が言わんとしたのは「天皇機関説問題については個々で議論などせず、陸軍大臣の判断に一任し、その統制に従え」ということだった。軍の統制について心を砕いていた渡辺らしい言葉で、軍人は余計なことを考えず、本来の職務に尽瘁《じんすい》すべきであるという考え方だ。

しかし、自分たちこそが天皇に忠実であると確信する青年将校らの間では、渡辺の訓示は「天皇機関説」排斥に消極的、ひいては機関説に賛成している、と悪意に基づいた誤解が広められていったと考えられる。

二・二六事件の首謀者である磯部浅一が獄中で記した「行動記」では、渡辺のことを〈同志将校を断圧《ママ》したばかりでなく 三長官の一人として 吾人《ごじん》の行動に反対して断圧しそうな人物の筆頭だ、天皇機関説の軍部に於ける本尊〉だと決めつけている（河野司編『二・二六事件――獄中手記・遺書』）。

真実は渡辺の言う通りであったとしても、真崎教育総監から交代し、明確な反皇道派的態度を取る渡辺は、もはや何を言っても皇道派にとって「敵」でしかなかったということだろう。

水面下の「渡辺陸相」構想

そして権力闘争の側面からみても、渡辺は危険な存在だった。林陸相が辞任して川島義之に交代した人事については永田が惨殺されたことに対する責任をとったものとされたが、西園寺公望の秘書である原田熊雄の未公開資料によると、別の思惑も絡んでいたという。

真崎大将は、もし林の後に［陸相として］渡辺（錠太郎、教育総監、二・二六事件で殺される）に出られては何をやるか分からんと思ったので、荒木大将を使って林大将を威嚇して、結局林大将の辞任を決行させ……川島大将を後任に推薦すべく強要した。（勝田龍夫『重臣たちの昭和史　上』）

本当だとすれば、真崎らがいかに渡辺を恐れていたかがよくわかる。少なくとも、林よりも強敵として認識されていたと思われる。

この「渡辺陸相案」を渡辺本人に強く進言したのが高宮太平だ。渡辺と親しかった高宮は、永田遭難後に渡辺に対して「林に代って陸相になれ、そしてこの機を逸しては国軍は再び乱麻の如くになるではないか」と言い、渡辺もまた、

それも一案だ、どうせ、思いも及ばなかった陸軍大将となり、三長官の一員になれて、一身の栄達としてはもうこれ以上のことはない。君恩と国恩に報ずるには、無理はあってもそうせねばならぬかもしれない。

と返したという（高宮「暗殺された二将軍」）。もちろん、「陸相になりたい」と言ってなれるものでもないだろうが、要するに積極的に陸相になれるように行動せよ、ということだろう。

渡辺は実際に多少の動きをしたようだ。同じ記事で高宮は参謀次長の杉山元が「渡辺の野心であるかの如くに思惟《しい》した」と記していることからも、何らかの動きがあったと思われる。しかし、それに続けてこう記している。

ただ閑院宮だけは、渡邊の心事をよく諒解してその機の至るを待てと仰せられていたという。

高宮の言う「閑院宮と渡辺」のつながりは、実は浅からぬものがあった。宮が渡辺に送った昭和九（一九三四）年十二月四日付の書簡では、当時の政治家や官吏の堕落を嘆き、「政党本位の言論のみにて大局を見るの眼なく」「官吏の士風頽廃《たいはい》して」と非難している。こうした政治に対する不満を遠慮なくぶつけられるというのは、両者の間に相応の信頼関係があったに違いない。

もう一つ、閑院宮と渡辺、そして「渡辺陸相案」をつなげる史料がある。永田暗殺後の昭和十（一九三五）年九月三十日に南次郎《みなみじろう》（陸軍大将）が渡辺に出した書簡である。そこには、次のような文言がある。

貴兄之《の》御覚悟を拝承し国家の為《た》め謹祝す。貴兄は今後［閑院宮］総長殿下に密に連絡せられて川嶋［川島陸相］を援助し粛軍に邁進《まいしん》せられ度《たく》候《そうろう》。川嶋にして他より動かさるる如きあらば断じて貴兄の御奮起を祈《いのり》候《そうろう》。（「渡辺錠太郎関係文書」靖國偕行文庫所蔵）

南は閑院宮と同じく騎兵科出身で、派閥的には宇垣一成に連なる。宇垣閥は荒木が陸相となってからほぼ一掃されており（高橋正衛『昭和の軍閥』）、皇道派とは敵対的な関係にあった。つまり、渡辺とは「敵」を同じくする。何より、南と渡辺とは同い年で、しかも陸大の同期生でもあった。書簡は渡辺に宮と協力して林の後任である川島陸相を助けるように促している内容だが、加えて川島が駄目な時は「貴兄の御奮起」を期待する、とある。川島が〈他より動かさるる〉ということは、皇道派の動きかけを意味しているだろうから、この場合の〈御奮起〉とは渡辺に川島に代わって陸相になれ、ということだろう。閑院宮と南は当然連絡があっただろうから、先に高宮が記した閑院宮の「その機の至るを待て」という言葉は、「川島新陸相の様子を見てから」ということかもしれない。

また、十一月十六日付の南の書簡にも、〈宮殿下と十二分の御連絡御協調を必要と存候〉とあり、南が渡辺を援助し、閑院宮総長との連絡も欠かさないように注意していたことがわかる。いずれにしろ、「渡辺陸相案」は高宮一人の希望ではなく、参謀総長を含めた軍の長老に一定の了解があったと見られる。

さらに付け加えれば、渡辺陸相案はそれ以前にも語られたことがあった。昭和九（一九三四）年四月、荒木貞夫の手足となって活動していた陸軍省新聞班の鈴木貞一《すずきていいち》（当時中佐、のち企画院総裁）の日記には、当時辞意を漏らしていた林銑十郎（内務官僚の実弟が収賄で逮捕されたことを受けたもの）の後継者について次のような記述がある。

渡辺［錠太郎］大将を出すことは極力避くるを可とすべきも大局よりせば已《や》むなかるべし。吾人《ごじん》は将来を考うべし。（伊藤隆・佐々木隆「鈴木貞一日記――昭和9年」史學會『史學雑誌』第87編第4号）

これは、林の後継者について鈴木が別の軍人に話したものだが、この時すでに「渡辺陸相案」が陸軍内部である程度話し合われていたことがわかる。それも、本来はなるべくなら避けたいが、「大局よりせば」已むを得ないということであるから、荒木派には望ましくないとしても、ほかに人がいないということだろう。

同日の日記には荒木の意見も記載されている。荒木は林の後釜に真崎を据えたい考えのようだが、真崎は「殿下」すなわち閑院宮総長と「関係不良故《ゆえ》駄目なるべし」、ということで後任は「渡辺大将なるべし」と、これもしぶしぶ渡辺陸相案に賛成している。

結局のところ林陸相は留任して昭和十（一九三五）年八月を迎えるのだが、陸軍部内に「渡辺陸相案」が一度出てしまった以上、林が辞めた後に改めて渡辺の名前が挙がるのは十分考えられることだっただろう。長老ばかりではなく、実質的に軍を動かしていた中堅将校クラスまで渡辺の名を取り沙汰していたのである。

さらに、ここではしぶしぶながら渡辺陸相案に同意していた荒木が、原田の資料のように永田遭難後になって渡辺陸相案に反対したということは、昭和九年段階では渡辺がそこまで脅威として見られてはおらず、恐らくは教育総監就任後に初めてその恐るべきを知ったことを示していると見ていいだろう。

永田殺害について真崎を激しく問い詰めた渡辺は、膨大な知識と機転の利く頭脳、そして強固な意志を兼ね備えていた。そんな渡辺に人事権を持つ陸相になられては、確かに大変なことになっただろう。また、渡辺がこれほど忌避されたということは、先の参議官会議で荒木・真崎を屈服させたという話を裏付ける傍証にもなる。渡辺が陸相になれば、以前より激しく皇道派は攻撃されることになったに違いない。そして南が「御覚悟」と述べたように、渡辺も粛軍に邁進する覚悟を持っていた。

しかし結局、渡辺が自ら乗り出して彼らを追及することはなかった。川島陸相への意見書が作成されたと思われるのは、年が明けた昭和十一年一月。もはや、「運命の日」までの時間は、ほとんど残されていなかった。

第七章

最期の戦い

ドイツ留学中の明治41年にバイエルン歩兵連隊の射撃大会で優勝した時の記念額。玄関広間に掲げられていた。射撃の名手であることを自負していた（渡辺家蔵）

覚悟した者

昭和十一（一九三六）年一月二十四日、八名のテキ屋（隅田一家）が逮捕された。彼らは親分の星《ほし》辰《たつ》太《た》郎《ろう》を筆頭に、渡辺錠太郎の襲撃を企てていたという。

彼らは単なるテキ屋で、右翼団体などとの関係はなかった。ただ、星の裏にはさらに江口佐八《えぐちさはち》という人物がおり、これが真崎《まさき》前教育総監と親しかったという情報がある（岩村『渡邉錠太郎』）。彼らは渡辺の殺害までは企図しておらず、脅して辞職を迫るつもりだったというが、身辺に危険が迫っていることに変わりはなかった。

この事件の三日後、犯人逮捕を知った高宮太平《たかみやたへい》が、満洲から渡辺に宛てて書簡を送っている。高宮は、渡辺襲撃を準備していた連中について注意を促すと同時に、国家の大事に一身を捧げてほしいとの激励の言葉も投げかける。

> 斯《こ》ういう連中は真実に命を投げ出してやるものとも思いませんが、然《しか》し何とかにつける薬はないと申しますように、どんな事を仕出かすかも知れません。何卒《なにとぞ》為邦家《ほうかのため》御自愛の程をお願い致します。［中略］閣下が一身の安全を図られるようなことがあっては我が陸軍　陛下の陸軍として光輝あるわが国家の前途が寔《まこと》に寒心に堪えません。失礼ながら閣下も陸軍大将と云《い》えば位人臣《くらいじんしん》を極めていると云ってもよい臣民として最高の地位に進んでおられる。この君国の恩寵に報いられる為《た》めには一身を犠牲にして下さい。

高宮はあくまで渡辺に真の軍人として国家と天皇のために尽くし、その身を捧げる覚悟を促している。

しかしもちろん蛮勇を奮って玉砕しては意味がない。「御軽率なことは決してなさらぬよう」に注意し、特に「御身辺のこと」は警戒してほしいと記している。その上でさらなる渡辺の奮闘を促す。

放胆細心に、飽くまでも不義の栄誉と私情とにより公衆を動かさんとする輩を粉砕して下さい。

（以上、高宮の書簡は「渡辺錠太郎関係文書」より）

「粉砕」と激しい言葉を使っているあたり、いかに高宮が渡辺に期待しているかがよくわかる。もとより、渡辺も一身の犠牲は覚悟の上だった。高宮の書簡に対し、次のような返信を送っている（高宮「暗殺された二将軍」より）。

本月二十七日付貴書難有《ありがたく》拝誦、厳寒之候、益《ますます》御清康大賀に存候《ぞんじそうろう》、陳者《のぶれば》小生身上に関して御親切なる御忠言と御見舞いとを辱《かたじけの》うし感謝至極《しごく》に御座候《ござそうろう》、卑賤《ひせん》に身を起し人臣の極位《ごくい》に昇り候《そうろう》事偏《ことひとえ》に天恩優渥《ゆうあく》之賜《のたまもの》、一身を邦家《ほうか》に捧げ誓而《ちかって》宸襟《しんきん》を安んじ奉《たてまつ》らんことを期する覚悟に御座候

最近特に貴兄御在京ならば御意見を承《うけたまわ》り度《たし》と存候件多く、時に夢裡《むり》貴兄と会談する事あり、御推察被成下度候《なしくだされたくそうろう》

右御礼申述度《もうしのべたく》、如斯《かくのごとく》に御座候、御自愛呉々《くれぐれ》も祈る処《ところ》に候　匆々《そうそう》　一月三十一日　渡邊錠太郎

高宮老兄　坐下

高宮に言われるまでもなく、渡辺はすでに「邦家」のため、すなわち祖国のために命を捧げる覚悟を決めていた。そしてまた、高宮が東京にいれば相談したいことが多かったのにと述べるなど、両者の深い信

頼関係が窺われる。高宮は、この書簡に不安を覚えたらしい。

多くを言わず、語らぬ渡邊の心情は、筆者の胸にピンと響くものがあった。これは渡邊の絶筆となるのではないか、そう直感して時の軍司令官南《みなみ》［次郎《じろう》］大将と、憲兵司令官東條《とうじょう》［英機《ひでき》］少将とに手紙を見せて、何事か不吉な予感があるが、中央部では変わりはないかと念を押した。東條は首をひねっていたが、何ら心当たりはない、しかし中央の模様を調べてみようといった。南は、君の思い過ごしだ、何もある筈《はず》はないじゃないかと一笑に付した。（高宮「暗殺された二将軍」）

渡辺の身を心配したのは高宮だけではなかった。幼馴染みの伊藤貫悦もまた、渡辺に自重するように書簡を寄せている。それに対して渡辺は次のような返信をしている（岩倉町史編さん委員会編『岩倉町史』）。

小生身上に付《つき》御親切に御配慮被下《くださり》感謝の至《いたり》に存候《ぞんじそうろう》、天定而勝人［天定まって人に勝つ］と申通《もうす》り天之照覧必ず正邪分明の時来るべきを信じ居候《おりそうろう》

消印は、二月二十五日午後八―十二時、つまり、事件が起きる半日前だった。運命を天に任せ、達観したかのような文面である。

後世の視点に立ってみれば、高宮や伊藤の忠告は遅きに失した感もある。すでに渡辺は真崎の後任教育総監となって山陰から帰って来た時、機関説などは軍人が首を突っ込むことではない、と新聞記者に発言している。この発言を受けた当時の内務省警保局長唐沢俊樹《からさわとしき》は、感心すると同時に心配し、渡辺に忠告するために会いに行っている。

こっちは軍人にもそういう考え方の人があるかなあと思って〔渡辺の発言は〕ありがたいと同時に、それがまた刺激するなと思って、その後始末をしなければいけないと思った。それで東京へ来られてから、私はたずねて行ったんです。そうしたら、この方は私ははじめて会ってえらい人だと思いましたね。

はじめお会いして、実際こういうこと〔天皇機関説〕を問題にされちゃ困るのだ、軍も連絡があるというし、だから火が消えないで困る、そういうお考えはありがたいと思うが、おっしゃるとやはり油を注ぐようなものだ、それに警保局あたりに渡辺を殺せという情報がひんぴんと入るのだ、それだから一身上の件もあるし、それから政治としても困るし、大将がそうおっしゃったからといって話は消えるものじゃないからと言ったら、そうか、それじゃあ自分も気をつける、けれどもどうせ君、この時局はおさまらんよ、わたしなんかはどうせ殺されるよ、と言って平気で話をしておられた。おだやかな顔をしておられたが、えらい人だと思ったな。（宮沢俊義『天皇機関説事件　下』以下、唐沢の話は同書より）

唐沢はまた渡辺について、〈あの方は会って話をされてもちっとも軍人くさいところはなかった〉と、その印象を語っている。警保局長と言えば現在の警察庁長官にあたり、内務省に所属している。職業柄、高級軍人や政府要人など様々な人に会うため、人を見る目は肥えていたと思われる。その唐沢からしても渡辺の覚悟は本物に見えたというのである。

唐沢の語る渡辺の様子は、襲撃の前から死を覚悟し諦観を抱いていたということに加え、一つの人物論にもなっている。新しい教育総監は「えらい人」であり、また、没後数十年経ったインタビューでもなお、

「おられた」と敬語で語る――語らせると言うべきか――それが、渡辺錠太郎という人だった。

伊藤宛の返信を出したこの日、二月二十五日の夕方頃、渡辺は長男の誠一に、

「お前がそんなに勉強しないなら俺もそう長くはないな」

と小言を述べ、九歳の和子には、

「一緒に風呂に入ろう」

と誘っている（岩村『渡邉錠太郎』）。唐沢に忠告を受けた渡辺は素直に「気をつける」とは言っているが、自分の一身についてはすでに覚悟を決めていたようだ。教育総監になった以上、遅かれ早かれこの切迫した時局にあっては覚悟を決めなければならない。そういった心境だったのだと思う。そしてこの段階の渡辺は、いよいよその時が近づいたということを感得したに違いない。

そして、大雪に包まれた帝都の夜は更けてゆき、昭和十一年二月二十六日がやってきた。序章では渡辺家の立場から見た事件経過を、より客観的な視点から考察していきたい。

襲撃の朝

二月二十六日午前二時。歩兵第三連隊（歩三）第一中隊は非常呼集を受け、全員が集合した。指揮者は、坂井《さかい》直《なおし》中尉、麦屋《むぎや》清済《きよすみ》少尉、高橋《たかはし》太郎《たろう》少尉、そして安田《やすだ》優《ゆたか》少尉。彼らは部隊に出撃の目的などを告げ、四時二十分に兵営を出た。

第二中隊と機関銃隊の一部を加えた部隊は約百五十名。目指すは、時の岡田内閣で内大臣（内府）を務める、海軍大将斎藤《さいとう》実《まこと》の邸宅である。部隊は五時ごろ斎藤邸に到着し、坂井が表門、安田が裏門から突入し、寝室から出てきた斎藤内大臣を拳銃や機関銃で射殺。斎藤は五十か所近くに弾を撃ち込まれ、さら

に数十か所を斬りつけられた〈状況は高橋正衛『二・二六事件』より〉。まさしく惨殺、と言っていい。
そしてその後、安田、高橋は一部の部隊を引き連れ、教育総監・渡辺錠太郎の私邸に向かう。だが、実は渡辺教育総監襲撃は、事前に入念な計画が練られたものではなかった。安田少尉の公判調書によれば、むしろ行き当たりばったりの襲撃だった様子がうかがえる。

私は最初村中《むらなか》［孝次《たかじ》大尉］から中橋《なかはし》［基明《もとあき》中尉］部隊と行動を共にするようにと告げられていたのでそのつもりでおりましたところ、［二月］二十四日［砲工］学校において中島《なかじま》［莞爾《かんじ》］少尉から、君は坂井部隊に入ってやってくれと話されました。私は、坂井中尉にも中橋中尉にも一面識がありませんので、同日退校後、歩三に坂井中尉に挨拶の傍ら連絡に行ったのであります。［中略］
その時、坂井中尉より斎藤内府襲撃後第二次の行動として、渡辺教育総監を坂井部隊が担当することになっているが、安田は同総監邸の付近に住んでいるそうだから、よく研究しておいてくれ。同総監の襲撃は高橋少尉と共にやってくれといわれましたので、始めてその時自分の襲撃目標を知ったのであります。
その際、私は斎藤内府を襲撃後、さらに荻窪まで行って同総監を襲撃することは時間的にいっても実行不可能と考え、同中尉にそのことを申し上げましたら、やるによい場合はやるといわれました。
〈「蹶起《けっき》将校公判調書」安田優〉

この証言が事実とすれば、安田が渡辺を襲撃すると知ったのは、事件の二日前ということになる。さらに、決行日が二十六日未明だと村中から聞かされたのは、前日の二十五日夕方だった。その際にも、安田は村中に対し、〈第二次行動として渡辺大将襲撃のことは可能性がないと坂井中尉に話したと同様申しましたら、同人［村中］もやはり、できるような時にはやれということの了解〉を得たという。
さらに安田は、渡辺総監襲撃の計画はしていなかったとした上で、偵察行動についても否定している。

前述したごとく、斎藤内府襲撃の後とならば夜も明けるし、また斎藤邸襲撃で自分もどうなるかわからぬと思いおりましたので、実際できるとは思っておりませんでしたから別に計画はしておりません。また、渡辺邸は普通の住家でありますから、格別計画等の必要もなく、部隊が行けば容易にできると思っておりましたのであるから、本件決行について特に偵察をしておりません。（前掲書）

反乱部隊が教育総監邸に着いたのは午前六時頃。安田の訊問調書には、当初は渡辺総監を殺す意思はなかったとする説明も残っている。

「トラック」は［渡辺］邸内の側の道まで行き、兵三名を下の方に出し（地方人［軍人以外の民間人］が弾に当たったら危ないと思って）、私達は正門の方へ行きました。この際特に申すことは、昭和維新断行は軍の協力一致にあれば、渡辺総監も一体となるためにこれを求めんとして、官邸にまず迎えるということが真意であったのですから殺す意思はその時まではなかったのであります。而《しか》して正門から行きました私達は、単に総監を殺すならば裏門から行けばよいということを判っていたが、殺すのが目的でないので厳重なる戸締まりのある正門に向かったのです。

これについては序章でも書いたが、斎藤内大臣を殺害した将兵ら三十名もの部隊が「軽機関銃四挺、小銃約十挺、拳銃若干」で武装して渡辺邸に向かっている時点で、「殺すのが目的でない」との証言はにわかには信じがたい。また、三叉路付近で渡辺邸裏手の警備に当たった軽機関銃一分隊（二挺）を除き、正門から軽機関銃一分隊、小銃二分隊が高橋・安田両少尉の指揮の下で邸内に突入しており、これを迎え撃つのは、渡辺総監と憲兵二人にすぎない。単に渡辺一人を連行するための装備・人員ではないだろう。

さらにいえば、安田は裏門から入ることも検討したというが、渡辺邸南側に三叉路に出られる裏門があったことを確認できる史料は見当たらず、そこまで入念な検討をしていたとも思えない。また、正門の手前（東側）に片開きドアの通用口があり、これを指して裏門と呼んだのかもしれないが、軽機関銃などで武装した部隊が侵入するには、いかにも小さすぎる。最初から殺害目的で正門に向かったと考える方が自然だろう。

実際、高橋少尉は坂井中尉から襲撃を指示された際、次のように言われたと証言している。

同［坂井］中尉から今回の決行に関し、お前は斎藤内府襲撃後、第二次行動として教育総監渡辺錠太郎を殺害するのだ。これに関しては砲工学校に来ている安田少尉が計画をしているから同人と協議せよ。（高橋太郎「蹶起将校公判調書」）

安田はまた、先ほどの説明の直後に渡辺邸に入る場面を語っているが、その証言にも疑問が残る。

「トントン」戸を叩くうちに、「ポン」という音がしたのでありますが、同時に私は倒れました。それから二、三分経ってまた歩けるようになり、裏口に廻りましたところ［以下略］

安田が足を負傷した際の説明だが、これだと表門玄関から普通に訪問したのにいきなり銃撃を受けて負傷したかのようにも読める。だが、他の証言では明らかに「襲撃」していることがわかる。たとえば、梶間増治伍長の訊問調書にはこうある。

高橋、安田少尉を先頭に玄関に向かい、扉を開けんとしたるも開かず、高橋少尉の命令により、軽機を発射して錠前を破壊したるが、内扉を高橋、安田各少尉、木部伍長と私の四人にて押し開けむとする際、内部より拳銃七、八発連射され、安田少尉、木部伍長等負傷したるにより、表門道路まで後退し〔以下略〕

序章で引用した高橋の公判調書にもほぼ同様の説明があり、玄関から軽機関銃を撃ち込んで侵入しようとしたのはほぼ間違いないだろう。もしそれが「錠前を破壊」するためだったとしても、軽機関銃を撃たれた側は「連行」が目的だとは思わないだろう。当然のようにそれに反撃し、安田、木部ら三名が負傷する。ここに至って、反乱軍側の緊張は一気に高まったに違いない。

その後、裏が開いているとの声が上がり、裏庭の方へまわった高橋、安田らは、居間につながる縁側から邸内に突入した。そこで遭遇したのがすず夫人だった。

居間で立ちふさがった夫人は勇敢だった。兵士たちに向かって「土足で人の家へ上がるのは失礼でしょう」「それが日本の軍隊ですか」と彼らを押しとどめようとする。拳銃や軽機関銃で武装した軍人たちに対して、普通はできることではないだろう。

しかし、兵士たちは夫人を突きのけ、渡辺のいる部屋の襖を開けた。そこで、銃撃戦が始まる。武装した襲撃者たちを前にしても、渡辺はただでは殺されなかった。畳の上に伏せ、拳銃で応戦した。

少し前、母の元へ行け、と言われた和子だったが、母は兵士たちを押しとどめようと必死で、それどころではなかった。これも序章で紹介した有馬頼義《ありまよりちか》の著書の証言と被《かぶ》るが、和子が後年語った最期の戦いの様子を記述したい。

しかたなく父のいる居間に戻っていきますと、父は真綿のかい巻きを体に巻きつけ、袖から腕を出して枕元に置いてあった拳銃を構えていました。「布団を盾に応戦した」と書かれた本もありますが、それは事実ではありません。また、立っていると撃たれますから、父は畳の上に体を横たえておりました。（渡辺和子「憲兵は父を守らなかった」文藝春秋　平成二十四年九月号）

渡辺は和子を見て困った顔をしたが、座卓の後ろに隠れるように促した。

私が隠れた時には、もう銃弾は飛び交っていました。隣の部屋の襖がほんの少し開いたかと思うと軽機関銃の銃身だけ覗かせて、父の足を狙って撃ったのです。足を狙ったのは、動けないように、逃げないようにということなのだと思います。皮肉なことに、この時に使われた軽機関銃は父が陸軍に導入したものでした。撃たれた父の片足はほとんどなくなっておりました。そこに安田優少尉、高橋太郎少尉ら青年将校と兵士の四人が別の方向から土足で入ってきて、父目掛けて連射する音が部屋中に響きました。父は銃の名手で、三発ほど応戦したようですが、襲撃した青年将校、兵士の命は奪いませんでした。しかし、彼らは父にとどめを刺して引き上げてゆきました。（前掲記事）

前述したように、渡辺は拳銃の弾をすべて撃ち尽くしている。岡田首相を警備していた警察官などを除き、標的とされた中で反撃し「戦死」したと言えるのは、渡辺錠太郎だけだった。

陸軍大将ともなれば、仮に戦場に出てもまず自分が銃を手に取って戦うことはない。しかし、渡辺はたった一人で襲撃者に立ち向かい、一人の軍人として死んだのだった。

なぜ逃げなかったのか

ここで、渡辺邸襲撃におけるいくつかの疑問に触れておきたい。

襲撃部隊は当初、表玄関から入ろうとするも入れず、裏庭から雨戸の開いていた縁側に上がって邸内に侵入することになった。そこで、すず夫人に行く手を阻まれるのだが、なぜそのとき雨戸は開いていたのだろうか。

また、教育総監邸には護衛のために二人の憲兵がおり、事態に気がついた牛込憲兵分隊から事前に気をつけろとの電話連絡も受けていた。なぜ、この間に逃げなかったのだろうか。二軒ほど隣には長女政子が嫁いだ久保家もあり、逃げ込もうと思えばできたかもしれない。

そして、最初は表玄関を破ろうとした部隊に対して応戦した憲兵は、なぜ渡辺殺害時にそばにいて加勢しなかったのだろうか。

渡辺の最期について記事を書いた映画プロデューサーの升本喜年《ますもときねん》は、こうした疑問に関してある推測を述べている。

> ここで、いくつかの疑問が湧く。厳重だった戸閉まりなのに、何故、裏の雨戸だけが開いていたのだろう。玄関の応戦していたはずの憲兵が、その後、まったく姿を見せなくなるのも不可思議である。
> 推測にすぎないが、裏からすず夫人が導いて、和子と女中二人が逃げようとしていたのではあるまいか。その間、憲兵たちが玄関を死守しようとしたのではあるまいか。

そして、それらの指示は、渡邊が出したのではあるまいか。

日頃、不穏な噂に対して、渡邊は自身の心構えは勿論のこと、少なくとも、すず夫人には万一の場合の心構えや手筈なども話をしてあったであろう。憲兵の常駐は交代があるにせよ、彼らとも或る程度の打ち合わせは出来ていたはずである。

和子の記憶では、二軒先の姉政子のところに遊びに行くのにも、護衛の憲兵がついて来たというくらいだから、不穏な動きに対する憲兵隊の対応だけでなく、渡邊の意向もあったに違いない。

二階の子供部屋［実際は一階］には、長男の誠一（十六歳）と次男の恭二（十三歳）が寝ているが、女子供をまず逃がす。それが渡邊の瞬時のひらめきだったのではあるまいか。［中略］

では、玄関では応戦した憲兵たちの姿が、この場［渡辺が殺害された十畳間］にないのは何故であろう。

これも推測にすぎないが、渡邊が玄関の守りを指示したとしても、拳銃発射は指示外であったろう。その発射によって、事態は緊迫してしまった。

次に、渡邊が指示したとすれば、発射を戒め、二階に籠らせたのではあるまいか。彼らまで死なせることはない。間もなく応援も来る。そこにいる二人の息子の護衛も頼んだかも知れない。（升本「軍人の最期」『丸』二〇〇一年五十四号）

升本が率直に「推測にすぎない」と述べているように、真相はわからない。しかし、これまで明らかにされている証言や史料から、より信憑性のある推測を立てることはできるように思われる。

まず、裏庭に面した縁側の雨戸が開けられていたのは、第一章でも紹介した渡辺の孫である小林依子が証言しているように、すず夫人は毎朝五時頃に起きてお茶の間の雨戸を一枚だけ開ける習慣があったことから、その後の襲撃時にも開いたままになっていた可能性がある。
また、渡辺が逃げなかったのは恐らく升本の推測とはまた別の理由があると思われる。

「極秘」の調書

渡辺邸襲撃について、ここに一つまた別の史料が残されている。それは、「渡辺錠太郎関係文書」の中に保管されているもので、当時渡辺の副官だった宮沢道彦《みやざわみちひこ》大尉が、渡辺死亡の翌日二月二十七日と約二週間後の三月十一日に関係者に聞き取り調査を行なったものだ。陸軍用罫紙に「極秘」の文字が記されたこの調書は、恐らく最も早い時期に作成された記録の一つではないかと思われる。

二月二十七日の調書は二種類あり、最初の原稿に赤字が入った箇所が次の原稿で修正されていることから、下書きと清書と予想される。また、最初の原稿で記録された女中の証言は次の原稿にはなく、三月十一日の調書に掲載されていることから、下書きされた調書を、二月二十七日と三月十一日の二回に分けて報告したものと思われる。ここでは、最初に聞き取ったと考えられる下書きの調書（以下、極秘調書）を紹介したい。

この調書は「渡邉大将遭難当時の状況」と見出しが付され、すず夫人が二十六日未明に起床したところから始まっている。

> 夫人は起床後（五時三十分）茶間に出らる。
> 約十分位の後（五時四十分頃）電話あり。夫人之《これ》に出られ、牛込憲兵分隊なるも憲兵居《お》るやとのことなりしを以《もっ》て居ると答え、ベルにて憲兵を呼び憲兵は二人共《とも》就寝中なりしが直《すぐ》に起床、新井《あらい》伍長［正しくは荒井重徳《あらいしげのり》軍曹／以下、引用文では修正］電話に応ず。

分隊よりの電話の要旨。
斎藤内府の処《ところ》に大勢押し込み騒ぎのあることの通知あり。十分注意せよとのことなり。

これによれば、憲兵はすでに五時四十分過ぎには斎藤実内大臣が襲撃されたこと、渡辺邸も襲われる可能性があることを知っていたことになる。

そして調書によれば「六時稍《やや》過ぎ」女中が自動車の音がして門前が「ガタガタするので」来客かと思って門を開けようとしたら、すでに兵隊一人（正確には二人）が邸内に侵入し、門を開けようとしているところだった。

そのときの様子を女中の一人である小川辰子がより詳しく証言している。

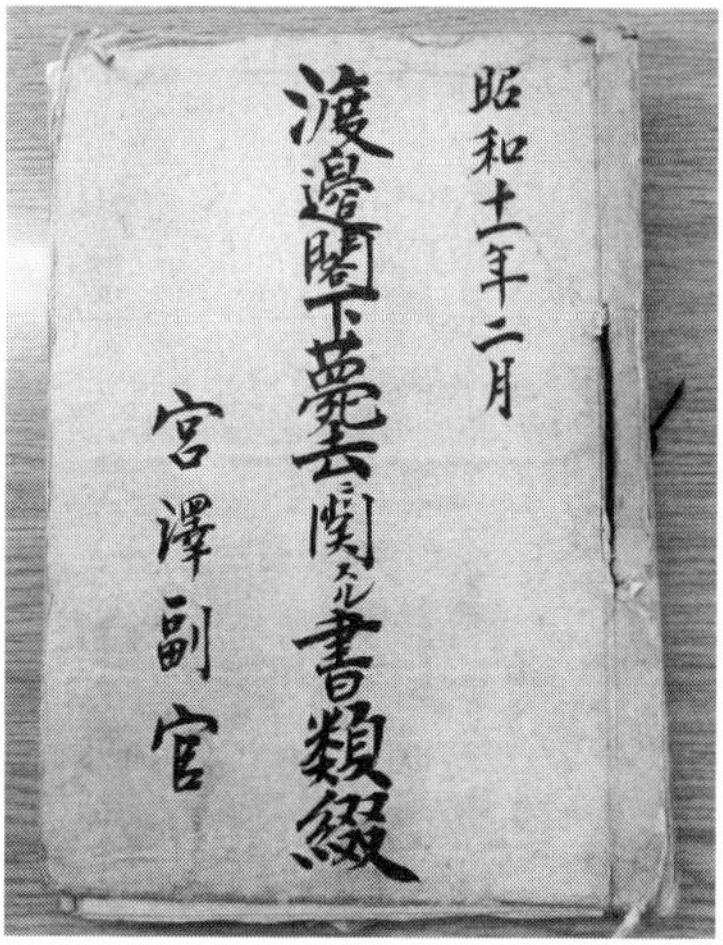

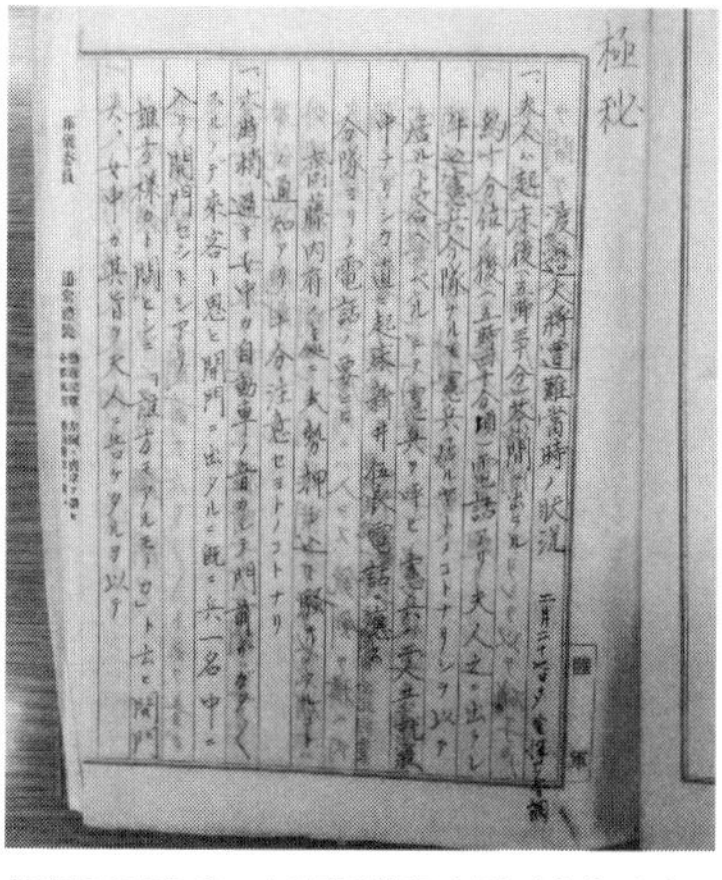

渡辺の副官だった宮沢道彦大尉がまとめた「渡邉閣下薨去に関スル書類綴」には、「極秘」として「遭難当時の状況」が収められている（「渡辺錠太郎関係文書」）

小川が子供室（長男、次男就寝中）の「ストーブ」を炊き付けつつある際、自動車の音を聞きしを以《もっ》て早朝の訪問客と思い、内玄関［勝手口］より風呂場北側の開扉に至りしに、門内に既に二名の兵が入り、開門せんとしあり。「誰方様《どなたさま》ですか」と問いしに、何とも云《い》わず。開門し、多数の兵が門内に入り、玄関の扉を把手を持ちガタ〳〵押し開かんとす。
更《さら》に「誰方ですか」と問いしに、其《そ》の付近に在りし兵が殆《ほとん》ど全部拳銃を此方《こちら》に向け、後方にて「誰もくそもあるものか」と云うものありしを以て、直《すぐ》に走り戻り、茶の間東北隅の憲兵に対する非常時ベルを押すと同時に、縁側に箒《ほうき》を持って御立《おた》ちになりし夫人に「大勢の兵隊が参りまして大変で御《ご》座《ざ》います。如何《いかが》致しましょう」と申上《もうしあ》ぐ。

女中から襲撃部隊の様子を聞いた時点で、すず夫人はすでに縁側で待機していたかのようだ。調書では、夫人が錠太郎に襲撃を伝えたことが記録されている。

夫人は御父様大変で御座《ござ》いますと
寝室の襖《ふすま》を開き申上《もうしあ》げ、再び襖を閉づ。
其《そ》の後間もなく玄関前でバリバリと云《い》う音がせり。

〈バリバリ〉というのは軽機関銃を発射した音だろう。門から入って数メートル先の玄関扉へと押し掛けた襲撃部隊は、いきなり軽機関銃を撃ち込んだのだ。つまり、女中が兵士に対応した直後に軽機関銃の射撃を始めたことになり、やはり「官邸にまず迎えるということが真意」という安田少尉の言い分には無理がある。百歩譲ってそうであったとしても、玄関扉を破壊するのに軽機関銃を使っては、相手側が反撃するのも無理はない。その後、外扉は「半開」となったが、内扉がなかなか開かず、襲撃部隊はなおも屋内に向けて射撃を続けた。そして、ここで二階から降りてきた憲兵も応戦する。

憲兵が射撃するや一同声を上げ、少し後退す。而《しか》して稍《やや》応接間の方に射撃を移動す。

このときの憲兵の反撃によって、安田少尉ら三人が負傷したと思われる。応接間は玄関の西側（邸内から見れば左側）にあり、渡辺らの反撃をかわしつつ、玄関からの侵入を諦めて裏庭へ向かった。

其《そ》れと前後して庭木戸より庭に廻り
茶の間の前の雨戸は当時開きありしを以《もっ》て硝子《ガラス》戸を開けて侵入す。

さて、庭に回って開いていた雨戸から侵入した襲撃部隊は、ついに渡辺を殺害する。

夫人は茶の間と閣下の寝室との境の襖の前に立ち「貴方方《あなたがた》は日本の兵隊様ですか。理由を云《い》わずに何《なに》故《ゆえ》現役の軍人の処に現役の兵隊様が入って来るのですか。理由を云えば会わしてあげます」と云われ、寝室に入れまいと立ち両手を開きたるも、縁側より侵入せる者は縁側つたいに入り閣下に対し射撃す。
軽機関銃一を茶の間に持ち上げたるも茶の間と寝室との境の縁側に移し乱射す。

この調書で見ると、すず夫人が襲撃部隊に発した言葉はより冷静なものだったことがわかる。夫の寝室の前で両手を広げ、「会いたいなら、理由を言えば会わせる」などと、咄嗟によく出てきたと思う。しかし、夫人の勇気ある行動も虚しく、渡辺は軽機関銃の一斉射撃を浴びせられる。耳をつんざく銃撃音のため、にわかには寝室内の状況はわからなかったが、襲撃部隊の兵隊たちが、

「[渡辺大将は]もう参った。もう大丈夫だ」

と声を掛け合うのが聞こえた後、引き揚げて行ったという。そして、すず夫人が襖を開けた時には、拳銃を持ったままますでに事切れている渡辺が横たわっていた。

閣下所持の該《がい》拳銃は六発全部射尽《うちつく》されあり。右の拳銃は寝室の押入れに入れありたるものなり。二女和子（十歳［数え歳］）は閣下と同室にて臥床《がしょう》せられありしが、銃声［玄関での射撃のこと］にて起床。夫人の許《もと》に至りたるも父上を案じてか寝室に入りしが、既に閣下は伏臥《ふくが》せられあり。将校が刀を以《もっ》て切りたるを目撃す。茶卓（壁のかたわらに立てあり）の蔭に膝ついて居られたるに一弾の被害なし（付近の壁並びに茶卓に一弾痕あり）。

渡辺が全弾を撃ち尽くし、息絶えるまで応戦した様は他の証言ともほとんど変わらない。清書された二月二十七日の調書では戻ってきた和子を渡辺がテーブルで隠したとは書かれていないが、下書きにある女中たちの証言には、父の許に戻ってきた和子は「[渡辺が]無言の儘《まま》、足にて左の机の下に寄るべく合図せられしものの如し」とある。このことからも、やはり和子の証言通りだと見ていいだろう。

そしてもう一つ、渡辺が逃げなかった理由もこれで明確になるように思う。襲撃部隊の侵入を知らせる女中やすず夫人の声で目を覚ましたのであれば、その短時間のうちに取れる行動は限られてくる。

和子にすず夫人の元に行くよう指示を出し、拳銃を取り出し、戦う態勢を整える。仮に逃げるとすれば、大きな邸に分散する家族や女中、憲兵などを引き連れて逃げることになるだろうが、とてもそんな余裕があったとは考えられない。もちろん身一つで逃げても構わないが、逃げる途中で撃たれるようなことになれば、陸軍大将としてこれ以上ない屈辱だろう。家族だけ逃がすという選択肢もあるにはあるが、女性や子供だけで逃げ切れる保証はない。襲撃部隊はふらっと渡辺邸にやって来たわけでもないし、準備もそれなりに整えているだろう。確かに反乱軍は女性や子供を殺害してはいないが、いくら渡辺でも即座にそこまで判断するのは不可能だ。とりあえず長男誠一と次男恭二の二人は奥の子供室で寝ており、そこから出なければ危害を加えられることはない。後は同室にいた和子だけだが、母親の元に行かせればとりあえず安心と考えたに違いない。

無論このように整然と考えたわけではないだろうが、わずかな時間の中で、渡辺はそういった判断を下したのではないだろうか。少なくとも、教育総監就任時点で死を覚悟していた渡辺の性格からして、「逃げる」という判断は真っ先に除外されたのだと思う。

憲兵の行動

ここで気になるのが憲兵の行動だ。彼らは二階から降りてきて玄関先で応戦したのち、どこへ行ったのだろうか。『新訂　二・二六事件』に収録された荒井重徳憲兵軍曹の検察調書は次のようになっている。

二月二十六日朝私共《わたしども》憲兵二人、渡辺教育総監私邸二階に就寝し、居《お》りたるところ、午前六時頃分隊［牛込憲兵分隊］より電話にて、只今斎藤内大臣邸を軍隊が襲撃したるを以《もっ》て、直《すぐ》に応援に行くことなりしにより、直《ただ》ちに二階に上り、丸山上等兵に電話の要旨を告げ服を着用中、間もなく、玄関の扉を叩く音したるにより玄関に行きしに、機関銃にて門より玄関に向け射撃し居り、扉の硝子《ガラス》等破壊さるる音聞《きこ》えたり、私は玄関の階段寄りの方、丸山上等兵は応接室寄りの方より、玄関入口硝子戸を通じ拳銃にて応戦したり、其《そ》の時第一扉は破壊せられて開けられ、第二の硝子戸に人影映り居りたり、又《また》二階の硝子戸壊さるる音するを以て二階に上りしに、此処《ここ》にも弾が飛来したり、二階の裏口の雨戸を開け、裏庭を見るに、兵四、五人居り、渡辺閣下寝室の付近に回って居る様子なるにより、直に階下に降りて閣下の寝室に行きたるところ、閣下は既に血に染り倒れて居られたる。（伊藤隆・北博昭共編『新訂　二・二六事件　判決と証拠』）

これによれば、玄関内扉のガラス戸に人影が映っていたのを確認した後、二階のガラス戸が壊された音を聞いて二階に上ったとある。しかし、二月二十七日の調書にはまた違う説明がある（「極秘調書」）。

憲兵より曩《さき》［先］に聴取せし際は「玄関口にて応戦したる後、二階に駆け上り窓の戸を開き、下に跳び降り、閣下をして脱出路を求めんと屋根迄出《までい》でたるに、庭先に兵がありしを以《もっ》て断念せり」と云《い》う。

つまり、渡辺を二階から逃がす算段を検討していたのだという。しかし、憲兵がそうした動きをしていたことは〈家人には判明せず。只二階にガタ〳〵する音が階下の家人に響きたる感ありし〉とされている。百歩譲って、もし二階から脱出する方法を探ったのだとしたら、すぐに錠太郎を二階に誘導すべきだったのではないか。それどころか、女中の証言からは憲兵二人の不可解な行動が指摘されている。以下は、いずれも女中の小川の証言である。

「ベル［非常時に憲兵を呼ぶためのベル］」を押しても憲兵が二階より降り来る気配なきを以《もっ》て、憲兵を呼びに行くことを台所にありし加藤［久枝／もう一人の女中］に依頼す。

［反乱軍の］兵が引き上げようと庭に降りて「彼処《あそこ》に憲兵が居《お》る」と二階の方を見て居たるものあり。兵が引き上げてから、憲兵は「如何《どう》した」と云《い》う話が出た頃、二階から降りて来た。

他の誰よりもまず渡辺を護衛するのが任務なのだから、そのそばを片時も離れるべきではなかったのに、肝心な時に憲兵二人は二階に留まって下りてくる気配がなかったという。襲撃の後、荒井軍曹が横たわる渡辺のそばにいた夫人に対して、「奥様許してください」と座して泣いたという記述もある。

さらに重要なのは、時間の食い違いだ。宮沢副官の調書では牛込憲兵隊から電話が入ったのは五時四十分過ぎで、自動車が着く音がしたのが「六時稍過ぎ」となっている。しかし、『新訂　二・二六事件』では、一階で電話を受けた荒井軍曹が〈丸山上等兵に電話の要旨を告げ服を着用中、間もなく、玄関の扉を叩く音したる〉とある。つまり、電話を受けた後「間もなく」、服を着替えるのに二十分もかかっていたということになる。これほど急を要する事態に、少し悠長すぎるのではないだろうか。なぜ、即座に渡辺を起こすか、少なくとも家人に危機を知らせなかったのだろうか。夫人も、事件直後にこれについて憲兵に怒りをぶつけていたようで、小川の証言（「極秘調書」）にこうある。

夫人が「彼の電話が此《こ》う云《い》う電話でしたのか」

荒井軍曹は「斎藤内府の処に兵が押し掛けたから御前等《おまえら》も注意せよ」とのことで御座《ござ》いました、と申上げたり。

夫人は、何故それを知らせて下さらなかったのですか。

荒井軍曹は「申訳《もうしわけ》御座いません」と云い居《おり》たり。


さらに、応援の憲兵が来た時にもこの件が問題となっている。

該《がい》憲兵榊《さかき》〔応援の憲兵〕が荒井に対し「何をグズ〳〵して居るのか、己《おの》れなら死んでしまう」と云《い》いたるに、荒井が「馬鹿言え」とか云い、喧嘩せんとせし気配見えしを以《もっ》て夫人が「此《こ》うなっては仕様がないから此う云う場合だから止めて下さい」と云われしを以て憲兵は静穏になれり。


永田《ながた》鉄山《てつざん》が殺害された際も直前まで同室していた山田《やまだ》長三郎《ちょうざぶろう》兵務課長が非難され、結局自決してしまう事態にまで発展しているが、渡辺殺害時の護衛憲兵の働きもやはり批判されたようだ。応援に来た榊という憲兵の発言は、恐らく「渡辺を守りきれなかったのだから責任をとって死ぬべき」ということだろう。

永田殺害時は犯人の相沢三郎《あいざわさぶろう》は突如軍務局長室に侵入し、いきなり斬りつけた。それに対して、渡辺邸襲撃時の憲兵二人は「護衛」として渡辺を守るための任務についていたという相違がある。さらに言えば、短時間しか余裕がなかったとはいえ、憲兵二人は事前に警告を受けていたのである。応援に駆けつけた憲兵が、護衛対象を守り切れなかった同僚を非難するのもやむを得ない面がある。

ただ一方で、この二名は襲撃部隊に対して少なくとも拳銃弾を撃ち尽くすまで戦っており、その点ではしっかりと護衛しようとする意志はあったとも言える。それでも、憲兵の立場からすれば護衛任務を全うできなかったということは、「死んで詫びるべき」ほどのものだったのだろう。憲兵同士がその責任をめぐって言い争ってもいる。少なくとも調書の記述を読む限りでは、彼らが確信犯的に護衛任務を放棄しようとしていたとは思えない。この調書の最後には、宮沢副官の意見だと思われる書き込みがある。

之《これ》を要するに、先に憲兵より聴取せし状況と対照するも、憲兵が沈着を失し臨機の処置に遺憾の点ありしものと認めらる。

銃弾が尽きてもなお身を挺して戦うべきかどうかはともかく、二人の憲兵の対処が最適と言い難かったというのがこの場合の共通認識だったのだろう。

一方、牛込憲兵分隊から電話を受けた二人がなぜその一報を渡辺に知らせなかったのかについては言及されていない。だが、この時点では二人は千五百人近い将兵が関与した大がかりな反乱であることまでは理解していない。まだ夜も明けていない雪の朝に、本当に武装した兵士たちがここまでやってくるのだろうか？「大勢」というのは何人ぐらいなのか？五人か、十人か？装備は拳銃だけか、小銃もあるのか？斎藤内府邸での押し込み騒ぎでどれほど犠牲が出たのか？自分たちだけで応戦できるか、それともすぐに渡辺と一緒に逃げたほうがよいのか？逃げるとすればどこが安全だろうか——。次々と浮かぶ疑問を前にして右往左往しているうちに襲撃を受けてしまったというのが実際ではないだろうか。

その一方で、渡辺が死を覚悟し、最後まで戦う決意を固めていたことは間違いない。郷里の友人・伊藤貫悦に「天之照覧必ず正邪分明の時来るべきを信じ居候」と述べているように、渡辺は「自分の死」を予感していたのだろう。死の間際に臨み、女性や子供を逃がし、自分は堂々と戦うという軍人としての決意が、この時の渡辺にはあったように思う。

事件の衝撃

二・二六事件は、今に至るまで人々の関心を引き寄せてやまない。関係する書籍は膨大で、「二・二六産業」との言葉まであるという（秦郁彦『昭和史の軍人たち』）。事件関係者の回想、作家やジャーナリストによる著作、学者による研究と、その種類は多岐にわたり、昭和史に関する本であれば、直接扱わずとも何らかの形で言及があるだろう。

のちに昭和史を動かす有名な人々も、数多くこの事件に関わっている。石原莞爾は決起部隊を鎮圧する戒厳司令部の参謀であったし、東條英機は関東軍憲兵司令官として中国にいたが、事件に関係すると思われる人物を次々と逮捕した。両者ともに事件後の陸軍を代表する人物となるが、対中国方針などをめぐって激しく対立し、やがて東條の一派が陸軍の実権を握ることになる。

二・二六事件は、前述したように陸軍内部で勢力争いを繰り広げる二つの派閥の抗争という面があり、事件を起こした「皇道派」は「統制派」と争い、その闘争が高じてついにいくつかの事件にまでいたった。その頂点が二・二六事件であり、事件が鎮圧された後は、紆余曲折を経つつも統制派が軍内部の実権を握ることになる。東條英機や武藤章《むとうあきら》などの統制派は日米開戦の際には非常に重要な立場にあったことから遡《さかのぼ》って考えても、この事件は歴史的に重大な転機だったと言えるだろう。

戦後は特に事件が一つのブームとなり、映画や小説の題材ともなった。それらの中には、青年将校に同情的なものも少なくない。そして、事件に参加した青年将校の側からも、自分たちの行動を弁護する発言がなされた。

皇道派の人々はソ連嫌いで、荒木［貞夫］大将、小畑《おばた》［敏四郎《としろう》］中将は、将来対ソ防衛軍の軍司令官、参謀長に擬せられていた人だった。小畑中将は陸軍における知米英派の中心とも目される人であった。北一輝《きたいっき》はかねてから、日本はアメリカと戦ってはいけないと主張してきた人である、彼は終生日本は中国と提携してゆかなければならないと考えていた。

これに反し、事件当時、陸軍省軍事課の中心的存在であった武藤章中佐（東京裁判でA級戦犯として死刑、事件当時我々の首脳部から罷免要求がなされた）は事件勃発と同時に、陸軍省の意見を直ちに蹶起《けっき》軍鎮圧に統一した人であるが、この人は石原莞爾将軍の制止を振り切って、北支に侵入した。これが支那事変を拡大し、日本陸軍を大陸の泥沼に陥れた原因となった。また親独派の中心でもあり、第二次大戦のドイツの勝利を信じて、対米英戦に踏み切った主導的役割も演じている。だから二・二六事件が起らずに、皇道派及《および》青年将校の批判勢力が残っていたら、歴史は別の道を歩いたかも知れないのである。（池田俊彦『生きている二・二六』）

石原莞爾参謀本部作戦課長（のち作戦部長）（国立国会図書館）

東條英機関東軍憲兵司令官（のち陸相・首相）（国立国会図書館）

著者の池田俊彦《いけだとしひこ》は、二・二六事件に参加した時は陸軍少尉で、反乱軍将校の中では最年少の一人だった。彼は、皇道派の人々が軍に残っていれば歴史は変わったかもしれない、という。事件後に軍に残った統制派の人々が日本を対米英戦争に導いた、との考え方である。果たしてそうなのだろうか。あまりに短絡的に過ぎるのではないだろうか。

また渡辺は、生前彼ら皇道派と呼ばれる派閥のトップと激しく争い、その軍内部の勢力を切り崩そうと奮闘した。そして実際に、その有力な一部を打破することに成功している。そういった行動が渡辺が命を狙われる一因にもなっている。ということは、渡辺は「統制派」の一人だったのだろうか。

実際に、渡辺を統制派の一人とする見方もある。政治評論家で、皇道派に近い岩淵辰雄《いわぶちたつお》は〈阿部、渡邉の統制派に属する人々からいえば〉と、渡辺を統制派の一人として記述している（岩淵辰雄『軍閥の系譜』）。

しかし、これは事実とは異なる。前述のように渡辺は派閥には属さず、当初彼らの勢力争いにも参加しなかった。それが皇道派と対決し、ついに二・二六事件で標的とされてしまうことになったのは、前の章で詳述した天皇機関説をめぐる論争など別の理由があった。

池田の言うように「二・二六事件が起ら」なければ、たしかに歴史はまた別の歩みを見せていたかもしれない。ただそれは、皇道派が軍に残っていたらというだけでなく、事件で殺された人々が生き残っていたら、という仮定も踏まえなければならない。

渡辺だけではない。たとえば、同じ日に殺害された高橋是清《たかはしこれきよ》。高橋が蔵相だった時、彼は陸軍と予算問題でもめているが、その時陸軍大臣を一喝して要求を退ける胆力を見せている。軍部、特に陸軍が政治に容喙して国政を動かすようになった時代、軍を恐れないその勇気は貴重なものだった。

渡辺にしても、高橋にしても、その存在の大きさゆえに蹶起の標的とされたのであり、その喪失は日本が破局へと向かっていく引き返すことのできない契機になったのだと言えるのではないだろうか。
事件の影響は大きかった。事件後、真崎や荒木などの皇道派は予備役に退かざるを得なくなり、皇道派の軍に対する影響力はほぼ壊滅した。また岡田内閣は崩壊し、その後を外交官の広田弘毅《ひろたこうき》が受け、陸相には寺内寿一《てらうちひさいち》が就いた。寺内は軍部大臣の現役武官制度を復活させる。これは、陸海軍部大臣を現役の大・中将に限るというもので、一度廃止されて予備役まで範囲が拡大されたものの、「皇道派の復権を阻止するため」という理由で復活されたのであった。
これは、内閣に対する軍の影響力を強化することになり、政治に悪影響を及ぼすことになったが、それはまた後の話となる。

「イフ」の世界

渡辺錠太郎と同時代を生き、後世までその名を残した最大の功績は、新聞記者の高宮太平にあるだろう。『軍国太平記』で、渡辺を〈月給の大部分は丸善の支払いにあてていた〉と紹介している高宮は、心の底から渡辺を敬愛し、評価していた。雑誌記事「暗殺された二将軍」では、こう評している。

元来渡邊は上原《うえはら》［勇作《ゆうさく》元陸相］と並び称せられる陸軍の読書家で、常に他人よりも一歩先を歩きながら、しかも自己宣伝に浮身をやつすようなことをしない。どこまでも温厚篤実な老将軍の風格を備えていた。［中略］けれども一たび、憤りを発すれば、如何《いか》なる難関をも突破して一歩も譲らぬという、恐るべき気迫をもっていた。

同時代の人から「目立たぬ武人」と言われた渡辺は、確かに自己宣伝をあまりしなかったように思える。

また、部下に媚を売ったり派閥を作ったりするようなことも、調べた限りではなさそうだ。そして、「恐るべき気迫」という言葉もうなずける。林銑十郎《はやしせんじゅうろう》を支援して皇道派と対決し、林が陸相を退いてからは真崎甚三郎《じんざぶろう》を問い詰め、また川島義之《かわしまよしゆき》陸相に対しても皇道派を排除すべし、と断固たる決意をもって意見書を書いてもいる。やる時は相手を倒すまで一歩も引かない、という決意を持っていた。

軍人としては、航空機や機関銃など当時の最新装備への高い関心に見られるように、先見の明もあった。陸相になった林を陰から支え、参議官会議で巧みに皇道派を追い詰めた手際は、知恵者としての面を持ち合わせていることの証明になるだろう。また、襲撃された時に和子を座卓の後ろに隠し、撃たれにくいように畳に伏せ、さらに反撃するという動きは、咄嗟の場合にも慌てず、最適な対処法を即座に取ることができる臨機応変さを備えていたことを示す。

しかし、渡辺の強さが弱点になることもあった。貧農の出身から苦学して頂点に上り詰め、どんなに忙しくても毎日一時間の読書は欠かさなかったという渡辺は、自分にかなり自信を持っていたように見える。それが旭川師団長時代は「ドイツ式」を押し通して部下を困惑させることになり、真崎らを徹底的に追い詰める無慈悲とも思える闘争心を発揮し、天皇機関説をめぐる訓示では誤解を受けることも厭わない姿勢になったのではないだろうか。

先に紹介した内務省の唐沢俊樹は、渡辺について次のようなことも述懐している。

はじめてたずねて行ったときに、こっちは警保局長ですけれども、年輩からいってまるで小僧です。もうその話は君いいよ、なるようにしかならないから、おれはピストルの名人でな、なんと言ってね。陸軍で留学した時分にドイツでピストルの射撃の競争をやって一等をとったと言っておられましたが、その時すでに決心をしておったとあとで思ったのは、やはり射撃された時分も女子供を下げさしておいて、自分は小机みたいなものを出して端坐《たんざ》されて、ピストルを全部を充塡《じゅうてん》をして、入って来るのを待っておったという話で、亡くなったときに見たら全部たまをうっておった。それは応戦したからといって何もならぬけれども、からだ中蜂《はち》の巣のように全部うってあったそうです。私はあとで考えて、ピストルの名人でな、という話をしておられた時分にすっかり死を決しておられたなと思ったんです。（宮沢『天皇機関説事件　下』）

渡辺の口調から、年少の唐沢に対していささか冗談めかしてピストルの腕を自慢しているように見えるが、同時にあとの半ばは本当に自信を持っていたのだと思われる。実際にピストルで応戦し、相手側に負傷者も出している。とっさの襲撃に準備を整えて迎撃した渡辺は、「ただでは死なない」という思いもあったのだろう。

決して自信過剰というわけではなく、自分がこうと信じた道ならば断乎として退かない、そして生き延びて他日を期すより、真正面から受けて立つ気迫。妥協を知らぬ闘将としての資質が、その死を呼び込んでしまった面もあるのかもしれない。

ちなみに、渡辺の読書について言及しているのは高宮だけでなく、当時から他者も話題にするほど有名だったようだ。かといって、稀覯本を所蔵して有り難がる好事家ではなかった。

何を読むかというと九割までは軍書で、高い外国の書籍なぞも持ち歩きに便利なように何頁《ページ》かに裂いて電車の中でもどこでも読む。（三鷹「渡辺錠太郎と松岡洋右」）

渡辺はドイツ語の書籍も原書で読んでいたというが、「本」そのものにはまるで無頓着だったようだ。

顕彰会『郷土の偉人』によれば、岩倉町の青年会には東京の渡辺からしばしば大荷物が届いたが、中には多種多様の書物が詰まっていた。読み古しも多かったが、青年向けに身銭を切って購入された新刊もあったという。渡辺の寄贈した本で勉強した人物が、本の中身を次のように伝えている。

「どの本を開いても、みんな丁寧に読み通した跡があって、どれにも赤鉛筆の側線が引かれたり、間違いや気に入らぬ個所には、否、否などと朱書きして、大きなバッテンがしるしてあった。改めてその箇所を読み直すに興味がもたれたものである。」（『郷土の偉人』）

本を買っても必要に応じてばらして持ち歩き、読み終われば故郷に贈ってしまう。もちろん後進への気遣いということもあるだろうが、物を所有する欲も薄かったのだろう。これは、元々の性質もあっただろうが、幼いころ本が買えず、人に借りて勉強したということが大きく作用していると思われる。こうした物欲のなさは、渡辺が目立たなかった理由の一つでもあるような気がする。また、そういう渡辺であればこそ、些事に捉われず、大局的な判断ができたかもしれない。

もし渡辺が二・二六事件で犠牲になることなく、その後も生き延びていたらどうなっていたか。和子は、そうなっていたらまた別の苦労があっただろうとすず夫人が語っていたと伝えている。

母は後年「お父さまは良い時におなくなりになった」と申しておりました。もしあの時に殺されていなければ、自分が望むところでなくても、第二次世界大戦で重要な立場につかざるを得なかっただろう父が、軍事法廷に引き出され、処刑される可能性を考えての母の述懐かと思います。（顕彰会『郷土の偉人』序）

これに対し、高宮はまた別の評価をしている。歴史を変え得たかもしれない人物として永田鉄山を挙げ、「いま一人」として渡辺の名を挙げる。

渡辺が台湾軍司令官から軍事参議官兼航空本部長に転補されたとき、筆者は永田に渡辺の為人《ひととなり》をきいた。永田は言下に「渡辺閣下は参謀総長要員だよ」と答えた。あの学者肌のおとなしい将軍が、参謀総長要員といわれては、永田にからかわれているのではないかと思った。しかし、永田は渡辺の経歴、人物をくわしく説明し、決してただの学者軍人ではない所以《ゆえん》を話してくれた。

その後、しばしば渡辺と接触して話を聞くようにしたが、話の内容はおおむね独、ソ、英、仏の軍備や国際情勢などに終始し、あえて部内の諸問題に触れることは避けているようにみえた。彼は航空関係については、驚くべき豊富な知識を持っており、渡辺自身で書いた書物を贈ってくれた。いま、その本は手もとに見つからないが、貧弱な筆者の軍事知識を啓蒙してくれたことだけは記憶している。

［中略］

渡辺は内に火のごとき正義感を持ち、平素はそれを深く蔵してあらわさなかった。けれども、一度決心すると何者もおそれない。それはみずから求むることのない者のみが持つつよさであった。（高宮『昭和の将帥』）

そして、もし渡辺に陸軍の指導権が握られたら、永田とは違ったやり方をしただろう、と述べる。

それは整然たる道理をもって邁進《まいしん》することである。そして道理にはずれたことは寸毫《すんごう》の仮借《かしゃく》も許

さない。派閥集団などたちまち粉砕したであろう。いやしくも軍紀をみだり下剋上の風潮には一大鉄槌《てっつい》を下したであろう。［中略］

そのかわり、渡辺が指導権を握ったなら、軽薄な戦争謳歌《おうか》者などは一掃されたであろうが、渡辺自身も畳の上で安穏な死は願えなかったであろう。しかし、渡辺くらいの思謀、力量があれば戦争への暴走はある程度阻止しえたと思う。（前掲書）

もうひとつ、重要な証言を紹介したい。日本の敗戦後、渡辺の郷里である岩倉町の町長が、所用で上京した際に事のついでにと、ある元軍人の家を訪ねた。渡辺よりも年長のその老将軍は、病で臥せっていたにもかかわらず、応対してくれたのだという。

なるほど老大将は病床に在ったらしく、肩切の布子《ぬのこ》を羽織《はお》って、ぶるぶるふるえる両手を暖炉にかざしながら、客を迎えた。

「近頃誰にも逢わないが、渡辺大将の郷里の町長さんと聞いて、特に逢ってみたくなった。渡辺君は実に立派な軍人でした。実に惜しいことをした。もう少し、せめて開戦か非開戦かといった頃まで生きておってもらえたら、日本の歴史も大きく別な方へ転換してただろうに……まことに残念なことをした。」（顕彰会『郷土の偉人』）

この老将軍の名は、元陸軍大将宇垣一成《うがきかずしげ》。三月事件の際に首相候補として担がれた、あの宇垣である。宇垣は明治と改元される直前の慶応四年に生まれ、昭和の敗戦後まで生き抜いた、陸軍の大物である。陸軍大臣、外務大臣などを務めただけでなく、戦前は首相候補にもなり、戦後は第一回の参議院議員選挙で全国最高位で当選するという、近代日本の波乱万丈を身をもって体験してきた人物だ。祖国の成功も失敗も知り尽くした八十過ぎの老将軍、それも様々な軍人や政治家を間近に見てきた男が、晩年の病の床から無理を押してまで起き上がり語り残しておきたかったのが、渡辺錠太郎のことだった。

事件後の和子

二・二六事件後の関係者の運命は、様々なものがあった。敬愛する父の死を間近で目撃した和子は、その後キリスト教徒になる。

> 家は浄土真宗でした。母に相談しても「戦時下になぜご先祖様を拝まない」「敵国の宗教と思われても仕方がないクリスチャンになるのか」と反対するばかり。私も十代の後半になって母に反抗する気持ちも芽生えていました。洗礼を受けてから三日間、母は口をきいてくれませんでした。（渡辺・保阪「2・26事件　娘の八十年」）

時代背景を考えれば、すず夫人の対応は致し方のないものだっただろう。

また、有馬頼義『暗殺の目撃者』では、当時の和子のこんな証言が紹介されている。

> 後年、私が世をはかなんで今の生活にはいったというふうに云《い》われましたが、世をはかなむというのは、仏教的なものの考え方で、私はそうではありませんでした。ただ、物を思う頃になったとき、父のことを考えたり、自分の生きる道を、父の死と関連させて考えたりしたことは事実でございます。ですから逆に云えば、父に、あのようなことがなかったら、私は今のような生活にはいっていなかっ

たかも知れません。

「世をはかなんで」というのは和子が主体的にその道を選んだのではなく、世間から逃れてその道に入った、というニュアンスが感じられる。しかし、和子にしてみればそうではなく、自分から選び取った道、ということなのだろう。

それでも、和子が洗礼を受けたのは、目の前で最愛の父が殺害されたことと無関係ではありえないだろう。事件をきっかけに、人の一生や死の問題を考え、神から与えられた生の意味を問い、その結論としてキリストの教えに従うことになったのだった。

彼女はそれから死去するまで神の道に従い、マザーテレサとも親交を持った。九十歳近くまで生きた彼女の人生は、常に事件、というより父の面影を背負ったものだったのだろう。

私が父と過ごした時間は短いものでした。でも今も、「お父様ならどうする」「お父様のおかげでこれができますよ」と心の中で父に語りかけることがあります。あの日、「和子はお母様のところへ行きなさい」と言った父の言葉で、私は一生分愛されたと思います。（渡辺・保阪「娘の八十年」）

しかし、「渡辺錠太郎の死」によって人生を変えられたのは、無論彼女だけではなかった。あの日の朝、渡辺を襲った安田少尉、そしてその家族の人生もまた、数奇な運命に彩られた。

終章

「赦す」ということ——東京・多磨霊園

多磨霊園にある渡辺錠太郎の墓所。同霊園には、同じく二・二六事件で犠牲になった斎藤実と高橋是清、さらに林銑十郎や宇垣一成の墓もある

自慢の息子

平成三十（二〇一八）年四月、神奈川県葉山町《はやま》の閑静な住宅街にある安田善三郎《やすだぜんざぶろう》の家を訪ねた。二・二六事件で渡辺を殺害した陸軍将校の一人、安田優《ゆたか》少尉の実の弟である。

九十二歳（当時）の善三郎は、その年齢を感じさせないほど矍鑠《かくしゃく》としていた。前日まで夫人と海外旅行に行っていたというほど足腰も丈夫で、受け答えも極めて明瞭だった。

安田の生家は、熊本県天草《あまくさ》にある。父はわずかな田畑を持つ貧農で、農業だけでは食べていけずに米の仲買もやりながら、六男四女を育てた。六男の善三郎にとって、十三歳も年が離れた次兄・優は、夏休みや冬休みに帰省した時に顔を合わせるだけの遠い存在だった。それでも、真面目で成績優秀、家族思いでもあった兄を尊敬し続けていたという。

「私が生まれた時には、すでに次兄は家を出て旧制中学に通っていましたから、同じ家で暮らした月日もほとんどありません。その後、兄貴は士官学校から陸軍に入るのですが、たまに実家に帰ってくると、一緒に近くの川に鰻を獲りに行ったり馬に乗せてくれたりして、かわいがってもらった記憶があります。

もともと次兄は、両親の自慢の息子だったんです。長男の薫《かおる》は京都帝大に進学したんですが、左翼運動に傾倒して落第したりして、両親に心配をかけることも多かった。三男の尚《たかし》（法名・祖龍《そりゅう》）は出家して坊主になったんです。それに対して、次男の優は親孝行で、中学から官費の士官学校を経て、陸軍に入ってからも任官後は毎月実家に仕送りをして、私ら弟や妹のことを気遣う手紙を寄越していました。私は両親からいつも『優を見習いなさい』と言われて育ったので、兄のことをずっと尊敬していたんです」

後年、善三郎が編んだ遺稿集『安田優資料』には、事件に至るまでに次兄・優が実家などへ送った書簡が紹介されている。これを読むと、両親の誇りであり弟妹思いだった優の素顔が垣間見える。

弟にあたうる

人生は奇跡に満つ　徒《いたず》らに自己を卑下《ひげ》する勿《なか》れ　奇跡は愚人をして賢人たらしめ　君子をして俗人たらしむ　而《しか》も人の求めて必ず得らる可《べ》きもの　之《これ》人生の奇跡とは云《い》う　人生回転の機は蓋《けだ》し機微《きび》の間に存すればなり　此《こ》の機微たるや博学識賢の士のみ克《よ》く是《これ》を把握す　故《ゆえ》に人は学を博め識を進めざる可からず　然《しか》らば必ずや人生回転の機微を求むるを得べし　勉めざる可らず　励まざる可らず　人にたよらず己が心を以《もっ》て己の依頼者たらしめざる可らず

天のあたえたる才亦《また》恃《たの》むに足らず　聞かずや少年の才は愚に如《し》かざるを

勉めよ　然からば必ずあたえられん

昭和八年を迎うるの日　安田　優

尚どの

（昭和七年十二月二十六日配達）

安田優少尉の弟・善三郎。麻布・賢崇寺での八十四回忌法要にて

拝呈

昨日で卒業試験も無事終りました　今後唯《ただ》卒業を待つ丈《だけ》です［中略］

［長男・薫について］私も実際なさけなくなってしま

いました　東京に来たと言って　向こうから訪ねたことは一度もなし　住所すら知らしてくれたことは一度もありません
十月任官後は生きてさえいたら　弟妹の事は私が一さい引き受けてやって行く覚悟ですから　もう心配は決してされないで只《ただ》安楽に御暮らし下さい［中略］
夫《そ》れから　善三郎にはしっかり勉強するように
善二郎［五男］には親の言う事をきかぬ奴は十月頃任官して帰った時には斬ってやると言って下さい
［中略］

四月二十一日

ゆたか

父上様

（昭和九年四月二十一日）

昭和九（一九三四）年十月に陸軍砲兵少尉に任官後、半年ほど過ぎて余裕ができたら実家に仕送りもすると伝え、弟妹たちの成長ぶりを心配する文言が散見する。

拝呈
明日は晦日《みそか》　種々心配していられるだろうとも考えています［中略］
三月頃迄《まで》私の手に入るのは十円そこそこです　石炭代も一ヶ月十円位はいります　保険金もかけなくてはならず貧乏少尉とは良く言ったものと感心しています
四月頃になったら十円ずつ御送りします

善二郎は如何《どう》しました　天草中学に入れるのですか
肇《はじめ》［四男］も勉強して　巡査位になったら宜《よ》いと思っています　そうでなかったら農業に徹底するように　尚《たかし》の教官は誰か判っていますか教えて下さい［中略］

三十日

安田　優

父上様

（昭和九年十二月）

祝入学
愈《いよいよ》　中学生になったのだからしっかり勉強してお国の用にたつようにしなくてはいけない
只《ただ》漫然としていてはだめだ　小学校時代のように親の教《おしえ》も聞かず遊んでばかりいるようなら止《や》めたが良い
兄や尚《たかし》が如何程《いかほど》父母兄弟に心配をかけた事か判っているだろう
来年は［陸軍］幼年学校を受けるつもりで勉強してみろ
本渡《ほんど》［天草の中心地］も桜の花も満開で大したものと思っている
兎《と》に角《かく》わき目もふらずに勉強しなくてはいけない
北海道の雪も消えた

三日

兄より

善二郎様

（昭和十年四月九日）

そして、昭和十年十月には陸軍将校向けの生命保険に加入し、その受取人を妹の久恵《ひさえ》にしたことを報告。さらに十一月の書簡では、翌月以降は毎月十円の仕送りを必ず送るようにすると書かれている。

拝呈 仕《つかまつ》り候《そうろう》［中略］
尚《なお》 今般参千円の生命保険に加入　受取人は妹久恵に致し置き候間御含み下され度《たく》候
是十四五年の間は　結婚する考も無之《これなく》候えば久恵にて宜しかる可く候
二三年間に戦争等勃発仕り候折は勿論《もちろん》の事にて三十年にて満期とか　最も確実なる偕行《かいこう》社の将校保険に候
厳寒の折御健康専一に祈上候
　　三十日
安田　優
　　父母上様

（昭和十年十月二十日）

拝呈
砲工学校入校のために出京　姉の家に落ち付きました
旅費の関係で帰省しませぬ　年末には一寸暇がありますが帰省を見合せて金でも送りましょう
十二月からは一月に十円必ず送りますから今迄《まで》は悪しからず［中略］

草々

安田　優

（昭和十年十一月十日）

十日

父母上様

さらに、事件の前月には、家を出た次女の代わりに女中を雇うように提案し、その費用も自分が負担すると明言している。

謹呈

益々《ますます》御清栄の事と存じます　土《つち》の［次女］が本渡《ほんど》町に行った間　手が足らなくて御困りでしょう年に五六十円出したら女中がやとえるでしょうから　金は私が出しますからたのんで下さい［中略］

十日

安田　優

（昭和十一年一月十一日）

父上様

これらの書簡を読んでいると、まだ幼い弟妹も含めて安田家を自分が支えていこうとしている優の姿が浮かび上がってくる。およそ軍事クーデターに参加する気配など微塵も感じられない。

翻弄された家族

しかし、昭和十一（一九三六）年二月二十六日——。安田家の運命は大きく暗転する。事件当時、善三郎は十歳、小学三年生だった。八十年以上も前の事件だが、その日のことは今でもよく覚えているという。

「あの日は、天草でも雪が降って寒い日でした。朝、学校へ行くと、家にラジオがある同級生が『どうも東京で物騒な事件が起きたらしい』と教えてくれました。私らが住んでいた村（天草郡宮地《みやじ》村／現在の新和町）には当時、テレビはもちろんありませんし、ラジオを置いている家が何軒かある程度でした。新聞も、朝刊がその日の夕方にようやく届くんです。その新聞を読んで初めて事件の概要がわかりました。一方で、当時東京に住んでいた長男と長女からも電報が届いたのですが、『皆無事、安心しろ』とあるだけで、要領を得ません。それからようやく三日後の新聞に『五人の将校が免官』とあって、その中に安田優の名前がありました。それで初めて次兄が事件を引き起こした反乱軍の一員であることがわかったんです。両親ともにショックを受けて、とくに母は半狂乱になって、『あんな親孝行な息子がどうしてこんなことをしたのか』としょっちゅう泣き崩れていました」

彼ら反乱軍将校に死刑判決が下されたのは、特設された東京陸軍軍法会議においてであった。しかし、弁護人は付かず発言も制限され、一審制で上告も許されなかった。そのため、暗黒裁判とも評された。審理は非公開でわずか一か月半で結審となり、同じ年の七月五日に判決が言い渡された。

その二日後の七月七日、新聞報道によって一般の国民に初めてその判決が伝えられたが、死刑判決を受けた将校らの家族には事前の面会が許されたという。

「父は、その年の五月ごろから東京に出て待機していたんですが、ある日、天草の実家に『七月五日に面会さし許す』という電報が届きました。後からわかりましたが、その日に判決が言い渡されることになっていたんです。そこで、今度は天草から東京の父宛にそれを伝えなくてはいけない。村では電報を取り扱う郵便局がなかったので、急いで隣村まで電報を打ちに行きました。そうしたら、その一週間後の七月十二日に今度は東京の父から『優、従容《しょうよう》として死す』という電報が天草に届いた。母ももちろん覚悟はしていたようですが、それを目にしてまた泣き崩れました。その日、母は田植え作業で朝から田んぼに行っていたんですが、たまたま雷が鳴って目の前の田んぼがぴかぴかと光ったのだそうです。ちょうど兄が処刑された八時ごろだったので、それが報せだったのかと言っていたのを記憶しています」

七月十二日、東京渋谷区宇田川町にあった陸軍衛戍《えいじゅ》刑務所で、安田優を含む十三人の陸軍将校と二人の民間人に対する刑が執行された（残る四人は翌昭和十二年八月に執行）。銃殺による刑の執行は五人ずつ三回に分けられ、安田優は午前八時からの三回目に行なわれた。享年二十四歳五か月だった。

執行を言い渡された時の言葉は「陛下は絶対であります」、刑架前での言葉は「天皇陛下万歳」「和歌（不明）」「特権階級者の反省と自重を願う」だったという（高橋正衛『二・二六事件』）。将校らの何人かは遺詠や辞世の句を遺しているが、刑架前に和歌を詠んだのは、安田優一人だけだった。『安田優資料』には、遺詠および絶筆として次の辞世の句が綴られている（各々に付された本人の署名は割愛）。

遺詠

長《とこし》へに吾《わ》れ闘はむ国民の　安き暮らしを胸に祈りて

昭和十一年七月十一日

今日こそは命たゝなむ安らかに　吾がはらからの胸にいだかれ
　昭和十一年七月十二日

絶筆
「某　閉眼せば加茂川に投じて魚にあたう可《べ》し」と南無阿弥陀仏に帰依し奉《たてまつ》る
　昭和十一年七月十二日午前八時十三分

我がつとめ今は終りぬ安らかに　我れかへりなむ武夫《もののふ》の道
　刑死前十分

白妙《しろたえ》の不二《ふじ》の高嶺《たかね》を仰ぎつつ　武《む》さしの野辺に我が身はてなむ

我を愛せむより国を愛するの至誠に殉《じゅん》ず
　昭和十一年七月十二日刑死前五分

母親は「親孝行だった子がなぜ」と嘆いていたというが、むしろ親孝行だったからこその蹶起《けっき》だったのかもしれない。事件前日の二月二十五日、身を寄せていた杉並区上荻窪の富田宅（姉ほしのの嫁ぎ先）を出発する際に残した遺書は、次のような文言で始まっている。

国家の更生も吾《わ》が家の更生も、共に此《こ》の聖挙《せいきょ》に在《あ》りと確信す。
老父母嘆きは断腸の思いあり。
なにとぞ宜しく御教導下され度《た》し。

さらに、優が処刑前日に書き残した遺書には父母に向けてこう書かれている。

家計安《やす》からずして笈《きゅう》を負わしめ、今漸々《ようよう》にして独立鞠育《きくいく》の恩に報ぜざる可《べ》からざるの秋《とき》、此《こ》の度《たび》の悲嘆をあたえ申し全く申し訳なし。只《ただ》、希《ねが》わくば児《こ》が嘗《か》つて常に希いたる孝心に賞《め》で寛容あらせられ、平常に安らかに我が所刑を見送られんことをのみ希い奉《たてまつ》りてやまず。

家計が苦しいにもかかわらず故郷を離れて勉学を修めることを許してくれた両親への感謝と謝罪の思いを、優は亡くなる直前まで綴り続けていた。それでも「国家の更生」のために蹶起せざるを得なかった。
そこには、反乱軍将校の多くが抱いていた疲弊する地方の農村や窮乏する庶民を救いたいという思いがあった。財閥・政治家が私利私欲を満たし、元老や軍閥、政党、役人が権力を恣《ほしいまま》にしている。理不尽な日本を天皇陛下の親政の下で「更生」させなくてはならない――そんな正義感が彼らを突き動かしていた。
以下、善三郎の証言が続く。

「兄は市ヶ谷にあった士官学校の予科に入校後、士官候補生として北海道旭川の野砲第七連隊に配属されました。その地で、米や麦どころか馬鈴薯すら口にできない北海道の農民たちの惨状を目にします。それが疲弊した故郷の天草の姿と二重写しになったのか、なぜ都会と比べて農村の暮らしはこれほど悲惨なのかと慨嘆していたそうです。

　さらに士官学校卒業後は満洲に派遣され、熱河省錦州に着任した際には、歓迎会の席で天草出身の芸者に出会います。兄はその場で『こんなところで働かないで、天草に帰れ』と勧めたらしい。それればかりか、後日その芸者を呼んで、自分の給料を封筒のまま渡して帰郷するように言ったそうなんです。天草というのは耕作できる土地が少ない上に徳川時代は天領で細川藩の支配を受けていなかったこともあって、熊本の中でも異質な土地として軽蔑されていました。次兄も、中学時代には天草出身だということでいじめられた経験があったようです。そうした貧しく辺鄙《へんぴ》な故郷の女性が満洲まで流れてきて酌婦として客に媚びを売って働いていることに、兄は我慢できなかったのかもしれません。そんなお金があったら、親に送ってくれればよかったのにとも思いますが（苦笑）、弱い立場にいる人間を助けてあげたいという兄なりの熱い思いがなせる行為だったのだろうと思います」

重い十字架

　優の遺骨は、処刑後まもなくして天草の実家に届いた。それでもすぐには葬儀をすることもできず、ようやく三か月後の十月中旬に家族と親戚、近所の人々を含めた少人数で営まれたという。

「月のきれいな晩でした。葬儀の時も特高（特別高等警察）が監視に来ていました。三男（祖龍）が僧侶だったので、私に禅宗のお経を教えてくれて、『お前は毎朝毎晩こう唱えよ』と言われました。それ以来毎日お経を唱えていたのですが、あるとき骨壺の中を覗いてみたことがありました。すると、頭蓋骨の額のあたりが赤くなっているのを見て、『これは、処刑の際に眉間を撃たれたから、その血が脳にまわったのだ』と考えたりしていました。子供心に、そんなふうに勝手に解釈したんですね。

近所の子供と喧嘩をすると、すぐに『お前の兄貴は人殺し』と言っていじめられました。小学校の授業で校庭を走らされた際にも、別に遅いわけでもなかったのになぜか私だけが最後まで走らされたことがあって……それも兄の事件のせいではないかと考えたりしました。

もともとうちは貧しかったんですが、両親が教育熱心で、長女は天草の本渡高等女学校、長男は京都帝大、次男は私らの村から初めて士官学校に合格した生徒になりました。でも、事件があった後には『安田の家は教育、教育というが、教育したって何にもならないじゃないか』『結局、殺人者を出しただけだ』といった誹謗中傷を受けました。両親も相当悔しい思いをしたと思います」

二・二六事件で次男が「逆賊」とされたことの余波は、その後の安田家にも激しく降りかかった。とりわけ優の兄である長男・薫の運命は大きく変わってしまう。

「上の兄は大学を出た後、二・二六までは内務省にいたんですが、二・二六のおかげで内務省にいられなくなりました。それから天津に行って、天津の特務機関に勤め、一時は北京の大使館にもいたそうです。だからなのか、（ゾルゲ事件で逮捕された）尾崎秀実《おざきほつみ》などとも知り合いだったようです」

薫本人の回顧談によると、日本の敗戦当時は満鉄副参事で北京事務所勤務、また北支那派遣軍嘱託、北京市政府顧問で「相当強力な権力を持っていた」という（社会運動史研究会編『二・二六事件青年将校安田優と兄・薫の遺稿』）。また、戦後日本に帰ってからも定職についたことがなかったらしく、百貨店の三越の隣に事務所を構えるなどして、ずいぶんと面白い人生を送ったようだ。

一方の善三郎は、次兄と同じく軍人への道を選び、士官学校へと入学する（第六十一期）。

「私は身体もこう（小さい）ですからね。兄貴のこともあったし、最初は軍人なんかになる気は毛頭なかったんです。でも、私もだいたい頭の構造が理系じゃないですからね。あのころは、旧制の高等学校も専門学校も理系しか徴兵延期がなかったんです。文系は昭和十八年十月に学徒出陣がありまして、あのころからもう文系の学生はみんな二等兵にさせられていました。それで、私は五高（のち熊本大学）を受けたんですが失敗して、さあ困ったと。いずれ徴兵されるのだからと、一か八かで士官学校を受けてみたら、受かりましてね。兄のこともあるから、たぶん通らないだろうと思っていたんですが、運良く受かったものですから、幸い二等兵にならなくて済んだんです」

善三郎が士官学校に入学したのは昭和二十（一九四五）年二月のことだった。その半年後には終戦となり、戦場に送られることもなかった。もともと善三郎自身は優と歳が離れており、一緒に過ごした時間も短かった。それでも、兄の行為と無関係ではいられなかった。事件以降、兄が犯した罪について自問自答を繰り返してきた。

「私が士官学校の予科に入学したら、さっそく中隊長室に呼び出されました。中隊長は陸軍少佐でしたが、『お前の兄は国賊でもなければ国士でもない。兄のことなど一切忘れて勉強せよ』と励ましていただいたりしました。当時の陸軍にはまだ反乱軍の将校に同情的な人もおりましたしね。

兄は兄なりに、正しいと思ってやっていたんでしょう。地方の農民の窮状を訴えて、少しでも国を良くしていこうとしていたんだと思います。家族についても、親に仕送りをしたり弟妹の面倒をみようとしていたりしていたことは本当にありがたいことだと思います。

ただ、(兄が)人を殺してさえいなければね……いいと思うんですけど。それが一番つらいですよね。しかも、二人(斎藤実《さいとうまこと》、渡辺錠太郎)も殺していますから……」

理屈で言えば、弟である善三郎には何の罪もない。両親や他の兄弟姉妹も責められることは何もない。しかし、熊本県天草の農村で、しかも昭和初期という時代背景は、そうした理屈を許さないところがあった。安田家は「反乱軍将校を出した家」として見られてしまい、付き合いを断つ親族もいたという。

なぜ尊敬する兄は〝人殺し〟に加担してしまったのか。世直しを目指すにしても、もっと他に方法があったのではないか——。いくら問うても永遠に答えのない問いを弟は投げかけ続ける。

「ですから、彼ら(反乱軍の将兵たち)は、お互いに共鳴したんでしょうけれども、どちらかと言うと彼(優)なんかは他の将校に声をかけられて連れて行かれたという面もあったと思います。(反乱軍の背後にいた皇道派のリーダーたちは)もし最初から人を殺すつもりだったら、なんで自分たちでやらなかったのか、と思います。五人か十人いたら、やれるわけですよ。それをね、千何百人も引き連れて、しかも直接やらせたのは中島莞爾《なかじまかんじ》や私の兄のようなかつての部下たち、教え子たちです。千何百人も動員して蹶起するんだったら、国会の開期中に議事堂を包囲してやればいいじゃないですか。それを、部下や教え子を使って、人の命を奪うようなことをやらせて……それが一番、私らはもう、つらくて……。どんな事情があろうとも、加害者の罪は消えません。人の命を奪う権利は誰にもないですから」

死刑執行前日の午後十一時、安田優は両親や兄弟姉妹、友人知人らにあてて「遺書」をしたためた。その中で、善三郎に対してはこんな言葉を残している(『安田優資料』)。

善三郎君、全く申し訳ない。然《しか》し君には決して罪はない。死んだら兄も罪はないのだ。

元気で達者でしっかりやってください。


しかし、善三郎は罪を背負い続けた。インタビュー中、「人さえ殺さなければ」「加害者の罪は消えない」という言葉を、彼の口から幾度も聞いた。他者から見れば、それは決して背負う必要のない罪である。しかし、あの過酷な時代を生き抜き、今も贖罪の心を忘れない人に、部外者が一体何を言えただろうか。淡々した語り口に、余人にはうかがい知れない重さが宿っているように思えた。善三郎にとっては、八十年経った今もまだ、いや、人生の最期の時まで、「二・二六事件」は終わらないのだろう。

人生の師

しかし、事件は善三郎にとって思わぬ縁をもたらした。渡辺錠太郎の娘、和子との出会いである。

二・二六事件当時、和子は九歳、善三郎は十歳だったから、善三郎の方が一歳年上となる。しかし、善三郎は和子のことを尊敬の意を込めて「和子先生」と呼んでいる。

二人の交流は、昭和六十一（一九八六）年二月、事件の五十回忌の場から始まった。そのときのことを和子は保阪正康《ほさかまさやす》との対談で詳しく語っている。

保阪　事件後、関係者との交流はありましたか。
渡辺　父の五十回忌の年に、私は、処刑された青年将校が眠る東京・麻布の賢崇寺《けんそうじ》に参りました。実はそれまで、反乱軍の一人である河野寿《こうのひさし》大尉のお兄さんであり、仏心会（青年将校らの遺族会）会長の河野司《つかさ》さんから毎年のようにお誘いがあったのですが、一度も伺っていなかったのです。でも、その年は五十回忌の年でしたから迷いました。二・二六事件を取材された作家の澤地久枝《さわちひさえ》さんや、昭和史研究家の高橋正衛《たかはしまさえ》さんにご相談したところ、お二人から「行っておあげなさい」と背中を押されたのです。「汝の敵を愛せよ」というつもりで行ったのではありません。本心では行きたくはありませんでした。父がよく言っていた「敵に後ろを見せてはいけない」という言葉を思い出して参ったのです。

保阪 お一人で行かれたのですか？

渡辺 はい。私が唯一、被害者側の遺族でした。お墓には行かずに帰ろうとしたところ、外で澤地さんがお花とお線香を持って待っていました。気が進みませんでしたが、修道者として自分を律してお参りをしたのです。（渡辺・保阪「娘の八十年」）

この時の和子にとって、五十回忌の場で初めて会った青年将校の遺族は、あくまでも「敵」だった。「本心では行きたく」なかったし、「気が進」まなかったが、「修道者として自分を律して」なんとかお墓にお参りしたのだった。この時の心情を、和子は自著でも率直に記している。

正直に言って、私の心の中には、キリスト教的な「敵を許す」という殊勝な心がけよりも、父が生きていたら出席を望むのではなかろうかという思いの方が強かった。仏心会の人たちが「法要に出席してほしい」と言ってくださる。軍人の娘として、後へ退いてはいけない「出なさい」と父が言っているように思えた。そういう時には、後ろを見せるものではないと。（『心に愛がなければ』「蟬の声」）

和子は、言ってみれば父に背中を押されるようにして、反乱軍将校の遺族が集まった五十回忌に参列したのだった。だが、そこで和子が目の当たりにしたのは、「敵」だったはずの相手方が抱えている苦悩だった。

法要の後、河野司氏のご挨拶があった。

「私は、弟はじめ彼らがふびんでなりません。陛下のためを思って事を起したのであり、処刑に当たっても、天皇陛下萬歳と唱えて銃殺されています。私は叫びたい。陛下、なぜおわかりにならないのですかと」

切々と訴えるその言葉は、殺された側の遺族である私には、別の意味で聞くに辛いものだった。用意された茶菓の会へと席を立って行かれる人々の中には、私の前に来て土下座をして詫びる方もあった。多分その折、襲撃に加わって生き残った兵のお一人だろうか。お手を上げていただきながら、その方の心の〝痛み〟を思って、私も哀しかった。（前掲書）

その場で和子は、安田善三郎と初めて顔を合わせた。

お参りを終えると、安田少尉と高橋少尉の弟さんが滂沱《ぼうだ》の涙を流して立っていました。そして「これでようやく僕たちの二・二六が終わりました」と仰るのです。心の中では、なぜこの方たちから「二・二六が終わった」と聞かなければならないのと思う気持ちもありました。（渡辺・保阪「娘の八十年」）

相手から「ようやく僕たちの二・二六が終わりました」と言われたことも、和子にとっては素直に受け止められなかった。それでも、将校遺族の〝傷〟を知ったことで、和子の気持ちは変化していく。

お線香を供え、手を合わせ、言葉もなく振り返ると、そこに、高橋、安田両少尉のご令弟お二人が深々と頭をさげ、涙を流していてくださった。この時である。はじめてその日、思い切ってお詣りしてよかったと思ったのは。

辛い思いを抱いて五十年生きてきたのは私だけではなかった。むしろ、叛乱軍という汚名を受けた身内を持つご遺族こそ、もっと辛い思いをなさったに違いない。そしてこのことは後日、お兄上を偲んで高橋治郎《じろう》氏がお書きになった『一青年将校』という本を読ませていただいた時も、あらためて思ったことであった。法要の当日、受付をしていらした五十がらみの男の方は、後で伺うと、事件当時、ある青年将校の奥様のお腹にやどっていらした方だったとのこと――事件に直接関わった人たちもだけれども、それ以外に、かくも多くの人たちが心に〝傷〟を負って半世紀生きなければならなかった現実を、その日目のあたりにして、あのような事件を再び起してはならないと、しみじみ思ったことである。（『心に愛がなければ』「蟬の声」）

その場で和子と善三郎、そして高橋治郎は三人で写真撮影までしている。善三郎は、果たして一緒に写真に収まっていいものだろうかと躊躇したが、和子から「一緒に撮りましょう」と声をかけてくれたのだという。

さらに、善三郎らはこれを機に贖罪の一歩を踏み出す。「僕たちの二・二六」は終わり、善三郎にとっての新たな償いの勤行が始まったのだった。

二人［安田少尉と高橋少尉の弟］は続けて、「本来なら自分たちが先に［渡辺］閣下をお参りすべきなのに、誠に申し訳ございません。つきましてはどちらにご埋葬ですか」と尋ねるので、父の眠る多磨墓地の番地をお伝えしました。それからお二人は毎年のようにお参りをしてくださっています。安田さんには年に五回もお参りをしていただいたこともあります。［中略］

安田さんがよく仰るのは、「償いのため」という言葉です。出会いからしばらくして、安田さんから再び連絡をもらいました。父の墓が荒れているというのです。永代供養をしていただいていたのですが、行ってみると木の枝は伸び放題、草は生え放題。それを見かねた安田さんは「墓を綺麗にしてさしあげてください」と三十万円を手渡してくださいました。

私はどうしてよいか分からず、兄弟と相談しました。上の兄は「そんな汚い金をもらえるか。あれは殺戮ではなく虐殺だ」とカンカンに怒りますし、下の兄は穏やかに「有難く受け取ってお墓を綺麗にしようか」と言ってくれましたが、結局、姉と話してフィリピンで働いておられる神父さまに寄付するという話になり、安田さんのご了承を得て寄付することにしました。（渡辺・保阪「娘の八十年」）

賢崇寺での面会以後、二人は手紙を交わしながら徐々に親交を深めていった。経緯を善三郎が語る。

「それ以来、和子先生にはずっと交流させていただきました。当初は、どうして加害者側の遺族である私らとの面会を許していただいた上に、こうして心を開いてくださるのかと思いましたよね。それで、あの方（和子）の本を読んだり聖書を読んだりして、自分なりに勉強を続けました。

そのうちに、どうしてももう一度お目にかかりたいという思いが募って、思い切って翌年の五月に手紙を差し上げたんです。そうしたら、すぐ翌月にお招きいただいて岡山のノートルダム清心女子大学に家内とともに伺いました。そこでも、とても穏やかな笑顔でお迎えいただきまして、改めて和子先生の心の大きさを感じました。

それからは、だいたい年に一回はお会いさせていただくようになって、和子先生が岡山から東京の吉祥寺の修道院に移られていた時期には、葉山町にある我が家からも行きやすくなったものですから、お互いに行き来するようになりました。私なんかに心を開いていただくなど、本当に畏れ多いことだと思います。私にとってはもう人生の師匠ですよね」

葉山の休日

渡辺和子学長を挟んで写真に収まる安田夫妻。以降、毎年のように交流が続いた

被害者の遺族と、加害者の遺族――。殺された側にしてみれば、いくら加害者とその家族とは犯した罪については関係ないと言っても、感情的に割り切るのは難しいだろう。先に引用した文藝春秋のインタビュー記事にあるように、和子自身も反乱軍の河野寿の兄、河野司から受けていた法要の誘いを毎年断っていたと言い、五十回忌もまた〈本心では行きたくはありませんでした〉と語っている。遺族としての、正直な感想だろう。

しかし、善三郎の贖罪の気持ちと和子の赦しの気持ちは、類まれな絆となって実現する。

善三郎は、毎年二月（錠太郎の命日）と十二月

（すず夫人の命日）の二回、多い時にはお盆と春秋のお彼岸を含めて年に五回ほど多磨霊園を訪れ、錠太郎の墓参を続けている。葉山の自宅から最寄駅まで行き、ＪＲと西武線を乗り継いで多磨駅から墓所まで歩く。善三郎の足で片道二時間半以上かかる行程である。朝出発して、お墓を掃除した後にお墓の脇で持参した弁当を食べ、また電車を乗り継いで夕方帰宅する。それを三十年間繰り返してきたのだった。

和子もまた、しだいに善三郎との交流を深めてゆく。

「和子先生が吉祥寺に住んでいらっしゃった頃には、毎年のように葉山の我が家にお越しいただきました。前の晩に鎌倉のホテルに泊まっていただいて、その翌日にうちに来てもらっていたんです。ここにいらっしゃる時は、年に一回のお休みということで〝葉山の休日〟だとおっしゃっていました（笑い）」

実は、偶然にも善三郎の妻の名前は同じ「和子」で、夫人もまじえての付き合いだったという。善三郎の妻の和子が当時を振り返る。

「主人にとって和子先生はもう神様の次にお偉い方で、誰よりも尊敬しているんですが、私自身は同じ女性同士として普通にお付き合いさせてもらっていました。もともとお会いするずっと前から和子先生が『婦人之友』などに出ていらしたのを拝見していて尊敬もしていましたが、二・二六については私はそれほど詳しくは存じ上げませんでしたから、その関係は一切抜きでお付き合いしました。

うちにいらしていただいた時にも、最初はちょっと気を遣ってお刺身とか煮物などの手の込んだものを用意していたんですが、たまたま家庭用のホットプレートで焼肉をお出ししたらとても喜ばれて、それ以来いつもうちにいらっしゃる際には焼肉をお出しするようになりました。どこの家庭でもやっている普通の鉄板焼きですが、たぶん修道院で長く生活されているので、そういった一般庶民の食生活はあまりご経験がなかったんじゃないでしょうか。大好きなお肉のほかにエリンギなんかも気に入られて、とても美味しそうに召し上がってくださいました」

安田夫妻は、和子とともに全国各地を旅行している。和子が講演で地方に招かれると、安田夫妻を誘ってくれたという。かつて錠太郎が第七師団長を務めていた旭川をはじめ、善三郎の故郷・天草、あるいは錠太郎の故郷である岩倉や小牧も訪れている。

さらに善三郎は、和子から送られてきた手紙や葉書も見せてくれた。端正なペン字で宛名書きされた封書が数えきれないほどたくさんテーブルに並んでいる。和子は毎朝五時起きで、朝食を摂るまでの二時間ほどの間に手紙の返信を書くようにしていると言っていたらしい。善三郎が手紙を送ると、必ずすぐに返事が届いた。その律儀さは父譲りだったのかもしれない。顕彰会『郷土の偉人』には錠太郎のこんな言葉が紹介されている。

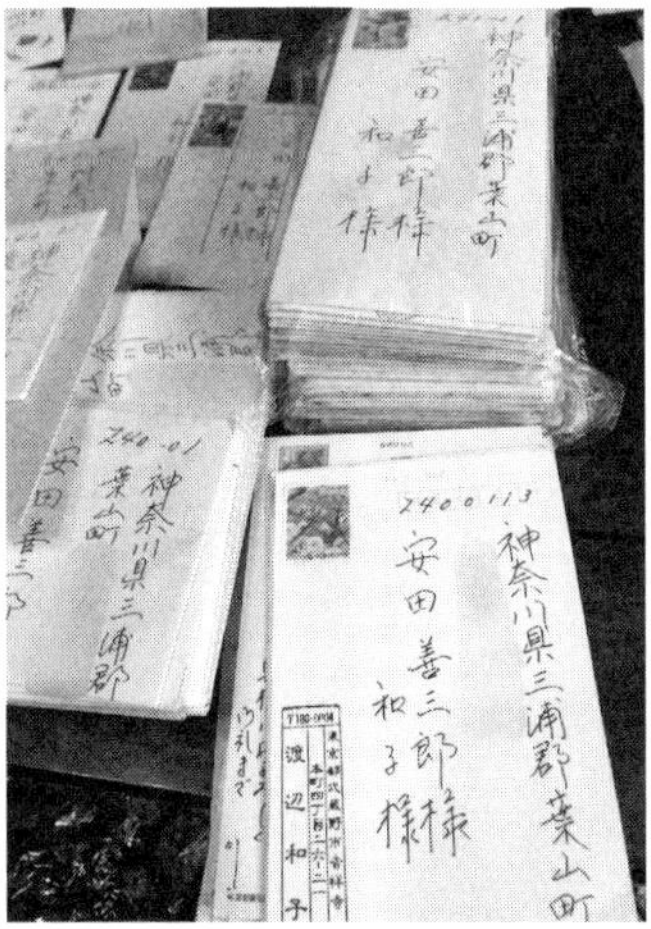

安田夫妻宛に送られた「和子先生」からの手紙や葉書は数百通に及んでいる

人は他人からの挨拶に、どんな些細なことでも返礼をしなければならぬ、返礼と云《い》っても物に依るものではない。言葉に対しては言葉、書信に対しては書信といった様《よう》な意味のものである。［中略］」

手近なところで、日常生活での手紙のやりとりなどであるが、たとえ簡単なハガキ一枚でも、これは他人から受けた大事な挨拶である。用件によるものは勿論《もちろん》、用件の無い時候見舞にでも、先方の誠意を汲んで、必ず一応の返事を差し出しておくのが礼儀である。誰にでも知らぬ顔でほっておいて良い訳はない。

目の前に積まれた和子からの手紙の束は、そのまま善三郎が和子にあてて書いた手紙や葉書がそれだけの数あったということを意味する。それがまた和子の信頼を勝ち得ることになったのだろう。

善三郎は、あるとき和子から錠太郎に関連する史料を託された。「散逸してしまったら困るから」という理由だったという。そこで善三郎は、それらの史料をワープロで翻刻する作業に取り掛かった。役員まで務めていた会社を退職した七十歳過ぎから、翻刻のためにわざわざワープロを購入して、半年以上かけて打ち込んだという。その史料は、A４用紙で三百枚以上にのぼり、現在は「渡辺錠太郎関係文書」として靖国神社の中にある靖國偕行文庫に収められている。錠太郎の遺墨なども善三郎が預かって、額装してから寄贈したのだという。

「まあ、信頼していただきましたね。ですから私も、そんなふうに和子先生に信頼いただいているんだから、それを裏切るようなことをしたら申し訳ないと思って……。

でも、普通は考えられませんよね。自分の敵を、身内と思って、付き合ってくださるなんてことは」

両者の稀有な関係は、和子が亡くなるまで約三十年にわたって続いたのだった。

「赦し」と「怒り」

もっとも、和子の「赦し」の感情はそれほど単純なものではなかった。昭和四十五（一九七〇）年の段階で、和子はこんなことを言っている。

私は、父を殺した人に対しては、憎しみを持ってはおりません。けれども、直接手を下さないで、彼等を操っていた人が憎いと思います。ただ、父を殺した人達について云《い》えば、男なら男らしく勝負をなさったらどうか。父の脚を撃ってまず動けなくし、それから機関銃というのは、あまりに残忍です。父を殺すのに、少しは礼儀というものを知っていてほしかったと思います。（有馬頼義『二・二六暗殺の目撃者』）

和子は、殺害した人々、すなわち安田少尉らに対しては、その殺害方法に不満を述べながらも憎しみを持ってはいないという。しかし、問題はその後だろう。「彼等を操っていた人が憎い」とはどういうことだろうか。

保阪正康によるインタビューでは、その思いをこう述べている。

［渡辺］私がもし腹を立てるとすれば、父を殺した人たちではなく、後ろにいて逃げ隠れをした人たちです。

保阪　荒木《あらき》［貞夫《さだお》元陸相］、真崎《まさき》［甚三郎《じんざぶろう》大将］など陸軍の指導者ですね。

渡辺　はい。［中略］私が本当に嫌だと思うのは、真崎大将が事件直後、青年将校に対し、「君たちの精神は能く判っている」と理解を示しながら、昭和天皇が断固鎮圧をお命じになると、態度を一変させたことです（真崎は軍法会議では無罪）。軍人なのになぜ逃げ隠れなさったのか。そういう思いは今も持っています。（渡辺・保阪「娘の八十年」）

しかし、和子が荒木や真崎を憎み続けて、最後まで赦すことがなかったかと言えば、そう断言することもできない。少なくとも和子にとって「赦す」という行為は二重三重の意味を持つものだったように思われる。

和子は著書の中で、ユダヤ人強制収容所の様子を記録した『夜と霧』『死と愛』などのベストセラーで知られるオーストリアの精神科医ヴィクトール・E・フランクルの言葉を引用した後で、キリスト教の祈りとともに人が人を「赦す（許す）」ことの重さを語っている。

主の祈りと呼ばれるキリスト教の祈りは、〝われらが人に許すごとく、われらの罪を許したまえ〟と祈る祈りです。つまり、ガス部屋に送り込まれるその人たちが、頭を真っすぐに上げながら、どうぞガス部屋を作った人たちの罪を許してやって下さい、と祈りながら入っていくことができるのだというのです。［中略］

私たちが持っている人間の自由というのは、それこそガス部屋を発明することもできる自由であると同時に、そのガス部屋へ送られていく時に相手をのろわないで相手のために祈ることさえできる自由、敵を許すこともできる自由なのです。（『心に愛がなければ』「現代の忘れ物」）

そんなふうに頭では理解している一方で、思い通りにいかない自身の感情も正直に吐露している。

私は、九歳の時から親の仇《かたき》を持った人間です。［中略］

その父を殺した人たちを「憎んでいますか?」とよく聞かれました。そのたびに私は、「いいえ、あの方たちにはあの方たちの大義名分がおありになったと思いますので、お恨みしておりません」といっていました。

ところが、私が修道院に入って二十年も経った頃でしょうか、あるテレビ局から、二月二十六日のあたりで「どうしてもテレビに出てほしい」と頼まれました。〔中略〕するとなんと、私には何の断りもなく父を殺した側の兵卒が一人、同じくテレビに出演するために呼ばれていたのです。

私は本当にびっくりしました。殺した側と殺された側とで話もなく、テレビ局の方が気を利かせてコーヒーを運ばせてくださって、私は「これ幸い」と思ってコーヒー茶碗《ちゃわん》を口元まで持ってまいりました。ところが、どうしてもそのコーヒーを、一滴も飲めなかったのです。本当に不思議でした。何でもないコーヒー、それも時間的にも朝の十時半ごろのモーニングコーヒーです。その時私はつくづく「自分は本当は心から許していないのかもしれない」ということと、同時に「やっぱり私の中には父の血が流れている」ということを感じ、「敵を愛する」ということのむずかしさを味わいました。

(渡辺和子『面倒だから、しよう』「『汝の敵を愛する』ことの意味」)

二十年もの間、修道院で生活し、神に祈りを捧げてきた。相手を赦し、また自らの罪に対して神に赦しを請い、「敵を愛する」ことを自らに課してきた。それなのに、どうしても心の中に込み上げてくるものがあって、コーヒーの一口も飲めない――。目の前で父を殺された少女の気持ちは、理屈で説明できるものではないだろう。

ノートルダム清心学園の正面玄関には、和子が一人の牧師から贈られた言葉が掲げられているという。

天の父さま
どんな不幸を吸っても
はくいき［吐く息］は
感謝でありますように
すべては恵みの
呼吸ですから

河野進

「赦す」ということの難しさを感じていた和子の心の中では、この詩が鳴り響いていたのではないか。まるで和子の心を鎮めるために書かれたかのようなこの詩を、和子は学生たちと共有したのだった。「赦し」と「怒り」――その間で揺れ動いてきたのは、善三郎も同じではなかったか。そして、どちらともなく共鳴し合った和子と善三郎は、まるで家族のような時間を共に過ごしたのだった。

もし二・二六事件が起きていなかったら、彼らの人生は、歴史はどうなったのだろうか。二つの運命。被害者の遺族は深く悲しみ、また加害者の家族も苦しみ、大きな十字架を背負った。事件がなければ、決して背負わなかった苦しみである。しかし、それがまた新たな絆を生みもした。渡辺錠太郎の死は家族にとってはもとより、多くの人にとって大きな損失だった。それでも、確実に何かを残したのだ。

長い旅路

錠太郎の故郷は、地元から出た陸軍大将の記憶を今も刻み付けている。

平成三十（二〇一八）年四月、愛知県小牧市の江﨑《えさき》伸吉《しんきち》宅を訪れた。江﨑は、錠太郎の実の姉、つまり和田家の長女ぶんの孫にあたる。江崎家には錠太郎の軍帽や長女政子が書いた葉書など、錠太郎が和田家から渡辺家の養子となり、姉が嫁いでも切れなかった両家の縁を感じさせるものが確かに残っていた。江崎家で話を聞いた後、その案内で近隣の錠太郎に関係する場所をめぐった。

生家はすでに住人が変わっており、今は床屋となっていた。また、錠太郎が通った小牧小学校は新しく建て直され、モダンなデザインが特長の洒落た校舎となっている。一見、錠太郎の時代とは全くつながりがなさそうに思えたが、それは違った。校長室には、錠太郎自筆の「自学力行」の書が額縁に入れられ、今もきちんと飾られている。「自ら学び、力を尽くして行なう」——いかにも錠太郎らしい、己の生き方を表現したような言葉だ。室の主人が変わっても、この書だけは変わらずに学校を見守っている。

そして、小牧小学校からほど近い西林寺。和田家の墓はここにある。敷地の中には我々以外には誰もおらず、傾きかけた日が静かに墓地を照らしていた。

ここにあるのが、第一章で紹介した錠太郎の半身像だ。実物よりは大きいが表現はリアルで、今にも動き出しそうな趣きがある。松の木の枝の下にやや隠れた銅像は、どこか渡辺錠太郎という人物そのものを表わしている気がした。目立たないが、しかしそこにしっかりとある、不動の存在。町に刻まれた記憶もまた、細く薄いものではあるが、決して消えることはない。しかし、あの激動の時代、余人をして「もし渡辺ありせば」と言わしめた男。彼に敬意を表す人は、未だに後を絶たないようだ。

平成最後の年である三十一年二月のよく晴れた日、筆者は多磨霊園を訪れた。毎年二度の墓参を欠かさないという安田善三郎に同行して、渡辺家の墓を訪れるためだった。安田はやはり大正生まれというのが信じられないほどの健脚で、時折こちらが置いていかれてしまうのではないかと思うほどの早足だった。掃除道具や着替えを入れた黒いキャリーバッグを引きながら、長年通い慣れた道を迷いなく歩いてゆく。

多磨駅から霊園までの道中にある馴染みの店で供花を買い、墓を洗うためのバケツと柄杓を受け取る。

「もう三十年になりますね」

親しげに店員と会話する安田に尋ねると、そんな答えが返ってきた。三十年間、同じ店を使っているという。それは同時に、渡辺家の墓参りを続けている時間でもあった。

「二・二六の五十年法要が終わった後からです」

麻布の賢崇寺で和子と出会い、挨拶を交わしてから安田の墓参りは始まった。当初は錠太郎だけが入っていた墓も、今は和子を含めた一家の墓所となっている。

多磨霊園の広大な敷地の中で、渡辺の墓はそれほど目立つ大きさではない。普通の墓地にあれば相当立派だが、著名人が数多く葬られ、宗教も様々、墓の形も豊富にあるこの霊園では、慣れていないと探すのに一苦労する。しかし安田にとっては、通い慣れた道である。

墓石の正面には、「陸軍大将渡邉錠太郎之墓」と書かれ、右手には林銑十郎《はやしせんじゅうろう》が書いた渡辺の経歴を記した石碑が建っている。安田にならい、竹ぼうきを手にして墓域の落ち葉を掃き始める。

「いつも一人でこのように掃除を？」

「ええ、せめてものね……」

あとの言葉は、聞き取れなかった。安田にとって、掃苔《そうたい》は「つぐない」なのだろうか。繰り返すが、彼にはどのような罪もない。しかし、それを口にするのが憚られるほど、安田は一心に掃除をしていた。

落ち葉を掻き集め、伸びた雑草を刈る。取れなかった葉は手で一枚一枚拾ってゆく。タオルを濡らし、墓石を磨く。「ちり一つも残さない」とでもいうかのように。一つずつの作業が手際よく、しかし丁寧に、丁寧に行なわれる。最初はそれを手伝っていたが、二十分、三十分と経つうちに、いつしか口を挟むことすらできなくなり、ただ安田の動きを眺めているだけになっていた。親の墓ですらここまではできないのではないかというほど熱心な様子は、安田が背負ってきたものの重さを、あらためて感じさせた。

「もうこれで終わりですから」

何度目かの水汲みの後、脇で立っているこちらに少し済まなそうに安田は言った。柄杓で墓石に水をかけ、花筒の水を新しく入れ替え、そこに買ってきた花を供える。流れ作業のように進めながら、粗雑さや手抜きは微塵も感じられなかった。

安田は一時間以上かけてほとんど一人で清掃を行ない、ようやく線香をあげ、手を合わせた。五十回忌の法要が行なわれたのは、昭和六十一（一九八六）年のことである。筆者が生まれたのも偶然この年なのだが、安田の墓参りが自分の人生と同じ長さだけ行なわれていたことに気づき、しばし呆然とした。自分が生まれた時、すでに還暦を迎えていた安田は、ようやく「赦し」を得て、新しい道を歩み始めたのだった。

それまでの五十年は、どれほどの長さだったのだろうか。そして、それからの三十年は、どれほどの長さだったのだろうか。あの雪の朝から続く数奇な運命の糸は、今も確かにつながっている。

二月にしては暑すぎるその日、手を合わせる安田の後ろ姿を見ながら、その祈りは渡辺錠太郎と和子、そして安田の兄の優にも届いているに違いないと、澄み渡った空を見ながら思った。

エピローグ――「父と娘」が遺したもの

最後のクリスマスカード

平成二十八（二〇一六）年十二月三十日、渡辺和子は八十九年の生涯を閉じた。その三年ほど前から、がんの中でも最も治療が難しいとされる膵臓がんを患っていたが、周囲のごく限られた人以外には病気のことを知らせず、普段と同じように仕事を続け、粛々と日常生活を送っていたという。

亡くなった翌年の二月に開かれたお別れの会を報じた新聞記事にはその最期の様子が紹介されている。

昨年12月30日に89歳で亡くなったノートルダム清心学園理事長、渡辺和子さんの追悼ミサとお別れの会が12日、岡山市内のホテルで開かれた。学校関係者や教え子、教会関係者ら約３５００人が訪れ、亡くなる直前まで教育現場に立ち続けた故人をしのんだ。［中略］

大学などによると、渡辺さんは昨年10月下旬に入院したが、「私は修道院に帰るべきなのです」と12月19日に退院。翌日から勤務を再開し、クリスマスのミサにも出席した。

同月27日まで仕事を続け、机には今も返事を書こうとした手紙の束が残っているという。

（朝日新聞二〇一七年二月十四日）

和子が退院したその日にしたためたであろう手紙の一通を、安《やす》田《だ》善三郎《ぜんざぶろう》も受け取っている。消印は十二月十九日。これが、和子から受け取った最後のクリスマスカードとなった。

御降誕おめでとうございます。私こそご無音にて失礼しておりますのに、とても美しい「天草紀行」にご丁寧なお便りを、ありがとうございました。とても嬉しく拝見、図書館に渡してやります。

お寒い折、くれぐれもお大切に

渡辺和子

安田様

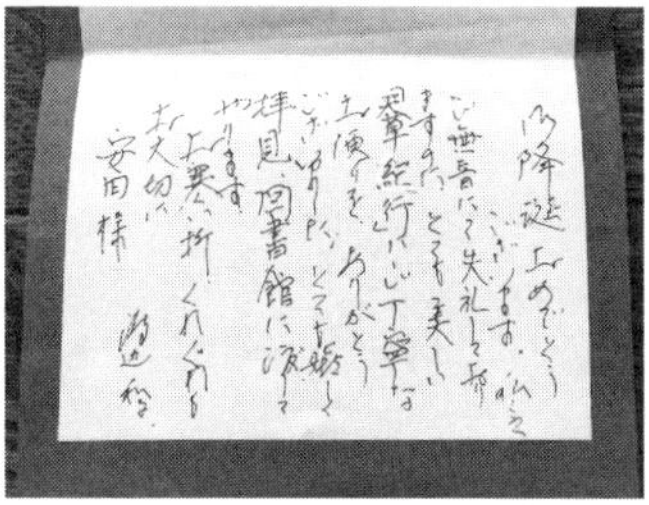
御降誕おめでとう
ございます。私こそ
ご無音にて失礼して居
ますのに、とても美しい
「天草紀行」にご丁寧な
お便りを、ありがとう
ございました。とても嬉しく
拝見、図書館に渡して
やります
お寒い折、くれぐれも
お大切に
安田様
渡辺和子

最後に届いたクリスマスカード。
それから10日後に訃報が届いた

「文中に『天草紀行』とあるのは、少し前に私の故郷の天草に残るキリシタン関連の遺跡を紹介する写真集を和子先生に差し上げていたんです。そのお礼の言葉を添えていただいたんです。まさかご病気だったなんて全然知らなかったので、手紙を受け取ったすぐ後に先生の訃報に接した時は、ほんとうに驚きました。ご自分の体調がすぐれない中でも、こちらを気遣う言葉をかけてくださって、いかにも和子先生らしいと思いました」（安田）

安田の人生は、和子との出会いによって大きく変わった。一九九一年には自身もカトリックの洗礼を受け、和子と交流する中でキリストの教えを学び、生きる指針とした。実兄が「逆賊」「叛徒」として処罰され、父母をはじめ家族全員が爪弾きされるような境遇を強いられてきた。そんな運命に打ちひしがれて下を向いて生きてきた安田に、和子は「赦し」を与え、前を向いて生きるよう背中を押してくれた。「神様の次に尊敬する人」だった渡辺和子の死は、善三郎にとっても大きな喪失となったに違いない。

魂の浄化

累計二百三十万部を超えた『置かれた場所で咲きなさい』をはじめ、渡辺和子の著作は何冊もベストセラーとなっている。『どんな時でも人は笑顔になれる』『スミレのように踏まれて香る』『〃ふがいない自分〃と生きる』――著作の多くは、苦しみや困難を抱えて生きる多くの人々を勇気づけてきた。そして、本人が亡くなった後も、次々と新しい書籍が編まれ、版を重ねている。

その考え方の基本は、十八歳で洗礼を受け、修道女として生きる中で学び培った経験によるものだ。「置かれた場所で咲きなさい」という言葉も、自信を失って修道院を辞めようかと思い詰めていた和子に、ベルギー人の神父が教えてくれた詩の一節だった。

なぜ和子はシスター（修道女）となる道を選んだのだろうか。

渡辺家の菩提寺（岩倉の正起寺）は浄土真宗だったが、和子は小学校（吉祥寺の成蹊）を卒業すると、厳格な校風で知られる雙葉《ふたば》高等女学校（麹町）に進学する。〈男の子と駆け回ってばかりいた小学校時代のお転婆ぶりを心配した母が、当時からお嬢さま学校として知られていたミッションスクールを選んだ〉（渡辺和子・山陽新聞社編『強く、しなやかに』）のだという。そこで、キリスト教と出会う。

しかし、当初はミッションスクールの校風になじめず、キリスト教にも興味が持てずにいた。そんな和子が洗礼によって変わりたいと思ったきっかけは、空襲が激しくなる中で級友に言われた一言だった。

「今思うと、私はひどく高慢な娘でした。心を支配していたのは名誉心だけ。天才でも秀才でもないくせに、ひたすら努力してトップの成績を収めようとしていたんですね」

〈和子さんは、鬼みたい〉

一九四四（昭和十九）年、最終学年の五年の時、級友からこんな言葉を投げつけられた。それは学校の帰り、自宅近くの交差点での別れ際だった。［中略］

「私は戦争がどうのこうのという前に嫌な私のままで死ぬのが嫌でした。もう少しましな人間になって死にたいと強く思っていました」（前掲書）

さらに、聖心女子学院専門学校（聖心女子大学の前身）に進学。同級生の中に多くのカトリック信者がいる環境に身を置きながら、和子は洗礼を決意する。母は猛反対だったが、〈とにかく謙虚で心の温かい人に生まれ変わりたいと思いました。それは純粋な信仰心というものではなく、まことに身勝手な自我欲からの変身願望でした〉（前掲書）。戦争末期の一九四五（昭和二十）年四月五日、十八歳で洗礼を受けた。洗礼名はマルグリット・マリー——雙葉時代の恩師と同じ名前だった。

その後、上智大学のアメリカ人神父のもとで事務のアルバイトをし始め、聖心女子大卒業後の一九五一年四月、上智大学国際部の事務局に就職。大学院に通いながら働いた。その五年後の一九五六年九月、吉祥寺にあるナミュール・ノートルダム修道女会の東京修道院に入る。修道名はセント・ジョン・ザ・バプチスト——洗礼者聖ヨハネを意味する。シスターとして新たな人生が始まった。

――なぜ、修道会に入ろうと思ったのですか
神父様やシスターたちが家庭を顧みずに人々に尽くすのを長年見てきて、献身的な姿にひかれるようになっていたのです。

洗礼を受けて以来、自分が将来結婚するか、あるいは修道院に入るかという選択肢が、いつも心のどこかにありました。上智でしたから、男の人もたくさんいて、私、けっこう人気があったんですよ。でも私は父がだいぶ年をとって生まれた子でしたから、20代くらいの男性を、何か物足りなく感じたのかもしれません。

神父様やシスターたちの姿を見て、あの方たちは自由だ、と感じたんです。夫や何人かの子どもの世話をする人生より、多くの人を自分の子どもとして生きたいと。今思えば、ちょっと気が強いようなところがあったんでしょうね。

（朝日新聞二〇一三年十二月四日）


そういった決断の背景に、父錠太郎の死があっただろうことは想像に難くない。ただ、和子自身は〈さしてはっきりとした修道院に入らねばならない動機がなかった〉（『愛することは許されること』）と言い、シスターとなる選択と父の死とを結びつけようとする見方を「短絡的」とも書いている。

その節、「何が悲しくて修道院に入るの」と、母は前夜まで諦め切れないで呟いたものである。修道院に入るということは、よほど悲しいことがあったか、または、結婚できない事情があるとか、失恋の果て、というのが当時の常識であったし、今もそうかも知れない。父が、二・二六事件の犠牲者の一人で、私の眼前でいたましい死をとげたことを短絡的に結びつけて、「だから」と理解した人も

多かった。（和子『心に愛がなければ』「思い出の手紙」）

それでも、同じ著書の中には、やはり父の死が洗礼を受けるきっかけになったと受け取れる記述もある。

私が現在修道生活を送っている事実、岡山で一つの大学の責任を負う立場にあることの蔭には、数知れない多くの「もしもあのとき」がある。

その大きな一つは、二・二六事件であろう。もしもあの時、父が青年将校たちの手で殺されていなかったら、後年キリスト教の洗礼を受けなかったかも知れないし、その結果として修道者となり、岡山に派遣されることもなく、したがって、この原稿をお引き受けすることもなかったのだ。（前掲書「もしもあの時……」）

さらに、クリスチャンとして洗礼を受けた後に、自分が苦しみに耐えることが亡き父・錠太郎の供養になると教わった経緯も書かれている。

キリスト教の洗礼を受けて間もない頃、それは敗戦間際と戦後の混乱期であり、物資が欠乏し、日常生活もままならず、人々の心も荒んだ日々であった。耐えることの多かったその頃、私の尊敬していた修道女が教えてくれたことが、苦しみに耐える勇気と、さらに苦しみを意味づける力を与えてくれたのだった。

「苦しみは、他人のために使えるのですよ。特に、死んだ人は、もう自分では何もできなくて、その人たちの魂の浄化のために何かできるのは、私たち生きている者だけなのです」

亡父の死に様はいつも私の心にかかっていた。昭和十一年に日本中を震撼させた二・二六事件の犠牲者の一人として、父は六十三歳のまだまだ仕事のできる年齢で、しかも教育総監の要職について僅か六カ月というのに、血気にはやる青年将校と兵士たちの手にかかって殺された。死に際して父の胸中を去来した思いは何だったろうか。口惜しさ、恨み、憎しみだったとしたら、果して「成仏」したのだろうかという疑問が私の心の中には絶えずあった。

それが今、生きている者が死者のために、その冥福を祈る以上に積極的に何かができるということを聞き、幽明境を異にする父と私の間に、急に橋がかかった思いであった。［中略］

その大好きな父の死を目前にしながら、当時九歳の私は、なすすべもなく、機関銃が父の身体に数十発の弾丸を打ち込み、数人の兵が銃剣でとどめを刺して引きあげるのを、テーブルの蔭に隠れて見つめることしかできなかった。

その父に、今こそ何かできる。それは、私が小さな苦しみや、いやなことを、いやがらずに、むしろ喜んで「捧げる」ことによってであった。

それは私なりの「天との契約」であった。そのような言葉も知らず、ひたすら父の浄化、成仏を願う私は、いつしか、それまでのわがままいっぱいの生活を改め、母が不思議がるほど不平顔もせずに働くのだった。かくて父は、死んでからも私の「恋人」でありつづけたのである。（前掲書「もしもあの時……」）

父の「死に様」は和子の心にずっと重くのしかかっていた。もし「口惜しさ、恨み、憎しみ」が残っていたとしたら、父はなおも「成仏」できずにいるのではないか——。そんな想いを抱きながら、ただひたすら魂の浄化、成仏を願い続けていたが、洗礼を受けてまもなく「苦しみに耐える」という行為が死者の魂の浄化につながると知る。それでようやく自分の存在理由を見いだすことができたのだった。

和子は、錠太郎の「生き様」にも多くを学んでいる。それは、母すずが繰り返し教え諭した〝偉大な父〟の背中だった。


父が死んだ時も取り乱すことなく、涙一滴見せなかった気丈な母は、十五歳、十二歳、九歳の三人の子どもたちを、父の子として恥ずかしくないようにと厳しく育ててくれました。「あなたたちは天才でないのだから努力しなさい。お父さまも努力してお偉くなったのだから」と、何度聞かされたかわかりません。この度の伝記を読んで、父の努力が並大抵のものでなかったことを、しみじみ思いました。（顕彰会『郷土の偉人』序）

「母は口を開けば我慢と努力の大切さを説き、そして最後は『何でもやるからには一番になりなさい』。それが重荷だったから、思春期ともなるとついつい反抗的になりました」

母には、志半ばで凶弾に倒れた父の名を汚してはならないとの思いが強かったのだろう。〈父親がいないから……〉と周りに言われないよう頑張ってもいたのだろう。それが精いっぱいの、死んだ父に対する供養だと考えていたのかもしれない。［中略］

ただし、お転婆娘にもズキンとくることがあった。

〈お父さまがどんなにお悲しみになるか考えてごらんなさい〉

二人の兄にも同様に、母は子どもが何か悪い事をすると、仏壇の前に座らせて反省を促した。

「それは長時間の説教よりも何よりもこたえましたね。やっぱり父が大好きでしたから」

（『強く、しなやかに』）

あまりに衝撃的な父の死と、母が繰り返し教え諭す生きる指針としての父。そして、閉塞状況から脱しようとして決意した洗礼と修道院生活。それらが幾重にも積み重なって和子の中に沁み込んでいき、浄化された後に伏流水のようにあふれでたのが、『置かれた場所で咲きなさい』などの著作だったのではないだろうか。

錠太郎基金

貧しさゆえ小学校すらまともに行けなかった渡辺錠太郎だが、自らの努力で道を切り開き、陸軍大将にまで昇り詰めた。惜しくも志半ばで斃《たお》れはしたものの、軍人として最後まで戦い抜いたその生き方は、すず夫人や三人の子供たち、さらにその後に残された家族を支える大きな力ともなった。それはもちろん、渡辺家の人々自身が錠太郎の非業の死を抱えながらも生き抜くだけの強さを持っていたからでもある。

そして、突如として「反乱軍人の家族」となった安田善三郎もまた、自らの置かれた場所から逃げることなく懸命に歩んできた。自分の意思とは関係なしに幼少期に突然過酷な環境に置かれた安田は、今よりもずっと世間体や共同体のつながりが強固な時代を、「親孝行な息子」だった兄の〝罪〟を背負いながら生き抜いた。戦後に兄が手を下した人物の愛娘と出会い、歳下の彼女を師と仰ぐ運命的な軌跡を描いた。安田は事件から八十年という月日が経ってもなお、錠太郎と和子の墓に祈りを捧げている。

父に対する和子の思いの強さは、彼女が亡くなるまさにその年に「渡辺錠太郎記念教育基金」を設立したことでもわかる。著作の印税など約一億円をもとに、岡山県内の高校生に与えられるこの給付型奨学金は毎年十人ほどが対象で、月額二万円を在学期間中に支給する。さらに、約十校の高校図書館に年間十万円分の書籍を寄贈している。友人から教科書や本を借りて独学で勉強し、陸軍に入ってからも俸給の多くを書籍に費やし、最後は教育総監を務めた父錠太郎の思いをこの基金に託したのだという。

周囲の人々は、基金に名前を冠するなら、多くの人々にその名が知られている「渡辺和子」の方が良いのではないかと進言したが、和子は「渡辺錠太郎」の名を譲らなかった。没後も読まれ続けている和子の著書の著作権は、岡山市で障害者・高齢者施設や保育園を運営している社会福祉法人「旭川荘」に遺贈されており、それとは別に作られたのが渡辺錠太郎記念教育基金だった。恐らく多くの高校生がその名を知らないであろう渡辺錠太郎という軍人はしかし、恵まれた環境になくても自分を信じて勉学に励もうとする学生にとって、これ以上ないほど手本となる人物の一人だろう。

「置かれた場所で咲く」とは、決して現実に失望して諦めることではない。どのような荒蕪の地に置かれても、自らの意思で美しい花を咲かせることだ。それは言葉で語らずとも、渡辺錠太郎が、和子が、そして安田善三郎が自らの生き方を通じて示し続けている。渡辺錠太郎その人の人生はすでに「歴史」の中に入っていると言えるが、彼の生き方に惹かれ、敬慕の念を新たにする人は今も絶えず、死後もなおその名は人々の人生に光を投げかけている。

プロローグで紹介した、錠太郎と和子の二人が揃って写っているポートレイト――これを入れた写真立てを和子はいつもベッドの脇に置いていたという。大好きだった父は、写真の中で笑みを浮かべ、娘と過ごす時間を心から楽しんでいるように見える。その微笑みは、永遠に消えることはない。

渡辺錠太郎　略年譜

明治七（一八七四）年　四月十六日　愛知県東春日井郡小牧町に父・和田武右衛門、母・きのの長男として誕生。小牧学校（現・小牧小学校）中退後、岩倉町の伯父・渡辺庄兵衛の養子となり、岩倉の小学校を卒業。以後は進学せず、家業を手伝う

明治二十七（一八九四）年　四月　徴兵検査の結果甲種合格、陸軍歩兵
八月　陸軍士官学校入学試験に合格
十二月　士官候補生として歩兵第十九連隊（愛知県名古屋）補充大隊へ入隊

明治二十八（一八九五）年　七月　陸軍士官学校に入校

明治二十九（一八九六）年　十一月　陸軍士官学校を卒業（第八期）

明治三十（一八九七）年　六月　歩兵少尉、歩兵第十九連隊付
十月　歩兵第三十六連隊付（福井県鯖江）

明治三十二（一八九九）年　一月　歩兵中尉に進級

明治三十三（一九〇〇）年　十二月　陸軍大学校に入校

明治三十六（一九〇三）年　十二月　陸軍大学校を首席で卒業（第十七期）。恩賜の軍刀を授与される。歩兵大尉に進級。歩兵第三十六連隊中隊長

明治三十七（一九〇四）年　二月　友人・山川弥三郎の紹介で野田すずと結婚
五月　日露戦争で動員下令。七月宇品を出航し、旅順攻撃に参加
八月　脚部を負傷。大連経由で大阪に帰着し、九月に退院
十月　大本営陸軍幕僚付、さらに大本営陸軍参謀

明治三十八（一九〇五）年　一月　長女・政子誕生
九月　元帥山県有朋付副官。十二月に参謀本部部員を兼務
明治四十　（一九〇七）年　三月　陸大優等卒業生としてドイツ留学のため東京発
五月　ベルリン着。以後、約三年間ドイツで過ごす
明治四十一（一九〇八）年十二月　歩兵少佐に進級
明治四十二（一九〇九）年　五月　ドイツ大使館付武官補佐官
明治四十三（一九一〇）年　六月　参謀本部部員となり、同年七月に帰国
十一月　元帥山県有朋付副官を兼務
大正二　（一九一三）年　一月　歩兵中佐に進級
大正三　（一九一四）年　六月　第一次世界大戦勃発。日本はドイツに対して宣戦布告
大正四　（一九一五）年　二月　歩兵第三連隊（歩三）付
大正五　（一九一六）年　五月　参謀本部課長
七月　歩兵大佐に進級
大正六　（一九一七）年　十月　オランダ公使館付武官となり横浜発
大正七　（一九一八）年　一月　ハーグ着。十一月にドイツが敗戦し、第一次世界大戦終結
大正八　（一九一九）年　四月　戦勝国の陸軍委員の一人として敗戦国ドイツを訪問
大正九　（一九二〇）年　四月　約一年間のドイツ滞在を経てベルリン発。アメリカ経由で五月に帰国。欧州視察の経験を講演や雑誌などで発表
八月　陸軍少将に進級。歩兵第二十九旅団長（静岡）
大正十　（一九二一）年　四月　第二十九旅団の満洲派遣により大連着。
五月　長男・誠一誕生

大正十一（一九二二）年　二月　山県元帥死去
　九月　参謀本部第四部長を任じられ十月に帰国
大正十二（一九二三）年　四月　作戦資材整備会議議員
　九月　関東大震災が発生。関東戒厳司令部付
　十二月　大正十三年度陸軍始観兵式諸兵参謀長に就任
大正十三（一九二四）年　六月　次男・恭二誕生
　十月　陸軍大学校兵学教官を兼任
大正十四（一九二五）年　五月　陸軍中将に進級。陸軍大学校長
大正十五（一九二六）年　三月　第七師団長（北海道・旭川）
　八月　『近代戦争ニ於ケル軍事ト政策トノ関係』（兵書出版社）を刊行
昭和二（一九二七）年　二月　次女・和子誕生
昭和四（一九二九）年　三月　陸軍航空本部長
　四月　陸軍技術会議員、六月に航空評議会評議員
昭和五（一九三〇）年　六月　台湾軍司令官となり神戸発
昭和六（一九三一）年　八月　陸軍大将に進級。軍事参議官兼陸軍航空本部長となり帰国
　十月　昭和六年度（陸軍）特別大演習南軍司令官
　十二月　昭和七年度陸軍始観兵式諸兵指揮官
昭和十（一九三五）年　七月　教育総監兼軍事参議官
昭和十一（一九三六）年　二月　二・二六事件で死去

あとがき

平成三十一（二〇一九）年二月二十六日、筆者らは麻布にある賢崇寺で行なわれる二・二六事件関係者の法要に参列した。法要は刑死・自決した決起将校だけでなく、彼らによって殺害された犠牲者（護衛の警察官なども含む）、刑死こそしなかったものの有罪判決を受けた人々、また相沢三郎中佐も含まれ、この年で八十四回忌を迎えた。

同法要を主催するのは一般社団法人仏心会。初代の代表は事件後自決した河野寿大尉の兄、河野司氏である。河野氏は刑死者の遺族の代表格として彼らの遺書や手記をまとめるなど精力的に活動し、事件から三十年経った昭和四十年に同会を設立した。

法要には二十〜三十人ほどの人々が集まり、犠牲者の冥福を祈った。事件から八十年以上経った今は当時を知る人はもはや少なく、近親者とみられる人々もあまりいなかった。それでも、安田善三郎氏を筆頭として、香田清貞大尉の甥、今泉義道少尉の次男（少尉は禁固四年）など、少数の近親者の姿は見られた。

驚いたのは、青森県にお住まいの対馬勝雄中尉の妹、波多江たまさん（百四歳／当時）がしたためられたという手紙がその場で読み上げられたことだった。安田善三郎氏より、さらに十歳も年上になる。対馬中尉の家は貧しく、それゆえに貧困にあえぐ兵士たちの苦しみも心の底から理解できたのだろう。統制派と皇道派の派閥争いはあったにせよ、決起将校の心の底に純粋なものがあったのは間違いない。

筆者は、これまで事件を起こした将校らの信条について、どうしても賛同することができなかった。特に彼らが命を奪った渡辺錠太郎大将は権力欲に溺れた軍閥重臣ではなく、むしろそういったものとは無縁な、貧しい境遇から刻苦勉励によって立身を遂げた努力の人であり、その後の日本を救いうる可能性を秘めた人材ではなかったか。なぜ殺してしまったのか、と。この思いは、渡辺大将について調べを進めていく中でますます強くなった。

しかし、平成最後の合同法要に参加し、決起将校についてはそう簡単に決断を下すべきではない、と思い直した。「陛下の軍隊」を勝手に動かし、重臣を殺害した以上、彼らが死刑になるのはやむを得ないだろう。殺害された者の遺族がこれを許容できないのも当然だ。だが、だからと言って現代の我々が一方的に断罪する資格があるとは到底思えない。食べるものすら満足になく、戦争がごく身近であった時代のことを、飽食の時代に生きる現代人が、どうして簡単に断ずることができるだろうか。

もちろん、研究者が史料を元に批判をすることは必要だろう。しかし、批判には慎重を期し、当時を極力理解しようとする努力も欠かしてはならないだろう。歴史に対しては、常に謙虚に、自分の立場を弁えながら驕らない態度が必要かと思われる。

本書はもともと、渡辺錠太郎一人を取り上げる歴史ノンフィクションとして構想した。しかし、編集者のアドバイスや取材協力者の話を聞いているうちに、渡辺大将を中心としながらも、和子さんと安田氏の人生を合わせて振り返ることがどうしても必要となってきた。渡辺大将の思想と生涯が書かれなければならないのは当然として、最愛の父の最期に居合わせた和子さん、そして渡辺大将を撃ち、やがて自らも刑場の露と消えた安田優少尉の弟である善三郎氏の数奇な運命は、まさしく一つの運命の糸としてつながっている、と感じたからだ。

渡辺大将は歴史的な事件の犠牲者にしてはさほど知名度は高くない。地元の人々には敬愛され、貴重な証言を含む伝記も刊行されている。しかし惜しいことにそれらは全国流通には乗らず、入手は極めて難しい。そうした意味でも、本書はなるべく渡辺大将本人が書いたものを多く引用し、その人物像を知ってもらうことに努めた。書き終えて、とりあえずホッとしている。

本書で幾度か触れたように、渡辺大将は陸軍きっての読書家だった。筆者が初めて渡辺大将を大きく取り上げた文章を読んだのは高宮太平記者の『昭和の将帥』だったと思うが、その無類の読書家ぶりに感銘を受け、敬意を抱いた。調べを進めるうちにその最期に一人の軍人として応戦した様、派閥に超然としながらも義務に忠実で、強い信念で堂々と時代の荒波に立ち向かった姿には、より一層尊敬の念を強くした。読書家であったが柔弱ではない、まさしく文武両道の人だった。その渡辺大将が、本書を読んでどのように評価するか。もし聞いてみることができれば、嬉しさ半分、恐ろしさ半分、というところだ。

また、本書の取材を始める一年ほど前に渡辺和子さんが亡くなられた。錠太郎大将に関して一度お話をお伺いしたいと思いながら、お目にかかることができなかった。和子さんにもぜひ本書を読んでいただきたかった。それが叶わなかったのは、返す返すも残念である。

本書に価値があるならば、それは多く左の協力者の方々による。

渡辺大将の曾孫（長女政子の孫）で、渡辺和子さんの大姪にあたる、森山ゆりさん。筆者らが最初にインタビューした関係者の一人であり、その後は他の関係者と会う際、常に連絡や仲介の労をかって出てくれた。森山さんなくして本書はありえないと言っても過言ではない。森山さんのお母様で渡辺大将の孫である小林依子さんには、資料はもちろん、かつての渡辺邸の様子やご家族に関する証言、「渡辺錠太郎関係文書」の閲覧などで、多大なお手数をとっていただいた。

次に、安田善三郎さん。安田少尉の弟である善三郎さんには、事件の近くにいた人物として貴重なお話を数多く伺った。遺族の苦しみ、家族としての感情、そして渡辺親子に対する強すぎる贖罪の思いには、史料からは感じられない生の感触を得られた。常に笑顔だった善三郎さんが語る言葉の端々には、それだけに書物からは得られない歴史の重みを感じられた。深く感謝申し上げる。

また、渡辺の実家、和田家の長女の孫にあたる江﨑伸吉さん。今も渡辺の地元に住まれており、多くの遺品を見せてもらい、関連する場所を案内していただいた。

さらに、『渡邉錠太郎』の著者岩村貴文さんや、岩倉渡邉大将顕彰会の皆様にも一方ならぬお世話になった。岩村さんの渡辺研究は筆者とは比べものにならないほど年季の入ったもので、その偽りのない渡辺敬慕の念には敬服のほかない。和子さんを始め、渡辺家の人々への貴重な聞き取りを行ない、国会図書館にもない重要な資料を提供していただいた岩村さんは、恐らく渡辺大将に関する資料を日本で一番多く収集されている方だろう。顕彰会の代表の松浦正隆さん、山田徳英さんにも貴重なお時間を割いていただいた。今も篤志で渡辺大将の研究をされている皆さんは、純粋に渡辺錠太郎その人を慕っていた。

そして、拙著『多田駿伝』からお世話になっている、小学館の関哲雄氏。処女作から数えれば、長い付き合いになる。今回も取材、資料収集、そして執筆の方向性やアイデアなど、多大な協力をいただいた。本書は二人三脚で作り上げたと言っていい。改めて、感謝申し上げる。

そして何より、今この「あとがき」を読んでくださっている読者の皆様。読者がなければ、本書はあり得ない。『多田駿伝』は、幸いなことに少なくない読者から高評価をいただき、いくつか心温まるお手紙を頂戴している。筆者のような無名な若輩者の本に目を留め、お読みいただいたことに関しては感謝の言葉もない。その読者の中からまた本書を手に取っていただいた方がおられれば、これに勝る幸福はない。

もし本書をきっかけに渡辺錠太郎に興味を持たれたなら、ぜひご自身でも調べてみてほしい。そこからまた新たな「渡辺錠太郎伝」が誕生するかもしれない。

令和元年十二月
岩井秀一郎

参考文献

◆書籍

阿部眞之助『近代政治家評伝』（文藝春秋　二〇一五年）
有末精三『政治と軍事と人事』（芙蓉書房　一九八二年）
有竹修二編『荒木貞夫　風雲三十年』（芙蓉書房　一九七五年）
有馬頼義『二・二六事件の目撃者』（読売新聞社　一九七〇年）
池田俊彦『生きている二・二六』（文藝春秋　一九八七年）
池田俊彦編『二・二六事件裁判記録　蹶起将校公判廷』（原書房　一九九八年）
伊藤隆・北博昭共編『新訂　二・二六事件　判決と証拠』（朝日新聞社　一九九五年）
伊藤隆監修・百瀬孝著『昭和戦前期の日本』（吉川弘文館　一九九〇年）
伊藤隆・佐々木隆・季武嘉也・照沼康孝編『真崎甚三郎日記　昭和十年三月～昭和十一年三月』（山川出版社　一九八一年）
稲葉正夫監修、上法快夫編『陸軍大学校』（芙蓉書房出版　一九七三年）
井上日召『井上日召伝』（日本週報社　一九七九年）
井伏鱒二『荻窪風土記』（新潮社　一九八二年）
今井清一・高橋正衛編『現代史資料(4)国家主義運動(1)』（みすず書房　一九六三年）
入江貫一『山縣公のおもかげ附追憶百話』（偕行社編纂部　一九二二年）
岩倉町史編さん委員会『岩倉町史』（愛知県丹羽郡岩倉町　一九五五年）
岩倉渡邉大将顕彰会『郷土の偉人　渡邉錠太郎』（愛北信用金庫　一九九八年）
岩村貴文『渡邉錠太郎　軍の本務は非戦平和の護持にあり』（岩倉渡邉大将顕彰会　二〇一〇年）
大谷敬二郎『昭和憲兵史』（みすず書房　一九六六年）
岡義武『山県有朋　明治日本の象徴』（岩波書店　一九五八年）
片倉衷『片倉参謀の証言　叛乱と鎮圧』（芙蓉書房　一九八一年）
勝田龍夫『重臣たちの昭和史　上』（文藝春秋　一九八四年）
加登川幸太郎『陸軍の反省　上』（文京出版　一九九六年）
川田稔編・解説『永田鉄山軍事戦略論集』（講談社　二〇一七年）
川田稔『昭和陸軍の軌跡』（中央公論新社　二〇一一年）

坂井景南『英傑加藤寛治』（ノーベル書房株式会社　一九六六）
河野司編『二・二六事件　獄中手記・遺書』（河出書房新社　一九七二年）
児島襄『日露戦争3』（文藝春秋　一九九四年）
小松緑『明治外交秘話』（原書房　一九七六年）
財団法人尾張武揚社『尾張武人物語』（清正堂書房　一九四二年）
斎藤瀏『二・二六』（改造社　一九五一年）
菅原裕『相沢中佐事件の真相』（経済往来社　一九七一年）
須山幸雄『西田税　二・二六への軌跡』（芙蓉書房　一九七九年）
須山幸雄『二・二六事件　青春群像』（芙蓉書房　一九八一年）
社会運動史研究会編『二・二六事件青年将校安田優と兄・薫の遺稿』（同時代社　二〇一三年）
高橋正衛『昭和の軍閥』（中央公論社　一九六九年）
高橋紘『陛下、お尋ね申し上げます』（文藝春秋　一九八八年）
高宮太平『昭和の将帥』（図書出版社　一九七三年）
高宮太平『軍国太平記』（中央公論新社　二〇一〇年）
田崎末松『評伝　真崎甚三郎』（芙蓉書房　一九七七年）
田澤震五『人格の人　渡邊大将』（田澤化學工業研究所　一九三一年）
土橋勇逸『軍服生活四十年の想出』（勁草出版サービスセンター　一九八五年）
筒井清忠編『昭和史講義　最新研究で見る戦争への道』（筑摩書房　二〇一五年）
テレビ東京編『証言・私の昭和史1　昭和初期』（文藝春秋　一九八九年）
東郷茂徳『時代の一面』（中央公論社　一九八九年）
徳富猪一郎『蘇翁夢物語』（中央公論社　一九九〇年）
永田鉄山刊行会『秘録　永田鉄山』（芙蓉書房　一九七二年）
中村菊男編『昭和陸軍秘史』（番長書房　一九六八年）
西浦進『昭和陸軍秘録』（日本経済新聞出版社　二〇一四年）
額田坦『陸軍省人事局長の回想』（芙蓉書房　一九七七年）
秦郁彦『昭和史の軍人たち』（文藝春秋　一九八二年）
秦郁彦『統帥権と帝国陸海軍の時代』（平凡社　二〇〇六年）
原田熊雄『西園寺公と政局　第三巻』（岩波書店　一九五一年）

原田熊雄『西園寺公と政局　第四巻』（岩波書店　一九五一年）
春山明哲編・解説『十五年戦争極秘資料集　第二十五集　台湾霧社事件軍事関係資料』（不二出版　一九九二年）
伴野文三郎『パリ夜話』（教材社　一九五七年）
半藤一利・横山恵一・秦郁彦・原剛『歴代陸軍大将全覧　昭和篇／満州事変・支那事変期』（中央公論新社　二〇一〇年）
舩木繁『支那派遣軍総司令官　岡村寧次大将』（河出書房新社　一九八四年）
保阪正康『陸軍良識派の研究』（潮書房光人社　二〇一三年）
北国新聞社編集局「風雪の碑」取材班企画・編集『風雪の碑　現代史を刻んだ石川県人たち』（北国新聞社　一九六八年）
本庄繁『本庄日記』（原書房　一九六七年）
松下芳男『川島義之と渡邊錠太郎』（今日の問題社　一九三五年）
三宅正樹他編『軍部支配の開幕　昭和史の軍部と政治　1』（第一法規　一九八三年）
宮沢俊義『天皇機関説事件　史料は語る　下』（有斐閣　一九七〇年）
武藤章『比島から巣鴨へ』（中央公論新社　二〇〇八年）
美濃部達吉『憲法講話』（岩波書店　二〇一八年）
森靖夫『永田鉄山　平和維持は軍人の最大責務なり』（ミネルヴァ書房　二〇一一年）
若槻禮次郎『明治・大正・昭和政界秘史　古風庵回顧録』（講談社　一九八三年）
渡辺和子『愛することは許されること　聖書からの贈りもの』（ＰＨＰ研究所　一九九九年）
渡辺和子『置かれた場所で咲きなさい』（幻冬舎　二〇一七年）
渡辺和子『心に愛がなければ　ほんとうの哀しみを知る人に』（ＰＨＰ研究所　一九九二年）
渡辺和子『スミレのように踏まれて香る』（朝日新聞出版　二〇一二年）
渡辺和子『面倒だから、しよう』（幻冬舎　二〇一三年）
渡辺和子・山陽新聞社編『強く、しなやかに　回想・渡辺和子』（文藝春秋　二〇一九年）
渡邉錠太郎『近代ノ戦争ニ於ケル軍事ト政策トノ関係』（兵書出版社　一九二六年）

◆雑誌・新聞記事ほか

伊藤隆・佐々木隆「鈴木貞一日記——昭和九年」（史學會『史學雜誌』第87編第4号）
高宮太平「暗殺された二将軍——渡邉錠太郎と永田鉄山」（文藝春秋『文藝春秋』昭和二十五年三月号所収）
谷田世男「新教育総監　渡邊錠太郎大将出世物語」（実業之日本社『実業の日本』三十八巻所収　一九三五年）
升本喜年「軍人の最期（28）渡邊錠太郎の場合」（潮書房『丸』五十四号所収　二〇〇一年）

三鷹三郎「渡邊大将と松岡洋右」（日本外事協会『国際評論』第四巻　第九号所収）
森松俊夫「日本の将帥⑩　渡辺錠太郎大将」（ジャパン・ミリタリー・レビュー『軍事研究』一九八七年七月号所収）
森松俊夫「天皇機関説に非ず――発見された渡辺大将の声明案――」（現代史懇話会『史』第九十七号　一九九八年）
渡辺和子「二・二六事件　憲兵は父を守らなかった」（文藝春秋『文藝春秋』平成二十四年九月号所収）
渡辺和子・保阪正康（聞き手）「2・26事件　娘の八十年」（文藝春秋『文藝春秋』平成二十八年三月号所収）
渡邊錠太郎「明治維新以後に於ける我国陸軍戦法の沿革に就て」（日本歴史地理学会『日本兵制史　再版』一九三九年所収）
杉並区立郷土博物館編「平成20年度特別展『二・二六事件の現場　渡邉錠太郎と柳井平八』展示図録」（杉並区立郷土博物館　二〇〇九年）

読売新聞デジタルデータ「ヨミダス歴史館」（https://database.yomiuri.co.jp/about/rekishikan/）
朝日新聞デジタルデータ「聞蔵」（https://database.asahi.com/index.shtml）

◆未刊行史料
本庄繁大将日誌（防衛省防衛研究所蔵）
渡辺錠太郎宛閑院宮書簡（岩村貴文氏提供）

◆渡辺錠太郎関係文書（靖國偕行文庫所蔵、一部除き未刊行）
渡邉錠太郎「日記・雑記」（明治二十七年十二月～明治二十八年三月）
渡邉錠太郎「日露戦争の回顧と将来戦に於ける国防に就て」（講演の友社『講演の友』第三十二号　一九三四年）
渡邉錠太郎宛書簡（南次郎、高宮太平）
江崎鈗八郎「叔父の話」（一九三六年）
津田應助「渡邊前教育総監の郷土小牧の生立」（小牧町役場　一九三六年）

写真クレジット

カバー・表紙写真／渡辺家所蔵
帯写真／時事通信社

ま

や

わ

人名索引

装幀／河南祐介（ＦＡＮＴＡＧＲＡＰＨ）
本文デザイン・ＤＴＰ／ためのり企画
校閲／西村亮一

岩井秀一郎（いわい・しゅういちろう）
歴史研究者。1986（昭和61）年9月、長野県生まれ。2011年3月、日本大学文理学部史学科卒業。以後、昭和史を中心とした歴史研究・調査を続けている。著書に『多田駿伝』（小学館／第26回山本七平賞奨励賞）、『永田鉄山と昭和陸軍』（祥伝社新書）がある。

渡辺錠太郎伝
―― 二・二六事件で暗殺された「学者将軍」の非戦思想

2020年2月4日　初版第1刷発行

著　者　岩井秀一郎
発行者　鈴木崇司
発行所　株式会社 小学館
〒101-8001 東京都千代田区一ツ橋2-3-1
電話　編集 03-3230-5951
販売 03-5281-3555

印刷所　萩原印刷 株式会社
製本所　株式会社 若林製本工場

ISBN978-4-09-388747-2